Pieces contenues dans ce
volume

1° Mémoire justificatif
2° Mémoire justificatif
Essai historique &c.

MEMOIRES

JUSTIFICATIFS.

MÉMOIRES

JUSTIFICATIFS

DE LA

COMTESSE

DE VALOIS DE LA MOTTE,

ÉCRITS PAR ELLE-MÊME.

IMPRIMÉS A LONDRES.

M. DCC. LXXXIX.

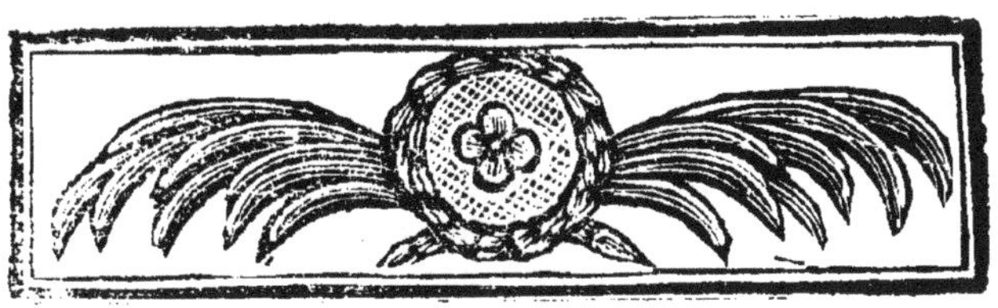

MÉMOIRES JUSTIFICATIFS.

IL faut donc que je la reprenne cette plume qui vingt fois m'est tombée de la main ! il faut que je les étouffe ces cris d'une ame tumultueuse qui, pleine encore des images chéries que je dois profaner, se soulève contre la fatalité qui m'y force ? il le faut sans doute, puisque les déchirements, les terreurs que j'éprouve, cédent en ce moment aux accens aigus de mon désespoir, aux réclamations impérieuses de mon honneur plus outragé encore par mon silence qu'il n'a pu l'être par mes torts, et par leur barbare punition.

Je me hâte de parler de mes *torts* parce que, ayant hazardé le mot *honneur*, je vois du fond de ma solitude sourire la malignité. Hé bien, que le mot *tort* lui serve de correctif—Hélas! abreuvée de mes larmes, nourrie d'humiliations, ensevelie dans l'ignominie, je ne ferai pas un vain étalage de fierté, ce que je revendique de l'honneur se borne à cette foible portion qu'en conservent les infortunés sûrs de la rectitude de leurs intentions.

Journellement prosternée devant celui qui lit seul au fond de mon ame, je suis exercée à l'aveu de mes imprudences ; je ne chercherai point à les déguiser au public et j'attens de ce second juge les consolations que la bonté du premier me permet encore d'espérer. Oui, j'ai commis des fautes ; mais n'est-il donc aucune proportion entre le délit et la peine ? et si, par l'exposition même de ces fautes il paroît qu'elles ne sont qu'accessoires d'égarements infiniment plus graves auxquels je me suis trouvé liée par une chaîne d'événements qui naissoient les uns des autres ; si le plus inexcusable de mes torts est de m'être rendue complice de personnages trop puissants pour ma foiblesse ; la distance que le hazard a mise entre trois coupables peut elle marquer seule les degrés de leur crime, doit elle être la juste mesure du chatiment ? — Eh ! malheureuse que je suis, devois-je l'ignorer ? suis-je le premier exemple du foible sacrifié au fort, oh non, mais les annales de l'infortune humaine ne fournissant pas un exemple du genre de la mienne. Quiconque m'honorera de la plus légère attention, sentira que ce n'est pas l'effort direct de la puissance qui ma écrasée ; et que ni la Reine, ni le Cardinal de Rohan n'ont désiré ma perte ; mais que c'est le choc inique de leurs terribles intérêts qui a réduit en poussière ma frêle existence.

Les voilà donc nommés ces personnages que j'ai dit m'être encore chers : ce prince généreux à qui j'avois voué une reconnoissance que mes désastres même n'ont pu altérer ; cette Souveraine séduisante que je puis dire avoir idolâtrée, et dont il faut que j'écarte en ce moment l'image pour me ménager la force de continuer — Oui ! j'ai dit *qu'il le faut* ; j'ai dit pourquoi il le faut, mais ce dont je n'ai rien dit encore, c'est de ma patience, c'est de ma modération, c'est des efforts que j'ai faits pour me soustraire à cette nécessité déchirante ; c'est de l'astuce criminelle avec laquelle ceux qui, lors de ma catastrophe, empêcherent que la Reine me tendît une main secourable, lui ont dérobé la connoissance des armes que j'ai entre les mains pour arracher à la crainte ce qu'il m'eut été doux de devoir à la justice, à l'humanité, à un reste de souvenir.

Depuis que, par une espèce de miracle j'ai posé le pied sur cette terre étrangère où la liberté sourit au malheur comme à la prospérité ; j'ai tout tenté pour instruire S. M. que j'étois en possession d'une correspondance dont la publicité produiroit le double effet de la compromettre et d'atténuer mes torts. D'intéresser le public à mon sort, et faire succéder la pitié aux opprobres qui font le tourment de ma vie — j'ai trouvé toutes les avenues fermées par les favoris despotes qui se sont emparés d'une princesse dévouée tout à la fois à l'obsession de la cupidité la plus insatiable, et à la tirannie de l'ambition la plus intriguante.

Dans les mémoires touchants que je m'efforçois de faire parvenir aux pieds de S. M. je lui rappellois sans me plaindre, les maux, les horreurs de tous genres que j'ai essuyées; je lui prouvois que ma discrétion et la fidélité de mon attachement étoient l'unique cause de mes calamités; je lui offrois jusqu'au sacrifice de ce que j'avois à produire pour ma justification, sans y attacher d'autre prix qu'un acte de justice; en un mot, je me bornois à demander la restitution ou pour mieux dire, l'équivalent des pertes qui ont été la suite de mon malheureux procès. Dans chacune de mes lettres je répétois que » puisqu'il avoit plù à la Providence de me faire survivre à cet excès d'horreurs; puisqu'elle m'avoit dérobé à mes propres fureurs; son intention sans doute n'étoit pas que je périsse faute de subsistance; que dans l'état où j'étois réduite il m'étoit permis d'espérer qu'au moins la Reine me feroit rendre ce que la confiscation de mes effets et biens avoit versé dans les coffres du Roi.

Ces réclamations, cette peinture trop fidelle du dénouement absolu où se trouvoit la victime du plus tendre dévouement; ces cris enfin de l'humanité souffrante, ne sont point sans doute parvenus à l'oreille de S. M. ses yeux n'ont point vu ces tristes caractères tracés d'une main tremblante, ce papier trempé de mes larmes; rien ne m'a rappellé à la plus humaine des princesses; tout, jusqu'au souvenir, a été intercepté! — qu'ils prennent donc sur eux ces cerbères dévorans, qu'ils prennent sur eux et sur leurs têtes les suites nécessairement terribles du désespoir auquel ils me réduisent. J'ai pris la plume; et rénonçant au sommeil, rénonçant aux soins importuns d'un corps flétri qui n'est plus rien pour moi, je ne la quitterai plus que je n'aie soulagé mon ame du poids qui l'accable, en répandant sur le papier tout ce qu'elle récèle d'horreurs secrettes; j'aurois voulu sauver l'honneur de la Reine, mais dans l'abyme où l'on continue de me plonger de plus en plus, puis-je aujourd'hui m'occuper d'autre chose que des débris de mon honneur; il faut qu'enfin le public prononce entre S. M. et l'atome qu'elle à écrasé. Ma tête est trop exaltée pour songer à mon stile ; je n'ai point l'habitude d'écrire ; l'éducation militaire qu'a reçue mon mari, le met en fait de mémoires à peu-près, à mon niveau ; — n'importe, la nature a son éloquence ; la douleur des accents ; les sentiments tumultueux, leur rapidité et le désespoir, son désordre énergique ; avec cela on se fait lire ; j'écrirai donc.

Que ne puis-je me dispenser de parler de ma naissance. Mes juges l'ont comptée pour rien, puis-je la compter pour quelque chose ? non, mais il y auroit peut être de l'orgueil à dissimuler que mon pere est mort à l'Hôtel-Dieu de Paris ! si l'on veut jetter les yeux sur le N°. I. des Pieces Justificatives on y trouvera sa triste généalogie. Assurément on ne me soupçonnera pas de faire par vanité une invitation pareille ; mais cette piece me paroit indispensable en ce qu'elle rend raison des premiers actes de ma vie, qu'elle justifie les premiers écarts d'une ambition naturelle et fait concevoir pourquoi, à peine sortie de l'obscurité et de l'indigence, Jeanne de Saint-Remy de Valois aspira à la faveur pour retrouver un état.

Mon pere venoit, il est vrai, de terminer sa déplorable carriere dans les bras de la charité ; mais, son extrait mortuaire même me disoit que le sang des Valois couloit dans mes veines, falloit-il donc se résigner à trainer toute sa vie un pareil nom dans la fange ? Le don que m'eut fait le ciel de cette résignation, eut été sans doute un bienfait plus précieux pour moi que l'existence ; mais je ne le reçus pas en naissant, et malheureusement ma seconde mere ne m'en donna pas la leçon ; la Marquise de Boulainvilliers qui protégea mon enfance avoit poussé ses bontés pour moi jusqu'à éviter de contrarier les premiers symptomes de mon ambition qu'elle regardoit comme le noble defaut des grandes ames ; au contraire, elle m'avoit encouragée dans le projet de mes réclamations dont voici la nature.

En parcourant ma généalogie, on a pu remarquer que mon cinquieme ayeul, souche de ma maison avoit possédé, du chef de son épouse, la terre de Fontette et que, depuis lui jusqu'à mon pere inclusivement, cette terre n'étoit point sortie de la famille ; tous mes ancêtres y étoient nés ; presque tous y avoient leur sépulture ;

mon pere seul, par une suite de dissipations et d'infortunes accumulées, avoit d'abord morcelé, ensuite complettement aliéné ce domaine; il passoit pour constant, et il n'étoit effectivement que trop vrai qu'il n'avoit pas reçu la sixieme partie de la valeur des divers héritages qu'il avoit successivement engagés. On me disoit sans cesse, j'entendois répéter de toutes parts qu'avec un peu de protection il seroit facile de rentrer dans la possession de cette terre. Madame de Boulainvilliers ayant eu la bonté de prendre elle même quelques renseignemens sur cet objet, fut la premiere à me conseiller de me rendre sur les lieux et de constater à quel point les espérances qu'on me donnoit pouvoient être réalisées. Ce fut donc non seulement avec son agrément, mais de son avis exprès qu'en 1779 je me rendis à Bar-sur-Aube où les informations que je pris me confirmerent uniformement dans l'opinion qui avoit déterminé mon voyage; il me parut évident qu'*avec de la protection* je pourrois recouvrer une partie des biens de ma maison. Dès ce moment je ne songeai plus qu'à me procurer des appuis; c'est-à-dire que dès ce moment je commençai de courir à ma perte.

C'est pendant le séjour que je fis pour la premiere fois à Bar-sur-Aube que j'eus occasion de connoître le Comte de la Motte; comme je n'écris pas un roman je passerai sur les circonstances qui l'amenerent à des propositions de mariage, ainsi que sur les motifs qui me les firent accepter; il suffit de savoir que cette union étant approuvée de M. de la Luzerne évêque de Langres, sur les ouvertures qu'il daigna en faire à Madame de Boulainvilliers, mon excellente mere y donna les mains et nous reçûmes la bénédiction nuptiale peu de jours après.

Mon mari étoit alors dans la gendarmerie où son pere avoit fourni une carrière honorable glorieusement terminée à Minden où il fut tué à la tête de sa compagnie.

M. de la Motte crut dans la circonstance de son mariage pouvoir aspirer à quelque grade militaire.

M. le Maréchal de Castries commandoit la gendarmerie qui se trouvoit alors à Luneville; M. de la Motte me proposa de joindre avec lui la garnison, ce que je n'acceptai qa'à condition que je passerois au couvent le tems qu'exigeroit son séjour; nous en choisîmes effectivement un à trois lieues de Lunéville et je m'y retirai ; mais j'étois condamnée à ne pas jouir long-tems de la tranquilité que m'offroit cet asile. Les affaires du département de la marine confiées au Maréchal de Castries ne lui ayant pas permis de visiter son corps, les sollicitations projettées ne purent avoir lieu.

Ici commence à se présenter au lecteur le fil de mes infortunes ; s'il veut bien le saisir, je le conduirai pas à pas dans le labyrinthe où je me suis perdue.

Jamais femme ne tira moins que moi vanité de sa figure ; je ne sais par quelle fatalité ma jeunesse, cet air de santé qu'on nomme fraîcheur, cette vivacité qui tenoit encore à l'enfance, suppléoient en moi au défaut de beauté, au point de m'exposer aux importunités des hommes présomptueux.

Le Marquis d'Autichamp, qui commandoit en l'absence du Maréchal de Castries est l'être auquel j'ai la premiere obligation de m'être défiée toute ma vie des empressemens outrés de son sexe. Il marqua le zèle le plus ardent à nous servir ; s'attacha à nous persuader que nous ne ferions rien à Lunéville, qu'il falloit absolument se rendre à Paris où, indépendamment des bons offices que nous avions à espérer du Maréchal, de ceux que nous assuroit la tendresse maternelle de Madame de Boulainvilliers, il employeroit ses amis personnels pour faire placer mon mari, il n'eut pas de peine à nous faire concevoir que son avis étoit raisonnable ; mais lorsqu'il fut question de partir pour la capitale, il se trouva que je devois solliciter seule sous les auspices de M. le Marquis qui condescendoit à faire le voyage avec moi. Il prétendit que mon mari, ayant déjà obtenu deux semestres, ne pouvoit espérer un troisieme ; il le lui refusa en effet et la suite indispensable de ce refus, fut que M. de la Motte quitta le corps — premier fruit de la *protection* ! Cette résolution arrêtée et notifiée, nous prîmes sur le champ la route de Strasbourg où se trouvoient M. et Madame de Boulainvilliers ; mais le jour même où nous y arrivâmes ils venoient de partir pour Saverne où nous les joignîmes le lendemain.

Ce fut là que je vis pour la premiere fois le Cardinal de Rohan ; je lui fus présentée et trop recommandée par la Marquise qui, peu de jours après, répartit pour Paris, m'invitant ainsi que M. de la Motte à y accepter un appartement dans son hôtel. Je ne tardai pas à la suivre, et mon mari, retenu à Bar-sur-Aube par quelques affaires de famille, me joignit peu de temps après; mais lorsqu'il arriva, ma chere protectrice n'étoit plus, la mort venoit de m'enlever le seul appui qui me restât dans le monde.

Orpheline pour la seconde fois, isolée sur cette terre de séduction; privée des sages leçons, et des exemples qui avoient dirigé jusqu'alors ma conduite; je jettai la vue sur ce qui m'environnoit, et je ne vis qu'un vuide affreux, une vaste solitude où des pressentimens trop bien vérifiés me disoient que j'allois m'égarer et me perdre — M. de Boulainvilliers restoit, mais je le connoissois si défavorablement que mon premier mouvement fut de quitter l'hôtel; il me devina, me prévint, m'assura qu'il se feroit un devoir de représenter la Marquise, que je trouverois en lui un pere. En effet il parut quelque-tems nous continuer les bontés dont nous avoit honorés son épouse; mais je ne tardai pas à m'appercevoir qu'elles n'étoient pas tout-à-fait désintéressées, et je conçus sa maniere de calculer comme s'il m'en eut fait la confidence. Il venoit de perdre une femme, mais le hazard en plaçoit une autre dans sa maison, et la chose devenoit une affaire de *convenance* qu'il prétendit être *respective*; du moins il me la présenta sous ce point de vue et me fit sans beaucoup de ménagemens des propositions directes—Hélas! me dis-je une seconde fois, voilà donc les hommes! — il s'en faut de beaucoup que je sois revenue sur leur compte, mais je crois pour l'honneur de leur sexe qu'il en est peu capables de procédés aussi petits, pour ne pas dire aussi bas que ceux que j'éprouvai en cette occasion.

Du moment où M. de Boulainvilliers fut convaincu de l'inutilité de ses persécutions, tous ses empressemens se convertirent en traitements durs et malhonnêtes]; en vérité c'est en rougissant que j'en citerai quelques traits; par exemple on aura peine à croire que n'osant nous proposer ouvertement de quitter sa maison, il prit le parti de nous la rendre graduellement insupportable, chaque jour il faisoit retrancher quelque article des choses de premier besoin, et cet homme qui se disoit mon *pere* finit par faire substituer la chandelle aux bougies! —

je ne sais si pareilles miseres ne devroient pas être exclues d'un récit aussi serieux; mais comme il m'importe de prouver que mon existence est une chaîne de malheurs plus ou moins marqués, en vérité je crois que celui de passer de la protection de Madame de Boulainvilliers sous celle de son mari n'est pas médiocre.

On conçoit qu'il fallut finir par se séparer. Ce fut à peu-près vers ce tems-là que je revins à la funeste idée de courir après la *protection* pour recouvrer une partie des bien aliénés par mon pere et nommément la terre de Fontette. J'avois quelques connoissances, de celles même que l'on qualifie du titre d'amis lorsqu'on est assez simple encore pour croire à l'amitié; l'espoir de les faire agir m'attira à Versailles où je perdis mon tems en sollicitations infructueuses sous les administrations successives de M. M. Joly de Fleury et d'Ormesson, qui passerent comme l'ombre, ensuite sous celle de M. de Calonne, qui au contraire a parue si longue à la France; quiconque connoit l'emphase de ses empressemens peut se former une idée des graces qu'il développa dans ses premiers accueils; je vis le moment où il me proposeroit de partager avec moi le trésor confié à Madame d'Arveley. Brouillée avec la litterature je ne me rappelle pas le poëte qui a parlé des couches de la montagne en travail d'une souris; mais l'enfantement de M. de Calonne fut de porter à 1500 livres la pension de 800 qui m'avoit été accordée lors de ma reconnoissance; pour me mettre en état de porter dignement le nom de Valois. Justement indignée, je me proposai sécretement de lui forcer la main et de rentrer dans ma terre de Fontette, malgré lui, car il ne s'agissoit que de trouver certaine *protection*; il s'en présenta une dont ma position ne me permit pas de profiter; lorsqu'on connoîtra mes liaisons avec le Cardinal on sentira pourquoi; mais cette circonstance n'en est pas moins remarquable, en ce qu'elle décida mon sort en me frayant le chemin qui me conduisit ensuite aux genoux de la Reine.

J'ai déjà protesté contre toute prétention à la beauté; mais quand je pousserois l'humilité jusqu'à l'aveu de la laideur, je ne changerois rien à ce qui a été, et je n'empêcherois pas que Mgr. Le Comte d'Artois m'ayant apperçue à la paroisse de Versailles, ne m'ait honorée d'une distinction que je ne recherchois pas. Les démarches que le Prince fit faire pour que je fusse instruite de la générosité de ses dispositions parvinrent à l'oreille de la Princesse son épouse, qui satisfaite de ma conduite, daigna m'accueillir avec bonté et me prit sous sa protection, me mettant ostensiblement sous celle de *Madame*. On concevra les motifs de cette réserve si l'on se rappelle que c'étoit peu de tems avant cette époque que Madame la Comtesse d'Artois s'étoit trouvée dans des circonstances délicates qui la rendoient exstrêmement circonspecte.

Quoique la convention fut ainsi réglée à mon égard entre les deux princesses, j'éprouvois également l'effet de leurs bontés. Un jour que je leur faisois ma cour chez *Madame*, je fus surprise d'une indisposition subite qui fit quelque bruit au château ; la Reine en ayant été informée daigna marquer quelqu'intérêt, S. M. envoya même chercher Madame Patri premiere femme-de-chambre de *Madame* pour savoir les détails de cet accident, attention que S. M. continua pendant quelques jours.

Rien n'échappe aux yeux des courtisans, ils remarquerent que depuis ce moment S. M. m'honoroit d'un regard gracieux lorsque je paroissois en sa présence ; on hazarda même à ce sujet quelques conjectures, mais l'homme de la cour qui les poussa le plus loin fut le Cardinal de Rohan.

Je n'ai parlé encore de ce Prince qu'en indiquant la circonstance qui me procura pour la premiere fois l'honneur de le voir. Dans l'intervalle qui s'étoit écoulé entre cette époque et celle dont je traite actuellement, je dois avouer que je l'avois peu perdu de vue, j'en avois reçu des bienfaits, la plus juste reconnoissance m'attachoit inviolablement à son sort, je n'avois point de secrets pour lui, il n'en avoit point pour moi, nous lisions mutuellement dans nos ames celui de notre ambition respective, la sienne est connue de tout le monde, il vouloit absolument être premier ministre, la mienne se bornoit à être dame de Fontette. Des obstacles difficiles à surmonter et coulant de la même source contrarioient nos vues ; depuis nombre d'années le Cardinal avoit eu le malheur d'encourir la disgrace de la Reine (1) le pre-

(1) Voyez le N°. V.

mier pas à faire vers le pouvoir suprême étoit donc de recouvrer ses bontés; tant qu'il ne pouvoit rien pour lui-même, il ne pouvoit rien pour moi. On remarquera dans cette même lettre à laquelle je viens de renvoyer, qu'à l'époque dont je parle il avoit fait une multitude de tentatives qui ne lui avoient pas réussi, soit à raison de leur extravagance, soit par l'effet de la perfidie de la Princesse de Guémenée qui en paroissant s'être chargée de le réconcilier avec la Reine l'en avoit infiniment plus éloigné que rapproché.

Les choses étoient en cet état lorsque le foible rayon de faveur qu'il vit luire sur mon front, réveilla son ambition, ranima ses espérances. Rien n'égale l'étonnement dans lequel il me jetta un jour que m'étant trouvée au le passage de la Reine S. M. daigna m'honorer d'un de ces sourires auxquels il est si difficile de résister. Je me rappelle que l'instant d'après ayant par hazard levé les yeux sur lui, je vis étinceler la joie dans les siens; ils exprimoient en même tems l'impatience de me parler; je m'y prêtai, et les paroles qu'il m'adressa en m'abordant ne s'effaceront jamais de ma mémoire — » Savez vous, Comtesse, me dit-il, que ma fortune est entre vos mains ainsi que la vôtre » — Sa fortune! oh Dieu! je frémis quand je pense que ses malheurs ne sont même pas encore à leur terme, que je vais en combler la mesure! Quant à ma fortune à moi, grace au ciel elle approche; je la vois sous la tombe qui s'entr'ouvre à quatre pas de moi; mais au moment où le Cardinal me parloit, mes idées n'étoient point lugubres; quoique je n'eusse vu ni sa fortune ni la mienne dans le sourire charmant de la Reine, mon cœur en étoit plein. Après le premier moment de surprise, je demandai au Prince s'il plaisantoit, ou s'il parloit sérieusement? — » On ne peut être plus sérieux, me répondit-il, asseyez vous et écoutez moi attentivement. Commencez par vous pénétrer d'une vérité qui n'admettant en général que très peu d'exceptions dans le monde, n'en admet aucune à la cour. Cette vérité est qu'il n'est pas au pouvoir de la sagesse humaine d'enchaîner la fortune; que toujours conduite par le hazard, le bandeau sur les yeux, elle tend la main à quiconque se trouve sur son passage rapide; mais si on ne la saisit pas à l'instant même, cet instant ne revient jamais ; le vôtre est arrivé — je n'ai pas observé seul, mais ayant plus d'intérêt que personne au monde à mieux observer, j'ai découvert avec certitude que la Reine a du goût pour vous « — » *du goût !* m'écriai-je, vous voulez dire des bontés, de la compassion « — » *Vous donnerez me dit-il alors au sentiment dont elle vous honore le nom qu'il vous plaira, tout ce qu'il faut que vous sachiez c'est que votre tournure lui plait & qu'il ne faut pas laisser refroidir les dispositions heureuses qu'elle vous marque depuis quelque tems. Vous voyez que la faveur est enchaînée à sa ceinture ; que partout ailleurs on se casse le cou ; que Madame & la Comtesse d'Artois sont non seulement sans crédit, mais que leur protection même imprime le sceau de la reprobation ; attachez vous donc uniquement à la Reine et songez, je vous le répéte que votre fortune et la mienne sont entre vos mains.* »

Le Cardinal finit par me conseiller d'écrire à la Marquise de Polignac. Il eût été difficile de donner un plus mauvais conseil. Quoique les Polignacs fussent alors en possession du droit presque exclusif de présenter à la Reine, ils avoient de si grands intérêts à ménager, ils étoient assaillis de tant de craintes, tourmentés de tant de jalousies, qu'il falloit qu'ils fussent bien sûrs de leurs créatures pour les produire ; je n'étois pas la leur, ils ne trouvoient aucunement leur compte à ma présentation, aussi se garderent ils bien de s'y prêter. Ils me refuserent l'entrevue demandée et se bornerent à me répondre que » M. de Calonne ayant rendu compte à la Reine de l'augmentation de pension qui venoit de m'être accordée ; S. M. pensoit que je devois être satisfaite. Je ne tardai pas à apprendre qu'il n'y avoit pas un mot de vrai dans cette assertion hardie, et qu'ils ne m'avoient pas même nommé à la Reine ; au reste, dans le court intervalle de tems qui s'écoula entre le moment dont je parle et celui où j'eus l'honneur de parvenir aux genoux de la Reine, j'eus l'occasion journaliere d'observer que toutes les démarches que je faisois pour atteindre mon but étoient constamment contrariées par les mêmes Polignacs, et qu'ils m'avoient si bien fermé toutes les avenues que je dis un jour avec humeur au Cardinal que je ne voulois plus entendre parler de voir la Reine — *Vous êtes un enfant*, me dit-il ; *à la premiere contrariété vous jettez le manche après la coignée. Le vent est favorable il faut aborder. Je vais vous proposer un parti ; le seul qui vous reste à prendre ; je vous préviens que c'est un coup d'éclat que je vous conseillerai.* » Me voyant déjà embarrassée et confuse avant que je susse de quoi il s'agissoit ; il finit par m'expliquer ce qu'il entendoit par *un coup d'éclat* ; il me dit que je ne devois pas hésiter à me jetter aux pieds de la Reine, mais que pour en imposer davantage à nos ennemis communs il croyoit qu'il falloit profiter de la circonstance de la procession des cordons bleus qui devoit avoir lieu le 2 Février. Accoutumée à me laisser diriger entierement par lui, je promis de faire tout ce qu'il me prescriroit.

Le grand jour arrivé ; munie du placet que je devois présenter et des instructions les plus amples sur ce que j'aurois à faire dans toutes les suppositions possibles, je me rendis au château en grande parure, et j'attendis dans une des salles le retour de la procession. Lorsque la Reine passa, je me jettai à ses genoux et lui remettant mon placet, je lui dis en peu de mots que je descendois des Valois, que j'étois reconnue comme telle par Louis Seize, que la fortune de mes ancêtres ne m'ayant point été transmise avec leur nom, je n'avois de ressource que dans la munificence du Roi qui étoit en possession de la majeure partie des biens dont ils avoient joui ; qu'ayant trouvée fermées toutes les avenues qui pouvoient me conduire aux pieds de S. M. le désespoir m'avoit déterminée à cette démarche.

La Reine me releva avec bonté, reçut mon placet avec ses graces ordinaires, et me voyant tremblante daigna m'inviter à l'espoir. Elle passa en me disant que je devois être tranquille, et en me promettant d'avoir égard à l'objet de ma demande.

Je me retirai chancelant sur mes jambes, et à peine rentrée chez moi, je reçus de la part du Cardinal un billet en conséquence duquel j'allai chez lui. Après lui avoir rendu compte de ce qui venoit de se passer, sur son conseil, j'écrivis sur le champ à Madame de Misery premiere femme de chambre de la Reine, la priant de vouloir bien remettre à S. M. une lettre que je prenois la liberté de lui adresser.

Le soir même j'en reçus une réponse contenant l'invitation de me rendre chez elle sur les sept heures et demie. Lorsque je la vis, elle me dit qu'elle avoit placé ma lettre sur la cheminée de la Reine; qu'elle pensoit qu'au moment même S. M. s'entretenoit de moi avec *Madame*. Elle ajouta que S. M. n'avoit point été à l'Office à cause de la révolution que je lui avois causée; dès ce premier moment, Madame de Misery me fit pressentir que l'honneur que j'allois avoir d'être présentée à S. M. devoit être tenu secret pour tout le monde, sans en excepter *Madame*, me prévenant que la plus legère indiscrétion de ma part me perdroit sans retour. En conversant ainsi j'attendis jusqu'à onze heures que la Reine se retira du jeu. Elle parut enfin — Dieu! que je la trouvai belle! je l'avois toujours vue telle, mais l'affabilité de sa réception ajoutoit en ce moment aux charmes de sa figure — je tremblois encore; S. M. daigna une seconde fois me rassurer, me demanda ma confiance, m'ordonna de lui parler à cœur ouvert sur tout ce qui pouvoit me toucher; je pris enfin courage et après lui avoir exposé la nature de mes réclamations, des démarches que j'avois faites auprès des ministres, et des Princesse ses belles sœurs; je finis par me plaindre avec assez d'amertume de la dureté des Polignacs; S. M. sourit; et son regard me dit en ce moment bien des choses dont l'explication se trouve dans ses lettres au Cardinal. (1).

Après un instant de recueillement, S. M. me parla à peu près en ces termes — « J'ai lu votre mémoire avec attention et intérêt. J'ai remarqué que son objet est de forcer la main au ministre au sujet du recouvrement de quelques biens qui ont appartenu à votre maison. J'ai des raisons particulieres de ne point me prêter à vos vues, je vous les ferai connoître; cet raisons vous sont personnelles; je ne puis concilier le desir que j'aurois de vous servir publiquement, avec celui que j'éprouve de vous voir familierement; mais je puis vous rendre indirectement les bons offices que vous desirez de moi. Faites venir votre frere; (le Baron de Valois, alors lieutenant de vaisseau: on sait en Angleterre ainsi qu'en France combien il se distingua à bord de la Surveillante;) étant actuellement le chef de votre maison, il est plus naturel

(1) Voyez le Nº. VII.

qu'il sollicite lui-même les graces dont elle est susceptible; je vous promets d'appuyer vivement ses sollicitations, ainsi soyez tranquille » — S. M. finit par me faire présent d'une bourse et m'honorer d'un premier baiser, m'enjoignant de rester à Versailles, de ne parler à qui que ce fut au monde ni de cette entrevue ni du succès de mon placet; elle me quitta en me disant » Adieu, nous nous reverrons. »

Il est important d'observer que dans cette premiere entrevue, S. M. me parla de *Madame* en termes extrêmement défavorables, qu'elle appuya beaucoup surtout, sur la duplicité de cette Princesse, me recommandant de m'en défier; de ne plus lui dire un mot de mes affaires: me conseillant même de ne la plus voir du tout; conseil que je ne pus prendre que pour une défense expresse.

Il étoit dit que *nous nous reverrions*; effectivement, quelques jours après, je reçus un billet écrit de la main de la Demoiselle Dorvat, l'une des femmes de S. M. contenant l'ordre de me rendre entre onze heures et minuit au petit Trianon. M'étant ponctuellement trouvée à l'heure désignée, je fus introduite dans le cabinet de la Reine par cette même Demoiselle Dorvat. Cette seconde entrevue ne fut pas purement d'affaires; j'y reçus l'explication de ce qu'avoit voulu me faire entendre le Cardinal lorsqu'il m'avoit parlé de *goût* et de *tournure* — Dieu! que la Reine est charmante! quelle affabilité, quelle effusion de bonté! en vérité je me crus aussi quelque chose de plus qu'une simple mortelle. —

S. M. termina notre long entretien en signalant sa munificence par le don d'un portefeuille contenant pour dix mille livres de billets de caisse. Le dernier mot fut, ainsi qu'à la premiere entrevue, » Adieu nous nous reverrons » en effet nous nous revîmes, et souvent, et longtems, et toujours sur le même pied —. Cet aveu oppresse mon ame, mon cœur se ressère, la plume échappe de mes doigts — O! mon auguste Souveraine, c'est à vous seule que je m'adresse présentement, rappellez vous ces momens d'ivresse que j'ose à peine retracer. Rappellez vous et les lieux où ils s'écouloient et ceux où je les ai épiés. Quel que soit le mépris dont il a plû à V. M. de m'accabler depuis, vous n'en trouverez pas moins écrit au fond de votre ame, qu'alors vous m'élevâtes

levâtes jusqu'à vous, vous vous abaissâtes jusqu'à moi. Mais en vain daignâtes vous vous dépouiller à mes yeux de l'imposante majesté, je la reconnus dans votre abandon même; je me dis : c'est la déesse Flore qui s'amuse d'une humble fleurette. Vous savez que dans ces premiers instans, que dans ceux du même genre qui les suivirent, je ne m'écartai jamais du respect dont vous me faisiez même l'obligeant reproche — et c'est cette infortunée que la seule approche de vos lévres dévoit rendre un objet à jamais sacré, c'est la femme que vous aviez honorée du nom de *chère amie*; c'est cette malheureuse De Valois, que vous avez abandonnée, livrée à la main — dirai-je des bourreaux? ah! non. Je dois vous épargner cette horrible image — revenons au Cardinal.

D'après ce que je viens d'exposer, il est évident que c'est l'ambition démésurée de ce malheureux prince qui m'avoit portée, presqu'entrainée dans le cabinet de la Reine. Je l'ai déja dit, je n'avois rien de caché pour lui, dès qu'il put s'applaudir du succès de sa spéculation, lorsque par la nature des bienfaits que je recevois de S. M. il put apprécier le dégré de bienveillance dont elle m'honoroit, il me répéta avec chaleur ce qu'il m'avoit déjà dit de sa fortune et de la mienne qu'il prétendoit être entre mes mains, et m'engagea à épier, à saisir la première occasion qui se présenteroit de le rappeller sans affectation au souvenir de la Reine, elle ne tarda pas de s'offrir aussi favorablement qu'il étoit possible de la desirer. Un jour que S. M. avoit ajouté quelque bienfait à ceux qui lui avoient si justement assuré mon tendre et respectueux dévouement, elle me demanda par hazard comment j'avois fait pour me soutenir avant de parvenir jusqu'à elle? c'étoit le moment de nommer mon bienfaiteur sans affectation apparente; j'en mis cependant beaucoup à paroître ignorer la vraie position du Cardinal à l'égard de S. M. j'évitai l'air de contrainte et de réserve qui, pour peu qu'il eût percé, eut pu faire soupçonner que j'étois plus dans la confidence du Prince que je ne devois le paroître; j'en parlai donc en termes généraux comme d'un homme sensible, bienfaisant, généreux; qui, à ces titres divers, jouissoit probablement de l'estime et de la faveur de S. M. je fis avec chaleur l'énumération des bons offices qu'il m'avoit rendus et le peignis comme étendant sa munificence sur tout ce qui l'entouroit. La Reine m'écoutoit avec tant d'attention, m'observoit d'un œil si curieux que je sentis la nécessité d'affoiblir la premiere idée qui se presentoit visiblement à son esprit, en lui faisant entendre qu'il s'en falloit de beaucoup que cette bienfaisance du prince me fût personnelle. De même que c'étoit la première fois que j'avois articulé devant la Reine le nom du Cardinal, ce fut la premiere fois aussi que j'observai combien l'éloignement de S. M. pour lui surpassoit l'idée qu'il m'en avoit donnée; elle garda quelque temps le silence, parut se livrer à de profondes réflexions et, du ton dont on parle en se réveillant, elle me dit » Ce que je viens d'entendre me fait plaisir, mais *me surprend*! je ne croyois pas le Cardinal capable de pareilles actions; on lui donne un tout autre caractère.

Le nom du Cardinal une fois améné dans les entretiens fréquents et familiers que j'avois avec la Reine, je previs que pour le reproduire, je n'aurois plus à surmonter les mêmes difficultés; je le fis espérer au Prince qui me conjura de ne laisser échapper aucune occasion de parler de lui; il me prépara même des matériaux, me suggéra diverses introductions et s'appliqua à me former pour mon rôle à-peu-près comme un acteur fait répéter le sien à une actrice favorite.

La tâche n'étoit pas à beaucoup près aussi facile qu'il l'avoit imaginé. Jamais la Reine ne prononçoit son nom, jamais elle ne parloit de choses qui eussent le rapport le plus éloigné avec lui, en sorte que toutes mes instructions étoient en pure perte, je ne pouvois en placer le moindre petit mot. Survint enfin une circonstance qui met mon rôle en activité. Le Cardinal ayant reçu un pot-de-vin de 200 mille livres pour le renouvellement du bail des fourrages de la cavalerie en Alsace, me fit présent de 20 mille livres. Je crus ne devoir pas laisser ignorer à la Reine ce nouveau trait de générosité; S. M. parut y être sensible : je ne laissai pas échapper cette nouvelle occasion de l'entretenir de ma reconnoissance et des procédés du Cardinal; mais, cette fois-ci, je fus plus loin que la premiere; il étoit naturel qu'avant rendu compte au Prince du premier entretien que j'avois eu avec la Reine à son sujet, il m'eût enfin confié ses chagrins. Je l'avouai à S. M. je le lui représentai comme mourant lentement, dévoré de regrets, consumé de douleur, victime de l'envie et de la noirceur. Elle me laissa dire sans m'interrompre tout ce que me suggéroient en ce moment le zèle et la reconnoissance; mais lorsque le respect et la discrétion m'imposerent silence, elle ne répondit directement à rien de ce qu'elle venoit d'entendre et je lus dans ses yeux que ses préventions étoient profondément enracinées. Je surpris même quelques regards, qui déceloient du courroux; et j'aurois pu dès lors appercevoir que sous la cendre trompeuse d'une tranquilité affectée couvoit déja la funeste étincelle qui depuis, a causé l'incendie où j'ai été enveloppée.

Je ne puis en prévenir trop tôt le lecteur; tout ce qu'il va voir de tendre, de passionné daus la correspondance que je vais mettre au jour, n'étoit que simulé de part et d'autre; la Reine, au moment où j'eus le malheur de la rapprocher du Cardinal, avoit juré sa perte depuis longtemps, la méditoit encore dans son cœur, et lorsque sa foiblesse pour l'Empereur son frere la livroit à Trianon ou ailleurs aux transports étudiés du malheureux Prince; il est affreux de le reveler, mais j'en ai la certitude, elle lui lancoit les mêmes regards dont elle l'accabla le jour qu'elle demanda sa tête au Roi. C'est telle que je la peins aujourd'hui que je la vis au moment dont je parle; cependant elle m'écoutoit avec bonté, je revenois sans cesse à la charge et quelques fois la maladresse de mes *à propos* la faisoit sourire.

Le Cardinal m'exhortoit à la persévérance, j'y étois disposée moi-même parce que je croyois chaque jour gagner un peu de terrain. Enhardie par cette confiance je conseillai un jour au Cardinal de hazader une lettre, lui promettant de m'en charger, de saisir la premiere occasion qui se presenteroit de la remettre moi-même, et de la faire naitre si elle ne se présentoit pas. Elle s'offrit on ne peut plus favorablement trois jours après. C'est à cette époque que commence la correspondance dont ce que j'ai pû sauver va trouver place dans ces mémoires à mesure que chaque piece justificative se trouvera avoir rapport aux divers faits que je vais exposer dans l'ordre chronologique.

Le No. II. de ce recueil est une copie littérale de cette premiere lettre écrite il est vrai de mon avis, mais non pas dans le sens que je suggérois au Cardinal ; je voulois qu'il n'exprimât que le désir de se justifier, et l'on voit que selon son usage, il a déja l'impatience de faire percer des sentiments qu'il eut du réprimer s'il les eut éprouvés, et qu'il étoit d'une fausseté punissable d'exprimer en ne les éprouvant pas. Le voilà qui d'emblée parle déja de *l'espoir qui luit dans son cœur*, de *la belle bouche* de S. M. et *de son esclave.* On voudra bien y remarquer de plus, en preuve de ce que j'ai déja avancé que de même que j'avois été l'instrument dont le Cardinal s'étoit servi pour rappeller son existence au souvenir de la Reine, je devenois le pretexte dont il faisoit usage pour se créer pour ainsi dire des droits au retour de sa faveur ; mon avis avoit été qu'il ne fit aucune mention de moi et qu'il débutat par sa justification écrite, sachant que la Reine ne desiroit de lui autre chose ; mais il étoit accoutumé à me traiter en enfant, et il ajouta à cette indiscrétion la folie de prendre le titre qu'il a toujours conservé dans la suite *d'esclave* de S. M. quoique je désapprouvasse hautement ces inconsequences, il fallut céder et je remis la lettre.

Celle qui suit (No. III.) indique assez la réponse que la Reine me chargea de faire à la premiere ; je n'ai à cet égard d'autre observation à faire sinon que la communication que m'en fit le Cardinal m'offensa grièvement. On remarquera dans le début même un doute offensant pour moi sur le dégré de confiance dont pouvoit m'honorer la Reine ; je crus entrevoir que son objet étoit de laisser à S. M. le choix de toute autre intermédiaire, et par consequent de me sacrifier du moment où il se présenteroit n'importe quelle autre personne en état par sa situation, de terminer l'ouvrage que j'avois commencé. Du moment où le Cardinel me parut défiant, il me devint suspect et je pris la résolution d'éclairer sa conduite. Quoiqu'il ne pût se dispenser décemment de me communiquer les lettres dont il me chargeoit, je sentis que je ne serois qu'imparfaitement au courant de la correspondance si je ne voyois pas également toutes celles que je lui remettrois de la part de la Reine ; je formai donc le projet non seulement de lire, mais même de prendre copie de tout ce qui passeroit par mes mains de part et d'autre. Un motif qui me détermina sur-tout à ce parti sera plus amplement développé dans la suite de ces mémoires; tout ce que je puis en dire actuellement est que, malgré la confiance générale que me marquoit le Cardinal, il avoit quelqu'intrigue sur laquelle il étoit plus que réservé; je voyois arriver des courriers avec lesquels il s'enfermoit, et les paquets qu'il en recevoit ou dont il les chargeoit, passoient d'une main à l'autre dans le plus grand mystere. J'entendois le bruit du coffre fort où il les déposoit sans doute, et si je hazardois une question, je voyois le sérieux et une teinte d'humeur ombrager son visage. Assurément si j'eusse pû soupçonner ce que je n'ai su que dans la suite, que tout ce mystere se rapportoit à la politique, je n'eusse pas eu l'injustice de me plaindre de sa discrétion; mais, en général je savois que le Cardinal n'étoit pas discret et je le soupçonnois peu de se mêler de politique, ensorte que, je l'avouerai, je crus qu'il s'agissoit d'un tout autre genre d'intrigue, et je bénis le ciel de m'avoir fait céder à l'impulsion de ma curiosité, et surmonter la répugnance que j'éprouvai lorsqu'il fallut en venir à l'exécution. C'est à cette précaution blamable à quelques égards, mais justifiée par l'événement que je dois les seules armes qui me restent contre l'endurcissement de l'injustice et le déchaînement de l'oppression.

J'ai sans doute à regretter que d'environ 200 lettres qui composoit le recueil de cette correspondance si j'avois pu les réunir, il n'en soit tombé que 31 en mon pouvoir; mais j'atteste la vérité que je n'en supprime aucune, que c'est tout ce qu'il m'a été possible de copier par la raison que la plupart des autres, ne signifiant rien ou peu de chose étoient brulées presqu'aussitôt que reçues. Celles de la Reine que le Cardinal aimoit à relire de temps à autres, étoient déposées, non dans le *coffre fort*, mais dans son secrétaire où il m'étoit aisé de trouver le moment de les examiner et de les transcrire. Quant à celles du Prince, il me les envoyoit toujours sous cachet volant, ainsi sauf l'abus de confiance, abus dont j'ai expliqué le motif, je pouvois les transcrire à loisir, mais je n'en prenois pas la peine lorsqu'elles étoient insignifiantes, ce qui étoit le cas quatre fois sur cinq.

D'après cet exposé, on concevra aisément que l'extrait que je présente au public, tout abrégé qu'il est n'est pas la partie la plus indifférente de la correspondance dont il s'agit. Avant d'en reprendre la suite on me permettra d'observer que n'ayant jamais annoncé autre chose, il est bien extraordinaire que des particuliers désœuvrés et des folliculaires imbécilles se soient acharnés depuis long-tems à annoncer un *libelle* de ma façon fondé sur une correspondance dont je disois avoir les *originaux*. Les originaux! eh! comment aurois-je pu me les procurer? ne falloit-il pas que je remisse aux parties respectives tous les écrits et paquets qu'elles se transmettoient mutuellement par mon entremise; si j'en eusse intercepté une ligne, mon infidelité n'eut-elle pas été découverte à la première entrevue? deux mots d'explication eussent accéleré ma ruine. Non je n'ai jamais eu la folie d'annoncer des originaux, de promettre l'impossible; mais j'ai dit en termes généraux que j'imprimerois des lettres de la Reine et du Cardinal; je remplis enfin mon engagement.

On a vu par la seconde du Cardinal que la Reine avoit absolument réfusé l'entrevue sollicité par la premiere et ne laissoit aucun espoir de l'accorder à moins qu'il ne réussit à se laver *par écrit* de diverses imputations graves accumulées sur son compte; S. M. en m'ordonnant de faire cette réponse, m'avoit parlé comme le regardant dans l'impossibilité de se justifier jamais — » j'ai contre lui, me dit-elle, des preuves qu'il n'est pas en son pouvoir de démentir » je ne dissimulai pas au Cardinal que S. M. m'avoit parue peu disposée à ne revenir jamais sur son compte, et comme je lui répétai les propres expressions de la Reine, il me dit quelque chose de fort obscur qui me fit cependant entrevoir la nature de cette intrigue politique dont j'ai dit quelques mots, et sur laquelle j'avois si étrangement pris le change. Il me fit entendre que la Reine n'étoit pas aussi absolument maîtresse de ses actions que je la croyois l'être; qu'elle avoit autant besoin de lui qu'il avoit besoin d'elle; que s'il lui devoit jamais son élévation elle lui devroit l'exercice de la souveraineté, objet unique non de son ambition personnelle mais de celle de l'Empereur son frere. Ce mot seul me donna la clef de tout ce qui se passoit de mysterieux entre lui et divers agents que je voyois souvent arriver et qui me paroissoient Allemands ; je compris qu'il étoit en correspondance avec l'Empereur et que probablement le vœu de ce Souverain étoit que le Cardinal fut à la tête des affaires ; je ne me trompois pas. Cependant comme cette idée ne pouvoit effacer les impressions que m'avoient faites les dernières paroles de la Reine relatives au Cardinal, je lui dis que je souhaitois me tromper, mais que S. M. me paroissoit plus disposée à lui nuire qu'à travailler à son élévation, et que je ne voyois aucun moyen de la faire revenir de ses préventions que celui de se justifier *par écrit* puisqu'elle l'exigeoit. Le billet côté No. IV. fut l'effet immédiat de mon conseil. *L'esclave* dit qu'il obéit, et annonce pour le lendemain une partie de sa justification.

La pièce No. V. est infiniment curieuse et mérite d'etre lûe avec autant d'attention que le Cardinal en demande à la Reine en débutant ; elle contient la justification annoncée la veille et rappelle des faits antérieurs dont peu de mes lecteurs soupçonneroient la nature ; je crois donc devoir leur expliquer tout ce qui, dans ce long narré seroit nécessairement inintelligible pour eux— je n'ai plus rien à ménager ; je me suppose en ce moment dans ces régions d'indépendance et de paix où mes souffrances me mériteront à ce que j'espere une place, racontant sans intérêt, sans passion, à la troupe céleste les triste rêves que j'ai faits sur la terre. Ce même Cardinal qui fait tant de frais d'imagination pour prouver à la Reine que toutes les accusations accumulées contre lui sont autant de faussetés et de calomnies m'a dit à moi, m'a répété plus d'une fois que les griefs de S. M. étoient malheureusement fondés ; il m'a confié que lors de son ambassade à Vienne, la Reine étant encore Archiduchesse, enhardi par la légereté de ses manières il avoit osé lui offrir des hommages qui n'avoient pas été rejettés ; que son bonheur avoit passé comme un songe ; que les préférences marquées qu'avoit obtenu à ses yeux un officier Allemand lui avoient tourné la tête au point de lui faire hazarder des propos indiscrets ; qu'il ne doutoit point que la Reine eut conservé le souvenir de cette indiscrétion à laquelle il attribuoit la disgrace dans laquelle il languissoit depuis l'avénement de S. M. au trône. Il me dit un jour que lorsque l'Archiduchesse avoit passé à Saverne en se rendant à Versailles, il avoit eu un rayon d'espoir, que s'y étant rendu pour la recevoir chez le vieux Cardinal son oncle, et s'étant jetté à ses genoux pour baiser le bas de sa robe, elle l'avoit relevé avec bonté et lui avoit tendu en rougissant une main qu'il avoit baisée avec transport — » mais ajouta-t-il en soupirant, ce fut le dernier regard de bienveillance que la Princesse ait jamais laissé tomber sur moi; lancée dans le tourbillon de la cour elle se vit environnée de tant d'adorateurs qu'elle ne me distingua plus dans la foule, le Comte d'Artois éclipsa tout; le Comte d'Artois n'étoit cependant qu'un objet de coquetterie.

Cette confidence en entraînoit nécessairement une autre dont il faut que je fasse également part au public. On voit par la justification du Cardinal qu'il étoit plus que soupçonné d'avoir fabriqué chez la Dubarry les lettres dont il est fait mention; il m'a dit qu'elles étoient l'ouvrage de sa jalousie que l'Impératrice Reine qui l'aimoit ayant entendu parler des écarts que l'on prêtoit à sa fille, s'étoit adressée à lui pour se procurer les éclaircissemens qu'elle désiroit; qu'attribuant à l'intrigue du Comte d'Artois l'éloignement que lui marqua la Dauphine, il avoit dit la vérité sans ménagement, que ces malheureuses lettres ayant été trouvées dans les papiers de l'Impératrice après sa mort, avoient été renvoyés à la Reine par l'Empereur.

Cet aveu me foudroya » Comment, m'écriai-je, la Reine a entre les mains de pareils papiers et vous me chargez de l'assurer de votre innocence! " il en revenoit toujours aux considérations politiques qui devoient diriger la conduite de la Reine « l'Empereur, me disoit-il veut voir à la tête des affaires un ministre à sa dévotion, il n'est point de rancune qui tienne « — il parloit en homme qui connoit l'esprit des cours et l'on ne tardera pas à voir qu'en effet la Reine ainsi munie des preuves de sa perfidie, poussa la politique au point inconcevable de lui nier qu'elle eut ces preuves! Je supplie le lecteur de donner la plus sérieuse attention à cette circonstance, il est infiniment important pour moi de faire sentir à quel excès la Reine peut porter la dissimulation; on en trouve un exemple frappant dans la lettre qui forme No, VI il est évident par la manière dont s'y exprime le Cardinal que la réponse verbale que je lui avois faite de la part de la Reine annonçoit un pardon prochain, que par conséquent S. M. avoit feint d'être à peu près satisfaite de cette justification, quoiqu'elle eut dans son sécrétaire tout ce qu'il falloit pour confondre le Cardinal; aussi *l'esclave* écrit-il avec confiance à son *cher maître*, et voilà déjà qu'il demande des baisers, qu'il parle de belles-mains, de charmante bouche, et la Reine souffre tout cela! elle fait plus; elle m'avoit permis de faire espérer le retour de ses bonnes graces; ce n'est pas assez, il faut qu'elle écrive elle-même, que sa main confirme les assurances que j'avois données en son nom, et surtout qu'elle affirme qu'*elle n'a jamais eu connoissance* de ces lettres que le Cardinal lui-même sait lui avoir été transmises par l'Empereur! quel rafinement de fausseté dans une Princesse aussi aimable! en un mot la Reine passe l'éponge sur le passé et assure qu'elle a tout oublié! (1) — Il falloit que les instructions de l'Empereur fussent bien positives; qu'il fut bien las du Comte de Vergennes et bien irrité contre ce ministre, pour pousser la Reine sa sœur à jouer un rôle si peu digne et de son caractère, et de son rang. Voici le moment où pour pallier à quelques égards la conduite de la Reine il faut dire qu'à-peu-près vers ce tems-là, la correspondance de l'Empereur qui, ainsi que j'ai déjà eu occasion de le dire, avoit commencé entre lui et le Cardinal, s'étoit étendu jusqu'à la Reine, et que les grandes négociations dont il sera question ci-après étoient à la veille de s'entamer, c'est à ces considérations infiniment plus qu'au peu d'ascendant que j'avois sur S. M qu'il faut attribuer le rapprochement qu'on croyoit mon ouvrage et dont je m'étonnois moi-même. Cependant il eut semblé que la Reine vouloit que je crusse que le Cardinal me devoit tout, tant ma faveur parut s'accroitre en proportion de ce que le Cardinal concevoit l'espoir de recouvrer celle qu'il avoit perdue. S. M. continuoit de répandre sur moi des bienfaits et chaque jour sembloit ajouter un dégré à la confiance dont elle m'honoroit, j'étois devenue en effet un personnage im-

(1) *Voyez* le No. VII.

portant car, environnée comme l'étoit la Reine des ennemis du Cardinal, puisqu'elle avoit des raisons de le ménager et de le favoriser secrétement, elle n'eut pu trouver personne plus propre que moi à séconder ses vues, puisqu'elles s'accordoient si parfaitement avec les miennes qui ne pouvoient être que l'élévation du Cardinal. S. M. ne cessoit de me recommander le secret; mais les allées et venues étoient si fréquentes que malgré toutes mes précautions j'étois quelques fois prise sur le fait, et le nombre de personnes qui me recherchoient me faisoit assez sentir que j'avois plus de confidents que je n'avois fait de confidences. (1) Il falloit toujours être en l'air, tant les billets se multiplioient de part et d'autre; j'en ai vu écrire au Cardinal jusqu'à quatre en un jour. J'ai déja prévenu que je ne prenois copie que de ce qui me paroissoit un peu marquant; par exemple je ne laissai pas échapper la lettre No. VIII. elle prouve combien se sont écartés de la vérité ceux de mes détracteurs soudoyés qui ont osé avancer que je faisois fabriquer les prétendues lettres que je remettois au Cardinal de la part de la Reine, indépendamment de ce qu'il est absurde de supposer que le Prince ne connoissoit pas l'écriture de S. M. on conviendra du moins que si je pouvois le jouer si grossièrement, je ne pouvois pas lui faire croire que la Reine *lui sourioit* et *lui faisoit publiquement des signes d'intelligence*; or c'est ce qu'il écrit dans la lettre à laquelle je renvoie, je n'ai pu le lui dicter, je n'ai pu l'écrire pour lui, je n'ai pu lui fasciner les yeux au point de lui faire croire que la Reine lui sourioit si elle ne lui avoit pas souri; qu'elle lui faisoit publiquement des signes d'intelligence si ces signes n'eussent pas été faits en public, puisqu'il dit qu'*il est le plus heureux des mortels* d'avoir *vu* ces sourires et ces signes d'intelligence, c'est qu'il les a vus de ses yeux. On sait que je ne m'entendois nullement avec le charlatan Cagliostro, que par conséquent je ne sécondois pas les prestiges dont se servoit cet empirique pour bercer le Cardinal. La Reine avoit souri, avoit fait de belles mines; la Reine, à l'époque dont je parle étoit donc ou feignoit d'être revenue de

---

(1) Voyez la grande Note dont la page commence No. I.

ses préventions, je n'avois donc pas trompé le Cardinal lorsque je lui avois donné d'abord l'espoir, ensuite l'assurance de cette révolution; j'approchois donc de la personne de la Reine, j'avois donc part à sa confiance puisque longtems avant qu'elle daignât sourire au Cardinal et lui faire publiquement des signes d'intelligence, je l'avois prévenu qu'elle en viendroit à ce point, que seulement elle vouloit mettre quelque réserve dans le rapprochement auquel elle consentoit. Ceux qui ont dit que je feignois, que je fabriquois des faux, que je n'approchois pas de la Reine étoient donc des calomniateurs, et la fière Autrichienne qu'étoit-elle elle-même lorsqu'au dernier moment où elle accabla le Cardinal de tout ce qu'a d'imposant la Majesté courroucée elle lui nia en présence du Roi, qu'elle m'eut jamais connue! j'espére que lorsque j'en viendrai à cette triste partie de mon récit, on voudra bien se rappeller cette observation que mon impatience anticipe.

Les billets, les lettres se succédoient rapidement, mais on ne se voyoit pas encore; le Cardinal me tourmentoit, je tourmentois la Reine, enfin le 15 Mai j'en obtins le billet côté No. IX. on y verra que S. M. promettoit de satisfaire *dans peu* le désir qu'on avoit de la voir et qu'*elle ne le blâmoit pas.* Très-certainement on ne lira pas avec indifférence cette partie du billet où S. M. condescend á donner des leçons de circonspection et de discrétion à celui qu'elle appelloit dans sa première lettre *le plus indiscret des hommes.* Il faut avouer que c'étoit une belle éducation dont se chargeoit S. M.

Le No. X. ne demande point d'explication, tout le monde entend que ON est le Roi qui, déja informé des *sourires* et des *signes d'intelligence*, avoit fait quelques questions embarraſſantes. Il ne faut point anticiper sur le développement du *projet qui ſera surement plaisir*; j'aurai aſſez d'occasions de parler de Trianon.

La lettre côtée No. XI. donne la double idée et du stile galant du Cardinal et de l'indulgence avec laquelle S. M. recevoit une déclaration en forme. Le Cardinal ne m'avoit pas dit un mot de tout ce qu'il prétend m'avoir dit; mais, en amour comme en guerre les ruses sont permises, quelqu'importuné que j'aye souvent dû paroître à la Reine dans la cause du Cardinal, je n'euſſe certainement jamais pris sur moi de lui débiter de pareilles folies, et j'avois eu grand soin, toutes les fois que le nom du Prince étoit introduit dans la conversation, d'éviter toute expression qui put assigner à ses empressemens d'autres vues que celles d'un dévouement respectueux. Il est vrai que la Reine m'avoit plus que fait entendre qu'elle ne se méprenoit pas aux motifs qui faisoient rechercher par le Cardinal le retour de ses bonnes graces. Mais, je ne puis trop le répéter, comme S M. étoit gouvernée elle-même par des considérations polititiques, elle ne trouvoit point extraordinaire et s'offensoit encore moins de ce que l'ambition étoit le principe des demarches du Cardinal. Quoiqu'il en soit ou qu'il en ait pu être, je fis mes représentations qui, selon l'usage, resterent sans effet et je m'acquittai de ma mission, c'est-à-dire que je remis la lettre que j'avois pris la liberté de désaprouver. Tandis que la Reine en faisoit la lecture je l'observai attentivement, et j'avouerai que je fus étonnée de la sérénité avec laquelle elle en parcouroit les détails extravagants; mais S. M. m'a appris depuis à ne m'étonner de rien.

M'étant embarquée dans cette étrange correspondance, on conçoit que mon intention est de la suivre jusqu'au moment où, pour la première fois, il est question du fatal collier; on sent que cet article est l'objet principal de ces mémoires, je m'y fusse même bornée s'il ne m'eut paru essentiel de constater auparavant toutes les circonstances qui ont précédé et amené l'horrible catastrophe, car c'est évidemment faute de connoître la chaine de ces circonstances que les trois quarts de personnes qui ont cherché à se former une idée de cette malheureuse affaire, ou n'y ont rien entendu, ou m'ont jugée d'après les impressions qu'elles ont reçues des différens libelles imprimés contre moi aux frais de la maison de Rohan.

Je continuerai donc de répandre sur les détails de cette correspondance tout le jour dont ils ont besoin, on verra que ceux qui, au premier coup-d'œil paroîtroient à peu près indifférents ne peuvent l'être pour moi, par conséquent pour tout lecteur qui aime et cherche la vérité.

Le No. XII. donne lieu à des réflexions d'une nature bien singulière. Le billet d'un grand Seigneur, d'un grand Aumônier de France commence par ce mot que la Reine est supposée entendre : *le sauvage* ! or comme il n'y a que la Reine , le Cardinal , le sauvage lui même et moi qui sachions ce que cela signifie , il n'est pas hors de propos d'informer les non-initiés que c'étoit le sobriquet d'un homme obscur , connu de peu de personnes sous le nom de Baron de Planta , complaisant du Cardinal , pour ne pas le nommer d'après Voltaire *l'ami du Prince* : il paroitra par la suite qu'il couroit avec lui des aventures périlleuses.

Lorsqu'on lit ce billet peut-on se défendre d'un sentiment sinon d'indignation du moins d'étonnement extrême en voyant une grande Reine , si altière d'ailleurs , condamnée par une politique coupable à passer de pareilles familiarités , je voulois presque dire puérilités. Cependant , tout dégoutant qu'est le ton de ce billet , il apprend que la Reine savoit parfaitement que ce Baron de Planta étoit dans la confidence aussi bien que moi , et qu'elle en étoit si peu offensée qu'elle lui faisoit des belles mines , *des signes d'intelligence.* En vérité il faut avouer que S. M. étoit bien prodigue de ces signes ; or comme je les connoissois , comme ils étoient en effet charmans , je ne suis point étonnée qu'ils ayent tourné la tête du pauvre Baron ; on extravagueroit à moins.

En suivant l'ordre des dates , j'arrive à une époque qu'il ne m'est pas possible de traiter aussi légèrement que ce qui précéde. Avant de lire une ligne de plus je supplie instamment que l'on veuille bien jetter les yeux sur le N°. XIII. c'est une copie littérale d'une lettre écrite par le Cardinal à la Reine , immédiatement après la scene où la Demoiselle Oliva joua le rôle qui a fait tant de bruit dans l'instruction de mon procès.

Lorsqu'on m'aura écouté jusqu'au bout , lorsqu'on sera instruit des manœuvres de toute espece employées pour m'empêcher de rien dire qui put compromettre la Reine on comprendra pourquoi ce que je vais rapporter sur cet étrange incident , differe si essentiellement de tout ce qui a été dit dans le tems au procès. La raison de cette différence est que , dans ce tems-là , on me persuadoit que si je disois la vérité il y alloit de ma vie ; et qu'à présent il y va de mon honneur de la dire ; je la dirai donc , observant préalablement tant sur l'article que je vais traiter que sur d'autres qui suivront que je proteste formellement contre tout ce qui a été dit, contre tout ce que j'ai dit moi même devant les juges, attendu qu'il n'y a que ce qu'on atteste en liberté qui peut mériter foi — on va en juger.

Un jour que le Cardinal et moi étions confrontés sur un point délicat que ni lui ni moi n'avions intention d'éclaircir par ménagement pour la Reine; je dis quelque chose qui n'étoit pas conforme à la vérité. Ah! Madame la Comtesse, me dit le Prince, comment pouvez vous avancer ce que vous save être faux? — » Comme tout le reste, Monsieur, répondis-je; depuis que ces messieurs nous interrogent, vous savez que ni vous ni moi ne leur avons dit un seul mot de vérité. » En effet cela n'étoit pas possible, on nous préparoit nos réponses, souvent même nos questions et il falloit dire de telle maniere, répondre de telle autre, ou s'attendre à être égorgés dans la Bastille; c'est ce que ne cessoient nos conseils de nous mettre devant les yeux. Que l'on juge du fond qu'il y avoit à faire sur des interrogatoires dont les résultats étoient calculés comme une partie d'échecs. En un mot, tout ce que j'ai à dire aujourd'hui du personnage qu'a joué la Reine dans tous les détails de cette malheureuse affaire, je n'ai pu le dire au tems de l'instruction du procès; de là les fausses notions dont le public est imbû; de-là la difficulté de rétablir la vérité, sur la souche du mensonge, de-là enfin l'avantage qu'auront mes détracteurs en me convainquant de fausseté, soit à l'époque du procès, soit à l'époque présente Je leur ferme la bouche d'un mot. Il falloit mentir ou mourir de la main du bourreau. Aujourd'ui il faut parler vrai ou mourir de la mienne, car je suis ras-asiée d'opprobre il n'y a plus de milieu pour moi, la mort ou une justification éclatante.

J'ai sufisamment exposé les vues ambitieuses, les considérations politiques qui avoient rapproché deux êtres qui, au fond, se méprisoient, se détestoient mutuellement. Il me reste à observer que témoin de tout ce qui se passoit, confidente respective des deux personnages, je voyois évidemment que le seul démon de la politique les empêchoit d'en venir à des extremités éclatantes. On n'a que trop sû combien le Cardinal étoit peu reservé dans les propos qu'il se permettoit sur la Reine ; il se contraignoit encore moins avec moi. Dun autre côté la Reine me faisoit entendre de tems à autres qu'elle étoit instruite de ses indiscrétions passées et présentes ; Madame de Guémenée avoit rempli l'esprit de S. M. de préventions presqu'insurmontables et lui avoit à peu près persuadé que l'objet des démarches et de toutes les extravagances du Cardinal étoit de la compromettre. Elle me dit un jour, en me parlant de lui « croiriez vous que ce matin même, une personne digne de foi et qui le connoit bien m'a assuré qu'il étoit mon plus cruel ennemi ? — moi qui voyois, qui entendois toutes ces choses, je me desolois, je desespérois de réussir jamais à établir entre deux êtres si mal disposés l'un pour l'autre cette cordialité, cette harmonie si nécessaires à leurs vues respectives ; cependant le Cardinal me poussoit et je remarquois que depuis quelque tems la Reine n'attendoit pas que je lui parlasse de lui ; elle me prévenoit souvent par quelques questions plus ou moins indifférentes mais qui avoient un objet sensible.

Avant qu'il fut question de la fille Oliva, elle me mit à plusieurs reprises sur le chapitre délicat que j'avois toujours cherché à éluder ; il étoit évident qu'elle vouloit absolument me faire expliquer sur la nature des sentiments que je supposois au Cardinal, ou que j'avois pu remarquer dans ses discours, dans ses confidences. Sachant que j'avois remis à S M. des lettres où la nature de ces sentimens feints n'étoit pas déguisée, et ayant rémarqué ainsi que je l'ai déja observé qu'elle n'en étoit pas offensée, je crus pouvoir hazarder enfin de lui faire entrevoir que je croyois le Prince épris pour elle de la passion la plus vive. Un jour donc qu'elle me poussoit sur ce point, lui ayant dit que je répondrois de la sincérité du Cardinal sous peine de perdre la bienveillance de S. M. — « Ne hazardez jamais rien légérement, me dit-elle ; sincére ou non, le fait est que le Cardinal veut que je croye à sa sincérité. Supposons que j'y croye ; mais dites-moi quelles sont ses prétentions ? il ne devoit jamais espérer un régard favorable, et je lui ai accordé son pardon ; il m'écrit, je lui reponds ; à peine ai-je eu le tems de revenir en partie des impressions facheuses qu'on m'a données sur son compte qu'il s'acharne à me demander une entrevue particuliere. Est-ce pour faire revivre les histoires qu'il a fabriquées sur son séjour à Vienne? Savez-vous ce qu'il a à me dire ? — voit-il toujours le Duc de Lauzun, le Prince de Luxembourg? — est-il toujours bien avec Madame de Brionne ? — Va-t-il encore chez Madame de Marigny? — on dit qu'il voit une Demoiselle de St. Leger qui passe pour être fort jolie. «

Après quantité d'autres questions à peu près du même genre, S. M. parut se recueillir un instant; reprenant ensuite la parole, elle continua ainsi. — « Je vous ai assez témoigné en divers occasions combien j'ai à me plaindre du Cardinal; quoique je lui aie pardonné, je n'ai pu oublier ses torts passés dont je vous ai dit avoir des preuves indestructibles, et je ne puis fermer les yeux sur ses torts présens qui sont d'une nature infiniment grave. D'après ce que vous venez de me dire vous même, il se permet d'affecter pour moi des sentimens d'autant plus offensants qu'ils sont moins encouragés. Vous n'êtes pas la seule qu'il entretienne de ses rêveries; le Duc de Lauzun et le Prince de Luxembourg que je viens de vous nommer à dessein en font de gorges chaudes. J'ai été souvent nommée très-indécemment à l'Hôtel de Soubise, je sais que quantité de personnes, trompées par les discours qu'il se plait à répandre, pensent que je le vois secrètement. Comment voulez-vous que je m'expose à recevoir en particulier un homme de cette indiscrétion qui, se permettant de m'écrire des lettres romanesques croiroit devoir soutenir son rôle en redoublant d'extravagance, en se jettant à mes genoux, en me parlant d'amour, en poussant peut être plus loin la témérité et la démence? — je vous répète qu'il m'est suspect; que je ne puis réellement attribuer une conduite si extraordinaire qu'au projet formé de me compromettre, et qui, si je n'avois pas *quelques raisons particulieres* de ne lui point manifester ouvertement ma façon de penser, je vous défendrois de me parler jamais de lui, surtout de vous charger des ses lettres, et je vous ordonnerois de lui faire connoître mes volontés. »

Je sais tout cela, me dis-je en moi même, mais enfin vous avez des raisons particulieres de le ménager, et j'en connois la force — « Si V. M. répondis-je, me permettoit

permettoit de plaider la cause de l'absent, je prendrois la liberté de vous observer que du moment où vous avez eu la bonté de pardonner le passé, il est de votre générosité naturelle de l'oublier. Qu'à l'égard du présent vous n'en jugez pas par vous même, mais d'après les rapports envénimés de l'envie et de la malignité. Si j'ai osé laisser entrevoir à V. M. la nature des sentimens que je suppose au Cardinal, j'ai eu soin de les concilier avec le plus profond respect. Ce dernier sentiment est motivé dans son cœur, l'autre est involontaire, il le partage avec tous ceux qui ont le bonheur de vous connoître. Les rapports relatifs à ses indiscrétions prétendues ne peuvent être que calomnieux, j'en ferois serment, par la raison que je ne l'ai jamais entendu parler de V. M. qu'en termes d'admiration, et certainement il ne se contraint pas avec moi. ».

Ici la Reine fit quelques tours dans son cabinet, et revenant à moi d'un air pensif — « Il me vient une idée, me dit-elle, quelles sont je vous prie vos connoissances en femmes ? nommez moi quelques-unes de vos amies — j'ai mes raisons pour vous faire cette question » — lui ayant nommé différentes personnes avec lesquelles j'étois plus ou moins liée, elle me dit « Croyez-vous être assez sûre d'une de ces femmes pour l'engager à se prêter à ce que je vais vous dire — vous voulez absolument que j'accorde une entrevue au Cardinal ; moi j'ai mes raisons de la craindre ; je ne serai rassurée qu'après une épreuve, je condescendrai à *le voir, sans le voir* — je ne sais si vous m'entendez ; je voudrois être témoin de la conduite qu'il tiendroit avec moi la première fois que je le verrois réellement. Ne pourroit-on pas à la faveur de l'obscurité substituer à ma place quelque femme à laquelle le Cardinal parleroit en croyant me parler ; moi je serois à portée d'entendre la conversation. Je saurois alors à quoi m'en tenir pour l'entrevue réelle et je me déterminerois à l'accorder ou à la refuser selon que sa conduite me paroîtroit le mériter. Parmi les femmes que vous venez de me nommer n'en connoissez vous point qui se prêtât volontiers à cette petite supercherie dictée par la prudence ? — au reste la chose demande peut-être plus de refléxion que je n'ai eu le tems d'en faire—écoutez, venez demain, nous causerons plus amplement sur ce projet. „

Le lendemain, m'étant rendue aux ordres de S. M. je la trouvai décidée à l'exécution, elle trouvoit la chose très plaisante, elle en avoit ri toute seule. Elle me désigna pour actrice, c'est-à-dire, pour sa représentante Madame la Baronne de Crussol que je voyois beaucoup et qui, à la vérité, pouvoit faire illusion, mais je représentai que quelque général que dût être le désir de faire quelque chose qui lui fut agréable, je doutois que Madame de Crussol put se prêter à la proposition que je lui en ferois, sans consulter auparavant son mari, ce qui produiroit un très-mauvais effet. J'observai d'ailleurs que la crainte si naturelle d'être reconnue par le Cardinal, et surprise en jouant un pareil rôle me paroissoit un obstacle insurmontable — " Dans ce cas, dit la Reine, en m'interrompant, je me montrerois et je la tirerois d'embarras, vous pouvez lui dire que je serai sensible à cette complaisance de sa part. "

Cette manière de parler étoit une espèce d'ordre, je n'insistai pas davantage et quittai S. M. en promettant de faire tout ce qui seroit en mon pouvoir pour lui procurer cette satisfaction.

A cette époque, mon mari n'avoit aucune connoissance de l'intrigue politique du Cardinal et de la Reine, il savoit seulement que je voyois S. M. et que c'étoit à elle que je devois l'aisance que je lui procurois. Le Cardinal, par des motifs que je n'ai jamais approfondi me recommandoit sans cesse la discrétion à l'égard de M. de la Motte; jusqu'à ce moment j'avois scrupuleusement suivi ses conseils; mais les réflexions que j'avois faites sur la fantaisie étrange de la Reine, sur la foiblesse de caractère de la personne qu'elle avoit choisie; une multitude d'autres considérations puissantes tout me détermina à le consulter dans une occasion si délicate, et je lui confiai tout. Il pâlit en m'écoutant, et le refus absolu qu'il fit de tremper en rien dans une intrigue qu'il caractérisa de dangéreuse, me donna beaucoup d'humeur.

Je revins à la charge et à force de persécution je parvins à lui faire entendre que son bonheur et le mien dépendoient de la Reine et qu'il falloit se prêter aveuglément à tout ce qu'elle désiroit. Je me rappelle que nous passâmes la nuit entière à considérer si je hazarderois ou non la démarche dont j'étois chargée auprès de Madame de Crussoi. Après avoir pesé toutes les circonstances, nous convînmes qu'il y auroit du danger pour nous mêmes à la produire; que sa famille très ambitieuse pourroit profiter de cette occasion pour nous supplanter— " il y auroit, dit M. de la Motte, un moyen de satisfaire la Reine sans compromettre personne; mais je ne m'expliquerai qu'autant qu'il sera convenu que le Cardinal sera dans le secret. " J'y consentis et lui rendis compte de tout ce qui s'étoit passé et de ce que nous méditions. Je lui dis que c'étoit une épreuve par laquelle il falloit passer ou renoncer à toute entrevue ultérieure. Après quelques momens de réflexion il finit par rire aux éclats — " eh! mais, me dit-il, la Reine peut-elle réellement croire que je ferai une pareille méprise? — n'importe, je me prêterai à tout. Si elle aime la comédie il faut la lui donner. Vous pouvez être certaine qu'*elle ne saura jamais que j'étois prévenu*, et je me conduirai de manière à ne pas lui laisser soupçonner que je n'ai pas joué de bonne foi. " Tout étant ainsi convenu avec le Cardinal, il ne s'agissoit plus que de trouver une femme qui voulut se prêter à nos vues; mon mari se chargea d'en trouver une à qui l'on feroit faire par intérêt ce qu'on vouloit qu'un autre fit par ambition; le hazard le servit mieux en cette occasion que toutes les recherches qu'il eut pu faire. Dès le lendemain sortant du Palais Royal et étant sur le point de monter l'escalier du passage qui conduit à la rue neuve des bons enfans, il apperçut une femme mise décemment, tenant par la main un enfant de 5 à 6 ans. La voyant embarrassée dans la foule qui montoit et descendoit, il lui offrit sa main qu'elle refusa. Comme le passage est très-étroit et fort obscur, il prit l'enfant par la main et l'aida à se tirer de l'escalier. Arrivé à la porte qui donne sur la rue, il offrit à la mere de l'accompagner jusques chez elle, ce qu'elle accepta après quelques façons; il arriva ainsi avec elle a l'hôtel garni où elle logeoit et ne tarda pas à comprendre par sa conversation qu'elle étoit à peu près la machine qu'il cherchoit. Quelques légères ouvertures qui lui échapperent sur le peu d'aisance de sa situation indiquerent suffisamment qu'elle ne fermeroit pas l'oreille à des propositions pécunieres. Sur le compte qu'il me rendit de sa découverte, je l'engageai à retourner chez cette fille et à s'assurer d'elle en lui faisant quelque présent. Il s'y rendit en conséquence, & ayant renoué avec elle la première conversation relative à ses petits embarras; il découvrit qu'une somme de 3 ou 400 livres étoit pour le moment l'objet de son ambition. Il saisit cette occasion de lui dire que non seulement il la lui prêteroit mais qu'il lui en procureroit une plus considérable si elle vouloit se prêter à un tour qu'on vouloit jouer à quelqu'un. Sur ce qu'elle lui demanda de quoi il s'agissoit, il lui dit qu'il étoit marié, que la Reine avoit beaucoup de confiance & d'amitié pour son épouse, que S. M. désiroit jouer un tour à un Grand Seigneur de sa cour; qu'elle lui en avoit fait confidence en la chargeant de tout disposer, que pour y réussir elle avoit besoin d'une femme qu'elle pût substituer à la place S. M. qu'elle, Demoiselle Oliva lui paroissoit parfaitement propre à jouer ce personnage, qu'au reste si elle ne s'y opposoit pas il lui ameneroit le soir même son épouse avec laquelle elle arrangeroit la chose. Ayant paru disposée à faire ce qu'on désireroit d'elle, M. de la Motte la quitta en lui observant que la moindre indiscrétion la perdroit.

Le même soir donc, ainsi qu'il étoit convenu, je me rendis avec mon mari chez cette fille à qui je donnai quelques instructions sur la conduite qu'elle avoit à tenir, et nous la quittâmes en laissant sur sa commode un sac de 400 livres. Le lendemain, le Comte fut la prendre pour la conduire à Versailles; j'avois pris les devants dès le matin, ils arrivèrent à l'entrée de la nuit; mais je les prévins que la Reine n'ayant pas été informée à tems, avoit fixé l'heure au lendemain, à minuit et demi — j'avois eu à peine cinq minutes d'entretien avec S. M. que l'étiquette importune appelloit où elle ne pouvoit se dispenser de se trouver, ensorte que je ne lui avois dit que deux mots — je lui dis, autant que je puis m'en souvenir » tout est prêt » — » à demain me répondit-elle même heure » mais le lendemain j'eus l'honneur de la voir dans la matinée et de lui rendre compte de notre trouvaille dont elle rit beaucoup. Elle arrangea ensuite avec moi le lieu de la scène, mais comme je connoissois infiniment moins que S. M. la distribution du terrein, je fus le reconnoître et engageai le Cardinal à m'y accompagner afin de determiner les positions respectives de maniere que la Reine put tout entendre de celle qu'elle avoit choisie. Pour rendre la scène intelligible, il faut nécessairement en dessiner le théâtre; elle se passoit dans le bosquet qui est au bas du tapis vert.

Sur la gauche, en descendant au bosquet il est entouré d'une charmille soutenue d'un fort treillage en bois. A trois pieds de distance même répétition, avant de parvenir dans l'intérieur du bosquet, de maniere que l'espace qui conduit d'une charmille à l'autre forme une allée et l'on peut faire le tour de l'enceinte sans pouvoir pénétrer dans le bosquet, chaque enceinte a son passage particulier et les portes se trouvent vis-à-vis l'une de l'autre. C'est dans l'allée que se trouvoit la Reine entre les deux treillages adossés de maniere qu'à cet endroit il n'y a aucune communication entre les deux charmilles. S. M. s'y étoit rendue avec la Demoiselle Dorvat. Le Cardinal qui avoit reconnu le terrein, s'étoit rendu de son côté à la charmille, et mon mari y conduisit la Demoiselle Oliva dont il faut dire ici quelques mots pour égayer le lecteur dont l'attention doit être fatiguée. La pauvre fille étoit parée comme une châsse, et avoit fait, à tous égards, les frais de la toilette la plus recherchée; d'après les questions qu'elle m'avoit faites depuis son arrivée à Versailles il étoit facile de juger qu'elle s'attendoit à quelque grande aventure et qu'elle avoit pris ses précautions en conséquence — » mais, m'avoit-elle demandé, que me dira ce Seigneur? — mais, s'il me fait telle question que lui répondrai-je? s'il veut m'embrasser faut-il le laisser faire?» — » sans doute» — répondois-je » et s'il exige davantage? — je ne le pense pas» — rien de si plaisant que l'embarras de cette créature qui dans le fond n'étoit inquiette du dénouement que parce qu'elle savoit qu'elle auroit la Reine pour spectatrice. A l'heure convenue, je portai le signal en donnant à la Demoiselle Oliva la rose que la Reine m'avoit chargée de faire remettre par elle au Cardinal, l'ayant mise à son poste je me retirai. Je n'étois pas à dix pas de la Reine; je souffrois de la timidité de la d'Oliva, la Reine éprouvoit sans doute le même sentiment; car malgré toutes sa réserve et ses précautions elle ne put y tenir et lui cria,

» Courage, n'avez point peur » (la d'Oliva en est convenue dans ses dépositions) alors le Cardinal étant arrivé la conversation commença. Le Cardinal qui étoit à son aise puisqu'il étoit dans le secret, s'attachoit à rassurer la pauvre fille en ne lui faisant que des questions simples et de pure politesse ; ce qui la déconcertoit le plus, c'est qu'il lui parloit de torts passés, pardonnés, de sa reconnoissance, il faisoit de belles promesses pour l'avenir ; elle n'entendoit rien à tout cela, et répondoit au hazard oui ou non. Le Cardinal tiroit parti de ces monosyllabes pour exagérer son bonheur, disoit les plus jolies choses du monde ; mais il ne prit d'autre liberté que celle de lever doucement son pied qu'il baisa très respectueusement. Ce fut en ce moment que la Demoiselle Oliva lui remit la rose qu'il plaça sur son cœur en disant qu'il conserveroit ce gage toute sa vie et la nommant la rose de bonheur. (*) Ici je me rappellai les instructions que j'avois reçues de la Reine. Toutes les explications étoient finies, il ne restoit plus que des fadeurs à dire ; je m'avançai avec précipitation et annonçai l'approche de *Madame* et de Mme. d'Artois ; on se sépara avec la vivacité de l'éclair ; la d'Oliva regagna le banc où l'attendoit mon mari ; le Cardinal ayant joint le Baron de Planta qu'il avoit laissé à quelque distance faisant le guet, vint avec lui me trouver à mon poste et m'engagea à le suivre au-dessus de l'avenue derriere laquelle il se tapit pour voir passer la Reine ; l'ayant apperçue au moment où elle débusquoit du coin du tapis vert, suivant l'allée qui conduit à la terrasse, il me pria de suivre S. M. et de tâcher de lui parler pour savoir si elle étoit contente ; je la suivis en effet à petits pas, et l'ayant atteinte à l'entrée du château, elle me fit monter avec elle, me dit en substance qu'elle s'étoit infiniment amusée, me fit quelques complimens, me défendit de dire au Cardinal que je l'avois vue ce soir-là. Je n'avois pas besoin de lui dire puisque c'étoit à sa priere que j'avois suivi la Reine ;

(*) Le Cardinal a depuis fait enchasser cette rose, et quelque temps après a fait charger le nom d'une allée favorite qu'il avoit à Saverne et prit celui de chemin de la rose.

et il m'eût été difficile de le lui cacher, puisqu'il m'attendoit avec le Baron de Planta au bas du petit escalier; circonstance dont le Baron a fait mention dans ses confrontations en voulant prouver que je voyois la Reine.

Dieu me voit et m'entend. Je fais devant lui le serment solemnel que si j'étois à ma derniere heure, je repeterois tout ce que je viens d'écrire comme étant la pure vérité; oui! dans mon testament de mort je ne changerois pas un mot à cette déclaration, la premiere qu'il ait été en mon pouvoir de faire librement — mais dira-t-on, est-il *probable* qu'une Reine de France s'amuse de pareilles petitesses! eh! mais, si la Reine de France étoit ce qu'elle devroit être, ou plutôt n'étoit pas ce qu'elle est, ces mémoires n'auroient pas lieu; je n'aurois pas à l'accuser de la plus noire ingratitude, de l'insensibilité la plus révoltante. Si la Reine de France n'étoit pas ce qu'elle est, l'aurois-je jamais connue sur le pied où je l'ai connue; aurois-je été pour elle ce qu'est un foible oiseau dans les mains d'un méchant enfant qui, après s'en être amusé quelques instants, le dépouille plume à plume et finit par le jetter aux chats; si la Reine de France n'étoit pas ce qu'elle est, la France seroit elle en combustion? seroit-ce un abbé (1) plat pédagogue, bavard importun, frere d'un accoucheur obscur qui bouleverseroit l'état en bouleversant sa constitution. (†) — vraiment c'est un beau raisonnement que de dire qu'une infamie telle quelle, n'est pas probable parce qu'elle est attribuée à

(1) L'Abbé de Vermont.

(†) Il y auroit une longue note à faire sur cet article; mais je suis trop pleine de mon objet pour m'occuper de détails politiques. Je dirai seulement à ceux de MM. les Anglois qui peuvent l'ignorer, que lors qu'il fut question de marier l'Archiduchesse au Dauphin, M. de Choiseul s'adressa à l'Archevêque de Toulouse (aujourd'hui de Sens) pour avoir un instituteur. L'Archevêque lui donna l'Abbé de Vermont dont la reconnoissance secondée par la toute puissance de la Reine, s'est signalée en faisant nommer son bienfaiteur ministre principal.

une majesté ! quiconque a lu l'histoire sait à quoi s'en tenir sur ce sujet que je ne veux pas trop généraliser ; mais je ne veux pas non plus laisser passer pareil argument par la raison qu'il me reste du plus *improbable* à raconter.

Après m'être livrée à l'aigreur de mes ressentiments; je reviens à moi-même, il faut être juste. J'ai eu des torts, des torts très graves dans cette aventure toute romanesque qu'elle est; je ne me dissimule pas qu'en prévenant le Cardinal du projet de la Reine, je manquois à S. M. mais en cela j'ai cédé aux représentations de mon mari et aux suggestions de mon ambition. J'ai débuté par m'avouer coupable et j'ai fait amande honorable dans les premieres pages de ces mémoires; mais j'ai demandé en même tems s'il n'y avoit plus de proportion entre le délit et la peine, et s'il étoit juste que la moins coupable des trois complices subit seule la peine d'un crime commun à trois ?

Dans le cas dont-il s'agit, je conviens que j'aurois dû me refuser à la fantaisie de la Reine; ou bien, en m'y prêtant, lui garder le secret; mais quel est le personnage que jouent dans la même scène ceux que j'ai le droit de nommer mes complices? une Reine qui, après m'avoir dit d'un homme qu'*elle a des raisons de ménager*, les horreurs que j'ai rapportées, se fait un jeu de le mettre aux prises avec une fille publique, et a la bassesse de paroître prendre pour elle les sornettes que cet homme conte à cette fille ! un Prince qui sait qu'il a baisé la mule de cette même fille et qui écrit à cette même Reine pour la remercier de *ses faveurs!* tels sont cependant les personnages qui (ainsi que je l'ai déja observé) par le choc de leur puissance inégale m'ont pulvérisée !

La farce étoit jouée; le Cardinal s'applaudissoit de l'adresse avec laquelle il en avoit tiré parti en profitant de ce prétexte pour écrire des folies à la Reine; et la Reine s'étoit *amusée* ; sans paroître avoir pris goût encore aux entrevues réelles, elle différoit sous un prétexte ou sous un autre celles que le Cardinal ne cessoit de solliciter, et me faisoit toujours répondre qu'elle s'occupoit de la recherche de quelque moyen plausible qui, sans donner prise à la malignité, lui ouvrit un accès naturel auprès d'elle. Une circonstance expliquée dans la lettre

No. XIV. servit le Cardinal à souhait; il en profita en écrivant la lettre à laquelle je renvoye : elle n'est susceptible d'aucune réflexion qui ne se présente d'elle même à l'esprit du lecteur; je me garderai, à plus forte raison d'en faire aucune sur le No. XV. Cette pièce parle assez d'elle même; j'ai déja dit que le *sauvage* étoit le Baron de Planta; que ce Baron de Planta étoit l'ombre du Cardinal; ce jour, ou pour mieux dire cette nuit là, l'ombre avoit suivi le corps à Trianon; on pensera ce qu'on voudra du reste. Quant au No. XVI, quelques personnes seront peut-être étonnées du ton, tien, toi, qui paroit pour la premiere fois dans la correspondance; elles trouveront encore la chose improbable; mais ces personnes ne connoissent pas le dégré d'abandon que les souverains et les souveraines se permettent quand une fois ils se sont dégagés du triste étiquette qui les excéde; mais enfin passons sur la gentillesse du tutoyement et venons au fond de l'affaire.

Une compagnie avoit présenté par mon entremise au Cardinal un projet de finance; il s'agissoit, autant que je puis m'en souvenir de supprimer la ferme générale, les aides, les tailles, vingtiemes, dixiemes etc. la compagnie s'engageoit, moyennant ces suppressions à verser annuellement dans les coffres du Roi 40 millions de plus que ne produisoient les recettes ordinaires, et à payer l'année d'avance. La Reine devoit avoir quatre millions, M. de Calonne un million; un autre million pour moi avec cinquante milles livres de rente. La perception unique que demandoit la compagnie étoit de lever sur toutes les successions le capital de tous les impots dont les héritiers devoient être chargés, l'héritier eut payé une fois pour tout dix pour cent sur la valeur des biens dont il auroit pris possession, et il n'auroit plus eu d'impots à payer, bientôt il n'y en auroit plus eu en France. Le Cardinal avoit parlé plusieurs fois de ce projet à la Reine, et c'est après avoir reçu le mémoire et les détails qui la concernoient, que S. M. écrit la lettre que le lecteur à sous les yeux. Celle du Cardinal à laquelle celle-ci servoit de réponse, contenoit des réflexions sur le Contrôleur Général qui étoit alors M. de Calonne: je me rappelle leur nature; il craignoit que ce ministre dont-il connoissoit la cupidité et l'astuce, après avoir pris connoissance de l'affaire parut ne pas approuver le projet et le mit de côté pour le reproduire ensuite sous une autre dénomination. Ce qu'il y a de certain c'est qu'il n'a jamais voulu le présenter à M. de Calonne, et lorsque je le pressois de le faire, il me répondoit. » Je ne veux faire aucune démarche auprès des gens à qui je serai bientôt à même de commander. » Quant à ce qui me regarde dans cette même lettre, voici, en peu de mots, de quoi il s'agit. Lorsque M. de Calonne fut appellé à l'administration des finances, il me reçut avec les beaux bras dont j'ai déja fait mention; il accueillit mes réclamations dont il parut reconnoître la justice, et m'entretint longtemps dans l'espoir qu'il m'avoit donné dès la premiere audience; toute cette bonne volonté apparente aboutit ainsi que je l'ai dit plus haut à une augmentation de 700 livres ajoutés à ma pension de 800. Le Cardinal qui s'étoit attendu ainsi que moi à un traitement moins mesquin, saisit la premiere occasion qui se présenta de parler en ma faveur au ministre qui, pour se tirer d'affaire et mettre un terme aux sollicitations, répondit qu'il avoit fait tout ce qu'il avoit pû auprès du Roi et de la Reine qui avoient fixé eux mêmes l'augmentation, de sorte qu'il n'y avoit plus moyen d'y revenir. C'est sur le rapport que le Cardinal avoit fait à la Reine de cet impudent mensonge, que S. M. nie le fait, mais convenant qu'il est homme à tirer parti de tout, elle l'excuse en disant qu'un ministre est souvent forcé par sa position à faire des mensonges.

La lettre No. XVII. demande une clef; on n'a pas oublié que *le ministre* est le Roi, mais je n'ai indiqué encore que foiblement *les objets* dont-il s'agit ici. Ces objets qui deplaisent à la Reine et qui profitent de ses imprudences pour se maintenir dans la possession de l'ennuyer, de la contrarier, sont les Polignacs; ce sont eux qui à ce que dit S. M. ont abusé de sa confiance, de sa facilité, et ont profité des circonstances pour mettre des entraves à sa volonté.

En quoi consiste l'abus dont se plaint ici la Reine? à avoir intercepté et obstinément gardé dans leur possession des lettres et papiers, preuves écrites des *imprudences* dont S. M. s'accuse elle même. La Reine avoit donc commis ce qu'elle nomme des imprudences antérieures à celles dont elle m'a rendu complice ; il n'est donc pas aussi *improbable* que mes détracteurs veuillent le faire croire qu'elle ait commis ou autorisé l'imprudence du bosquet, l'imprudence de la fausse signature, l'imprudence du dépécement du collier et tant d'autres imprudences qui forment la chaîne des imprudences de sa vie ! en quoi consistent les imprudences dont les Polignacs avoient et conservent soigneusement encore les preuves écrites. En billets, en lettres écrites de la main de S. M. en assignations de rendez-vous imprudemment adressées tant au Comte d'Artois qu'à d'autres personnes de la cour, et plus imprudemment encore confiées à des mains infidelles. En quoi consistoient encore ces imprudences ? En mémoires apostillés de la main de la Reine, contenant en marge les preuves d'exactions inouies, en tripotages d'argent, emprunts, pots-de-vin, faveurs vendues à prix d'argent etc. etc. etc. — le tout passant par les mains de la trésorière Polignac !

Qu'est-il résulté de ces premières imprudences ? que la Reine craignant les Polignacs les a ménagés ; que si elle leur a retiré sa faveur secrette, elle leur en a conservé les apparences en public ; tandis que moi qui n'ai pas eu la hardiesse d'interceper les originaux ; n'ayant que des copies littérales à produire, on me repousse avec dédain, avec dureté ; et la même main qui nourrit la cupidité, le luxe effréné de ceux qui ont infiniment plus abusé que moi, me refuse la restitution de biens et d'effets qui ne m'ont été enlevés que parce que je me suis refusée a trahir le secret de ma Souveraine ; et l'on ne considère pas que ce refus aussi barbare qu'il est injuste me prive de tous moyens de subsistance ! — Quelle que soit l'effervescence dans laquelle me jettent de pareilles réflexions toutes les fois qu'elles se présentent, je voudrois supprimer la lettre et S. qui sera prise pour l'initial du mot Sopha ; et ce ton d'abandon qui assigne les rendez-vous ; on conçoit surtout que je desirerois fort retrancher de ces scènes gaies le rôle qu'on m'y fait jouer ; mais si je retranchois un seul mot ; on ne manqueroit pas de s'inscrire en faux contre moi : tout jusqu'à la dernière syllabe ira donc à la presse.

La lettre qui suit (No. XVIII.) n'a pas besoin de commentaires. Comme il y a longtems que j'ai perdu cette correspondance de vue, en relisant ce numero, je puis à peine en croire mes yeux. Je me rappelle que vers l'époque de sa date, la Reine étoit furieuse contre la Polignac, et que la voyant déterminée à pousser les choses aux dernières extrémités, je pris la liberté de lui faire quelques observations tendantes à la dissuader; dans ce tems-là, en effet, elle étoit obsédée à un point inconcevable, et les *sang sues* dont-elle parle avoient formé une espèce de parti qui devenoit infiniment redoutable.

Au reste je me rappelle une autre chose qui me frappa dans le tems; c'est que, malgré la chaleur apparente qui regne dans les lettres auxquelles j'en suis à présent, la Reine exagéroit beaucoup sa contrainte, et s'en faisoit un prétexte pour éluder, autant qu'il étoit possible, les importunités du Cardinal; celui-ci qui, au fond, n'étoit guere plus vrai dans ses démonstrations d'empressement, recouroit à la plume, de-là cette multitude de billets oisifs dont j'ai déjà dit qu'il m'étoit passé au moins 200 entre les mains. Je fermerai les yeux sur les choses étranges qui, dans cette lettre ont rapport au Roi, on en verra de plus révoltantes dans la suite de la correspondance. A tout prendre, c'est une abomination que je ne produis au jour qu'en frémissant; mais on sentira, du moins en Angleterre, que la production étoit indispensable pour ma justification, car dans tous les cas d'accusation et de récrimination, le sage Anglois regle son jugement sur le caractère du premier accusateur. Quant aux premières lignes de ce No. XVIII on trouvera dans une longue note (page 45) des détails sur le Président d'Alligre dont il est question. Dans cette note j'expliquerai quelles sont *les personnes qui sont sensées n'ignorer de rien.*

La lettre No. XIX est à peu près une suite de la précédente, la fureur contre la Polignac y éclate avec plus de véhémence; mais l'esprit de dissimulation s'y manifeste avec moins de contrainte. Il y est encore question du Roi qui, à ce que l'on voit, joue dans toute la correspondance un rôle qu'il n'eut pas choisi sans doute si on l'eut consulté. Cette circonstance me paroit amener assez naturellement une observation que j'ai à faire quelque part et qui sera aussi bien placée ici qu'ailleurs.

On a du remarquer dans le No. XVIII. que la Reine *sait enchaîner le lien*; qu'elle est dans l'habitude de *lui faire voir et croire tout ce qu'elle veut* ; elle ajoute dans celle-ci qu'*elle sait le monter au point où elle le desire.* C'est dans cette confiance que, depuis longtems elle a *monté* l'esprit du Roi à mon sujet ; et s'est attachée à le préparer à la publication de mes mémoires que, depuis si longtems on disoit sortis de la presse — mais, Princesse abusée, à quoi vous servira cette précaution ? lorsque vous l'avez prise, vous ignoriez la nature de l'attaque que vous redoutiez ; vos flatteurs vous ont aveuglée en vous disant que tous les papiers étoient saisis ou brulés, qu'il n'existoit aucun vestige aucune trace de votre correspondance avec le Cardinal. Breteuil lui même vous a trompée et vous trompe avec connoissance de cause, car il sait, il connoit tout ce que j'ai entre les mains ; il n'ignore pas comment j'ai sauvé ce trésor des débris de tout ce qui m'a appartenu ; mais je le soupçonne d'avoir ses raisons pour vous laisser dans cette ignorance ; je vous en tire aujourd'hui. Oui ce n'est que d'aujourd'hui que vous saurez enfin avec certitude que tout ce que cette correspondance a d'accablant pour vous existe dans l'état le plus suivi, le plus complet, le plus litteral. Direz vous que ce sont de fictions ? je doute que vous l'osiez, car vous être environnée de gens qui connoissent votre stile, votre maniere ; il en est beaucoup qui ont eu une connoissance plus ou moins exacte de la plupart des faits que je vous retrace (1) en le remettant sur la voye ils se rappelleront

(1) Je vois avec peine que je suis fréquemment obligée de me répéter ; mais je n'ai pas la présomption de compter assez sur l'attention du lecteur pour croire que tout ce que j'ai dit est encore présent à son esprit ; qu'il me permette donc de lui rappeller ce que j'ai exposé dans divers endroits de ces mémoires sur le secret inviolable qui m'étoit enjoint par la Reine dès les premiers moments que j'eus l'honneur de l'approcher.

« On voudra bien se rappeller ce que j'ai dit au commencement de ces mémoires du secret absolu que m'avoit recommandé la Reine, on ne peut concevoir combien ma fidélité à observer cet ordre m'a été funeste ; combien on s'en est prévalu pour pousser contre moi l'injustice jusqu'à nier que j'eusse jamais vu intimement la

tout comme s'ils avoient tout vu ; les seules indiscrétions du Cardinal ont multiplié à l'infini le nombre de per-

---

Reine. S. M. a été plus loin, elle a dit au Roi QU'ELLE NE ME CONNOISSOIT POINT DU TOUT.

C'est à ce propos hardi que je vais répondre par cette seconde note. Je ne citerai point ceux des entours immédiats de la Reine qui ont connu presqu'autant qu'elle et moi, la nature de notre intimité. Je ne nommerai personne dans la foule de ces intrigants subalternes qui, pour tirer parti des moindres découvertes sont toujours aux aguets, portent l'audace jusqu'à fixer l'œil sur le trou des serrures et sont confidents sans qu'on s'en doute des actes les plus secrets de l'intimité. J'en pourrois nommer plusieurs, mais à dieu ne plaise ; ces gens-là sont sans appui, ils perdroient leurs places, et j'en serois fâchée ; mais je vais nommer des personnes qui, ayant de la consistance dans le monde, peuvent à-peu-près braver les petites vengeances de la Reine. J'ai annoncé des torts en débutant ; ceci fera partie de ma confession.

Le premier Président d'Aligre m'avoit rendu des services longtems avant mes liaisons avec la Reine. Lorsque *Madame* et Mme. d'Artois me prirent sous leur protection, et se donnerent quelques mouvements en sollicitant pour moi, ce magistrat fut le premier à m'avertir que la Reine ne pouvoit souffrir ces deux princesses ; que par cette raison seule il suffisoit qu'elles s'interessent à moi, pour que S. M. multipliât les difficultés et les obstacles ; » » on en voit journellement des exemples ; la Reine s'est emparée de toutes les graces, et lorsqu'elle trouve l'occasion de mortifier ses belles sœurs par un refus ; malheur à leurs protégés ! elle la saisit avec une chaleur étonnante » en général les conseils que me donna M. d'Aligre me furent d'une grande utilité dans la suite. J'étois peu à mon aise à cette époque, et j'étois forcée par les circonstances à faire beaucoup de dépense ; M. d'Aligre m'avoit prêté en divers tems diverses sommes jusqu'à concurrence de deux mille écus ; dette que je souffrois depuis quelque tems de n'avoir pas acquittée, au moment où j'eus le funeste bonheur d'interesser la Reine. La générosité de S. M. m'ayant rapidement mise au-dessus de mes

sonnes qui ont été initiées aux funestes mystères auxquels j'ai été trop admise, songez d'ailleurs que si j'ai contre

---

affaires; je me fis un plaisir de surprendre M. d'Aligre et je me rendis hez lui munie de vingt mille livres que je venois de recevoir (ainsi que je l'ai dit) en billets de la caisse d'escompte : j'eus beaucoup de peine à lui faire accepter ses deux milles écus, et ce ne fut qu'après lui avoir montré qu'il me restoit quatorze mille livres en bourse qu'il céda à mes vives instances.

Par quelques mots qu'il me dit en me voyant une somme si considérable pour mes facultés, il me parut soupconner que je la tenois du Cardinal avec lequel il savoit que j'avois des liaisons : ma délicatesse souffrit, et ne voyant point d'alternative entre une tache personnelle et une discretion je lui confiai tout, excepté ce qui avoit rapport à l'intrigue politique du Cardinal; je n'osai pas aller jusques là connoissant la haine mortelle qu'il lui portoit; il ne sut donc autre chose sinon que la Reine avoit jetté sur moi un regard de bonté, qu'elle s'étoit chargée de ma fortune et me prodiguoit en attendant les secours de sa bienfaisance; il fut enchanté de cette confidence; me donna d'excellents conseils et m'engagea à lui en demander toutes les fois que je croirois en avoir besoin. Au reste il ne sut ce qui se passoit entre la Reine et le Cardinal que vers l'époque indiquée dans la lettre de la Reine N°. XVIII sur laquelle j'ai promis de revenir dans cette note, pour expliquer ce que signifie son commencement. Cette lettre vient merveilleusement bien ici pour m'aider à prouver que la Reine qui a prétendu, qui a dit au Roi qu'*elle ne me connoissoit point du tout*; soupçonnoit cependant dès le 18 Août 1784 le Président d'Aligre *d'avoir cherché à approfondir le motif qui le faisoit agir* dans l'affaire des quinze vingts; et supposoit que ce magistrat *n'ayant pu rien découvrir*, *en avoit parlé à certaines personnes qui sont sensées n'ignorer de rien.* Ces certaines personnes n'étoient pas au pluriel; la Reine ne vouloit parler que du Baron de Breteuil, ainsi que je vais l'expliquer.

La Reine, comme il paroit par sa lettre, m'avoit chargée de voir de sa part le Président d'Aligre afin de

moi l'infortune, vous avez contre vous la haine publique et ne vous prévalez point de ce que du haut du trône vous me voyez débattre dans la poussière. Je vais en

Le

---

l'engager à arrêter le procès que les administrateurs des quinze vingts faisoient au Cardinal.

C'est en cette occasion que ce magistrat marqua *l'étonnement* dont il s'agit dans la lettre; il me fit comme l'on peut croire beaucoup de questions sur la nature très surprenante de l'intérêt que S. M. prenoit au Cardinal; mais la Reine se trompoit quand elle disoit qu'il n'avoit *rien pu découvrir* car je lui confiai tout, et loin d'avoir cherché à tirer ce secret du Baron de Breteuil, c'est au contraire le Baron de Breteuil qui le tira de lui, ainsi que je ne tardai pas à en être instruite. Quelques jours après l'entrevue que j'eus avec M. d'Aligre de la part de la Reine, j'eus occasion d'écrire au Baron de Breteuil pour lui demander un rendez vous (j'avois une grace à solliciter pour quelqu'un qui m'interessoit) il me répondit qu'à la réception de ma lettre il montoit en voiture pour se rendre à Versailles où il resteroit trois ou quatre jours; qu'il étoit persuadé que *des affaires plus agréables* que les siennes m'y appelleroient et qu'il seroit à mes ordres. Je n'attendis pas qu'il s'en expliquât avec moi pour concevoir qu'il connoissoit la nature de mes agréables affaires; je découvrois tous les jours quelque confident nouveau; je ne savois où et comment ils pouvoient être si bien instruits; celui ci ne me fit pas languir pour m'indiquer la source où il avoit puisé. La premiere chose qu'il fit en me voyant entrer, fut de me complimenter sur *mon intimité avec une personne qui feroit tout pour moi* — ayant paru ne rien entendre à ce début, il me dit que ma discrétion le surprenoit d'autant plus que j'avois accordé ma confiance à une personne qui ne la meritoit pas autant que lui; que son intention n'étoit pas de m'arracher mon secret pour en tirer avantage et me desservir; mais au contraire pour me diriger, et m'indiquer la route que je devois tenir — on voit que c'étoit à qui me conseilleroit; j'avois alors autant de conseillers que le Roi.

élever

élever un tourbillon de preuves qui peut-être vous ramenera à mon niveau.

Le Baron voyant que je persistois dans ma réserve, entra dans des détails qui me convainquirent que M. d'Aligre lui avoit rapporté tout ce que je lui avois confié. Sans me nommer le Cardinal, dont il est le plus mortel ennemi, il me dit « Vous avez des liaisons avec un homme qui vous perdra : c'est un ambitieux, un homme vain et sot, indiscret par-dessus tout, et qui se cassera le nez; soyez aussi discrette avec les autres que vous l'êtes avec moi, et prenez bien garde qu'une démarche, un propos inconséquent ne vous fasse perdre les bontés de la Reine — je sais tout, je suis informé de tout, et je garderai tout pour moi, voilà mon dernier mot. «

Nous parlâmes ensuite de l'objet qui m'amenoit; après avoir lu ma requête, il me dit qu'il n'avoit rien à me refuser, et qu'il alloit donner des ordres pour que mon protégé fut placé. Il ajouta en me quittant que je le trouverois toujours disposé à me rendre les services qui dépendroient de lui, et me donner les conseils dont je pourrois avoir besoin.

A peu près vers le même tems, j'appris que je causois beaucoup d'inquiétude à Mesdames de Polignac. Ces femmes hautaines qui avoient porté l'incivilité à mon égard à un point approchant de l'outrage, entendoient que l'on se disoit à l'oreille ce que je prenois tant de peine à cacher. Leur faveur étoit déjà bien foible: elles avoient peu de moyens d'éclairer comme auparavant la conduite de la Reine; et elles vouloient à quelque prix que ce fut s'éclaircir sur les bruits sourds qui couroient à mon sujet. J'ai parlé dès les premieres pages de ces mémoires du Marquis d'Autichamp, j'ai dit que sa conduite avoit forcé M. de la Motte à quitter la gendarmerie; depuis cet éclat je ne l'avois point vu.

Il vivoit alors dans une intimité très étroite avec la Comtesse Diane de Polignac. Cette femme ayant su qu'il m'avoit connue autrefois, en parla à la Duchesse de Polignac, et elles prirent ensemble le parti de me le députer pour tâcher de découvrir ce qui se passoit.

Le N°. 20 mérite d'être lû avec méditation; c'est ici que se présente pour la premiere fois l'intrigue politique

---

Le Marquis d'Autichamp étoit lié avec la Baronne du Bourg, belle fille de M. de Cromot que je voyois beaucoup, il prit ce prétexte pour m'aborder à Versailles en me disant qu'il y avoit longtems qu'il cherchoit l'occasion de me rencontrer, que du moment où Madame du Bourg lui avoit dit que je venois quelquefois chez elle, il avoit multiplié ses visites, mais qu'il n'avoit jamais eu le bonheur de s'y trouver lorsque j'y étois; il me parla de mon mari, me dit qu'il seroit enchanté de lui être utile et de le convaincre qu'il n'avoit jamais cherché à le desservir comme il se l'étoit imaginé. Il finit par me demander la permission que je lui accordai de venir me voir. Sa premiere visite fut courte; il ne me parla de rien; il est vrai que M. Rouillé d'Orfeuil intendant de Champagne resta avec moi tout le tems: il me dit en me quittant qu'il avoit quelque chose de particulier à me communiquer; je répondis qu'il pouvoit passer le lendemain que je serois seule.

Le lendemain il ne manqua pas. Ce qu'il avoit à me dire de particulier demandoit une introduction, personne n'entend mieux ces alibi forains que l'homme de cour; il commença par m'entretenir de son intrigue avec la Comtesse Diane; me fit entendre ce que je concevois de reste que c'étoit une affaire de pure politique; comme il savoit que j'avois à me plaindre des deux sœurs, il s'efforça de me persuader que la Comtesse d'Ossun, Dame d'atours de la Reine avoit tout fait, et que c'étoit elle qui avoit empêché la Duchesse de Polignac de me recevoir, en lui disant que la Reine étoit excédée de mes sollicitations, et déterminée à ne me rien accorder. Le Marquis ajouta que cette d'Ossun avec son air doucereux étoit une méchante femme, très dangereuse, jalouse et coquine à l'excès. Puis passant à la Comtesse Diane dont il venoit de me confier le foible pour lui, il me dit qu'elle étoit une intrigante, mais pleine d'esprit, et ménant tout; que c'étoit par cette raison qu'il lui faisoit une pénible cour. » Quant à la Duchesse de Polignac,

qui avoit comme nécessité l'intrigue de galanterie. J'ai parlé de l'espèce de dépôt établi à Saverne pour servir

---

continua-t-il, c'est une femme charmante, j'en fais le plus grand cas; la Reine a beaucoup d'attachement pour elle, *mais plus d'amour.* Elle est un peu legère cette Reine, pour ne pas dire très inconstante dans ses goûts; il faut beaucoup d'adresse et de singularité pour conserver ses velléités passageres. C'est la Comtesse Diane qui m'a appris que vous étiez à présent la favorite; cela ne m'a point du tout surpris. Comme elle m'a fait beaucoup de questions sur vous, je lui ai dit que vous n'étiez ni ambitieuse ni méchante, encore moins vindicative. Que vous étiez en général très obligeante, trop généreuse, que votre unique défaut étoit un excès de vivacité, tirant un peu sur l'étourderie; elle m'a répondu que cela ne déplaisoit point à la Reine. Il est ensuite entré dans de longs détails sur le caractere et les goûts de la Reine et a fini par m'offrir ses *conseils*, m'assurant qu'il me dirigeroit de maniere à me faire beaucoup d'amis, et à conserver les bontés de la Reine, etc. etc. Je ne fus pas séduite la premiere fois par ces beaux dehors; mais ses visites devenant fréquentes, et les conseils qu'il me donnoit me paroissant être suggerés par la bonne volonté, je perdis insensiblement de ma réserve et finis par lui accorder ma confiance illimitée. Voilà donc encore un confident qui a su tout ce que je me rappelle, tout ce que la Reine a sans doute oublié puisqu'elle ne se souvient même pas de m'avoir connue! il faut donc trouver des personnes qui le lui rappellent au besoin. Je nommerai donc encore le Bailli de Crussol, admis à toutes les parties de plaisir de S. M. qui ne pouvant douter de mon intimité avec elle a longtems fait l'impossible pour m'en arracher l'aveu, et ne pouvant y réussir, a fini comme le Baron de Breteuil par me dire qu'il savoit tout. Je nommerai l'Abbé Lequesle, Aumonier, Confesseur de la Bastille, et espion en chef du gouvernement, qui aposté pour me faire parler, me diriger, me faire dire tout ce qui servoit aux vues de ceux dont l'intérêt étoit de me perdre, m'a arraché le secret de toute l'intrigue; j'en dirai autant du

de point de ralliement aux émissaires de l'Empereur et de la Reine; j'ai déjà dit que le Cardinal étoit extrémement circonspect avec moi sur ce chapitre; je ne pouvois que former des conjectures fondées sur une variété de circonstances qui, sans me mettre précisement au fait de ce dont il s'agissoit ne me permettoient pas de douter qu'il n'existât une correspondance clandestine et suivie entre l'Empereur, d'un côté, la Reine et le Cardinal de l'autre.

Commissaire Chenon, qui savoit tout quand il m'a interrogé à la Bastille; de M. de Tillet, administrateur de l'horrible maison où l'on m'a enfermée; de la sœur Marthe sous l'inspection immédiate de laquelle on m'y avoit mise; de mon Avocat Doillot à qui j'avois donné par écrit tous les faits que je rapporte aujourd'hui. Je nommerai le Sr. Bazin confident des plaisirs secrets de S. M. Gouverneur de Trianon. Je lui demanderai s'il me connoissoit, s'il connoissoit le Cardinal; s'il n'a pas rémis au Cardinal des lettres de la Reine; à la Reine des lettres du Cardinal; s'il ne l'a pas confié ainsi que les particularités les plus secrettes à une maîtresse qu'il avoit en commun avec certain Baron Allemand qui s'en est fait un titre pour me demander ma protection auprès de la Reine. Je nomme enfin M. Puissant, Fermier Général, à qui j'avois des obligations infinies; m'ayant longtems assuré qu'il savoit d'une multitude de personnes mes liaisons avec la Reine, après le lui avoir longtems nié, j'ai été forcée d'en convenir. La même chose m'est arrivée avec quantité de personnes de la premiere distinction; et je puis dire que malgré toutes les précautions que je prenois, la nature de mon intimité étoit à-peû-près le secret de la comédie.

J'ai même récemment retrouvé à Londres les traces d'une confidence du même genre faite avec moins de réserve encore qu'avec aucune autre personne; ayant eu occasion de voir Mr. l'Ambassadeur de France il m'a rappellé que dans le tems j'avois complétement initié M. l'Evêque de Langres, son frere, dans tous les détails de cette intrigue.

1. Je voyois arriver fréquemment des officiers Allemands qui avoient des entretiens aussi longs que mystérieux avec le Cardinal. 2. Mon mari étoit souvent chargé par le Prince de remettre à tel endroit ou à tel autre, particuliérement à la porte St. Antoine, des paquets à des couriers qui lui paroissoient Allemands. 3. Connoissant les dispositions de la Reine à l'égard du Cardinal; lui ayant entendu dire à elle même qu'elle avoit des raisons de le ménager; je ne pouvois attribuer qu'à des manœuvres politiques du genre le plus délicat, non seulement, un rapprochement qui m'avoit paru impossible avant que l'influence de l'Empereur en eut opéré le miracle; mais les familiarités et les écarts qui en étoient la suite. 4. Le Cardinal avoit beau affecter le mystère, il lui échappoit des choses qui ne pouvoient que me confirmer dans mes soupçons; il me faisoit plus qu'entendre que bientôt je serois bien étonnée; qu'il seroit premier ministre; qu'il n'en auroit pas l'obligation directe à la Reine, qu'au contraire il lui auroit forcé la main; que par conséquent il ne feroit pas de grands frais de reconnoissance. — Cinquiémement enfin, je voyois toutes les lettres, or celles que je vais communiquer relatives à ce sujet, me donnoient à penser que l'Empereur étoit l'ame de tout ce qui se passoit sous mes yeux et de la révolution qui devoit en être la suite. Quel étoit le grand objet qui nécessitoit si brusquement le départ du Cardinal pour Saverne, c'est ce que je ne prendrai pas sur moi d'affirmer, je rapporterai seulement ce que j'ai entendu dire vers ce temps-là et depuis, à des personnes qui passoient pour instruites; on prétendoit qu'il s'agissoit du recouvrement de la Lorraine; je proteste que je l'ignore; mais il n'en est pas de même d'une négociation pécuniaire qui étoit en même tems sur le tapis; l'Empereur avoit besoin de six à sept millions, on ne se flattoit pas de les obtenir du Controleur Général trop lié avec M. de Vergennes pour qu'on put s'y fier. La Reine et le Cardinal devoient les lui procurer par une autre voie, le Cardinal ne doutoit de rien et les avoit promis, il fit en effet une multitude de démarches auprès du juif Cerf-bere; mais Cerf bere à qui le Cardinal devoit déja des sommes considérables refusa de s'embarquer plus avant. Le Cardinal eut donc la confusion de se voir forcé de de-

clarer son impuissance à la Reine. Je supplie que l'on fasse attention à cette circonstance ; que l'on considère quels étoient les motifs qui avoient déterminé la Reine à pardonner au Cardinal, à lui rendre ses bonnes graces ; et probablement quelque chose de plus ; en faisant renaître ce qu'elle appelle les *histoires de Vienne* ; enfin qu'on ne perde pas de vue le besoin que croyoit en avoir l'Empereur pour concourir à ses desseins. Voilà la négociation pécunière manquée ; si le Cardinal n'est pas plus heureux en Lorraine, s'étonnera-t-on de la rapidité de sa chute. La Reine piquée au vif, mais savante comme elle le dit elle meme, en dissimulation, se contenta en apparence de ses défaites, et pressa son départ pour Saverne afin de le mettre à la seconde épreuve, et de dégoûter l'Empereur de son protégé dans le cas où il avorteroit encore dans l'affaire concernant la Lorraine, ce que je puis assurer qu'elle espéroit secrétement. Elle se chargea donc seule de l'Emprunt de six à sept millions ; le pauvre St. James fut obligé à ce que je crois d'en fournir une partie, mais Laborde fit les principales avances, et c'est l'origine de sa faveur auprès de la Reine.

Je crois me rappeller que M. de Calonne à qui elle avoit eu souvent recours, fit quelques avances en attendant les rentrées.

Mais revenons au N°. XX. voilà donc le pauvre Cardinal obligé de partir pour Saverne, chargé à ce qu'il croit *de la confiance* de la Reine. Le voila prêt à tout sacrifier, tout, excepté son amour ; mais le voilà jaloux;il laisse la carrière ouverte au beau Fersenne, Colonel de Royal Suedois ; a des pressentimens affreux — cependant, il faut avant tout, qu'il s'occupe *du grand objet* : il sera précédé à Saverne par un courrier *porteur d'un paquet* ; il a pris des mesures pour éviter toute surprise, et *en cas de malheur*, pour soustraire tout indice, tout signalement ; n'est-ce pas là le stile tout pur d'un complot ? c'est cependant dans le cahos mystérieux de cette lettre qu'il faut chercher la clef de tout ce qui a rapport à cette malheureuse affaire ; je le répète, le Cardinal, moi, et à quelques égards la Reine elle même, sommes trois victimes immolées à la politique peu éclairée de Joseph II. Mais quelle énorme difference dans les trois sacrifices !

Il est inutile que je fasse observer le passage de cette lettre qui a rapport aux Polignacs, il n'échappera à personne. Je dirai cependant ce que je me rappelle avoir entendu dire au Cardinal en cette occasion, parce que cela expliquera ce qu'il entendoit en parlant *d'autorité*; cela vouloit dire que S. M. n'avoit d'autre parti à prendre que de le faire *bien vîte* premier ministre; qu'alors les Polignacs verroient beau jeu; c'est du moins dans cet esprit qu'il m'en parla dans le tems. « Bientôt me dit-il je vengerai la Reine, vous et moi de nos ennemis communs. »

Il n'est pas étonnant que dans la lettre côtée No. XXI. le Cardinal s'en rapporte à moi pour instruire la Reine de la manière dont il s'y étoit pris pour faire remettre *le paquet* dont il a été question dans la précédente, puisqu'en cette occasion comme dans plusieurs autres du même genre, il s'étoit servi de mon mari. Cette lettre supposeroit un accès de délire si je n'avois pas mis le lecteur dans la confidence intime de cette intrigue étrange. Le Cardinal étoit inquiet sans doute, mais n'étoit pas jaloux; moi, j'avois plus d'inquiétude que lui parce que je voyois de plus près que la Reine cherchoit absolument à l'éloigner, et ne pouvant juger avec précision de l'importance plus ou moins urgente de sa mission à Saverne, je craignois qu'elle ne fut qu'un prétexte pour s'en débarasser à peu près décemment. On voit qu'il partoit par deux raisons; parceque la Reine lui faisoit croire que son absence de Versailles étoit nécessaire et que sa présence à Saverne étoit indispensable; je ne pouvois prononcer sur cette dernière nécessité, mais elle m'étoit suspecte parceque je savois que l'autre étoit excessivement exagérée, et que les entrevues qui avoient eu lieu n'avoient pas fait autant de sensation que la Reine vouloit le faire croire.

Le No. XXII. lorsque j'en pris connoissance, immédiatement après le départ du Cardinal, me fit revenir de ma première idée: la Reine, en me remettant cette lettre, me parut effectivement plus qu'inquiete; je conçus qu'il s'agissoit de papiers d'une conséquence extrême; mes idées se débrouillerent et je commençai de craindre que le Cardinal ne se fut embarqué dans quelque acte de trahison.

Cette idée m'affecta violemment, et je fus quelque tems assez mal pour donner de l'inquiétude ; car dans ce tems-là, quelques personnes s'intéressoient à moi. Je rangerois la Reine dans leur nombre, si elle ne m'avoit pas appris qu'au delà des sens elle ne connoit rien.

Mais, pour revenir à la lettre ; ce que S. M. dit au Cardinal, relativement à l'abus que les Polignacs avoient fait de sa confiance, me parut un peu faux dans le tems, car elle m'avoit dit à moi qu'elle étoit *sûre* de leur infidélité ! pourquoi n'avoue-t-elle qu'un simple *soupçon* à l'homme qu'elle employe dans les affaires les plus délicates, les plus périlleuses, qu'elle tutoye, dont elle est tutoyée, c'est ce qu'on ne conçoit que lorsqu'on a vécu à la cour.

La fin de cette lettre a quelque chose de plus remarquable qu'on ne l'imagineroit si je laissois passer sous silence la phrase relative à *l'économie bien placée*. Cette phrase, avant qu'elle fut écrite m'avoit été répétée au moins vingt fois à l'occasion du malheureux collier ; jamais la Reine n'a pu digérer cette économie qu'elle appelloit souvent *lésine*. Dans les gazettes où tout est dicté par le despotisme ; dans les mémoires d'avocats où tout se peint en beau ou en monstruosité, on a prêté à la Reine ce mot » j'aime mieux un vaisseau de plus qu'un collier. » C'est un vol qu'on a fait au Roi, ce mot est de lui, la Reine eut donné cent vaisseaux pour le collier ; il lui coute sans doute davantage, il lui coute le repos du reste de ses jours, car je ne puis croire qu'elle ait un moment tranquille, ayant à se reprocher la noirceur de sa conduite à l'égard du Cardinal, et sa barbarie au mien. Les No. XXIII et XXIV. appartiennent entièrement à l'intrigue politique qui m'est étrangère, et ne me fournissent pas un mot : mais ils sont bons à conserver comme chaînons de la grande chaîne ; ils me fournissent tout au plus l'occasion de me représenter encore avec mes *complices* aux yeux du lecteur. Tandis qu'il me voit avilie par l'ambition qui m'abaisse au rôle de complaisante ; que voit-il dans la confédération coupable à laquelle je n'ai aucune part ? je le répète, tous ces billets qui s'écrivent de part et d'autre, à l'époque du voyage de Saverne, ne portent-ils pas le sceau, l'empreinte, le caractère d'une trame perfide ? cette encre magique qui s'envoye en présent ! en vérité j'aurois commis tous les crimes que l'on m'a imputés ; j'aurois volé le collier, que je ne me croirois pas aussi coupable qu'une Reine de France sacrifiant l'état qui l'entretient à l'ambition de son frere ; qu'un grand Aumonier de France qui tenant tout ce qu'il possède des bienfaits de son Souverain, intrigue avec une puissance étrangère pour dépouiller, s'il le peut, son bienfaiteur d'une portion de ses domaines.

Le No. XXV. en faisant concevoir l'importance et presque la nature de la mission du Cardinal, confirme ce que j'ai dit des dispositions de l'Empereur à son égard ; on voit qu'il attend *une révolution*, qu'il anticipe sur un avenir très-prochain. Selon lui ; qu'il parle déjà en maître absolu au point d'offrir à la Reine *l'appui* qu'il attend de l'Empereur. Quant à cette phrase *afin de jouir doublement des avantages et des ressources contre les évènemens* ; elle ne peut se rapporter qu'à de l'argent : il en falloit sans cesse à la Reine qui étoit toujours aux expédients ; et le Cardinal eut dévoré trois royaumes.

Le No. XXVI. ne peut que rappeller celle des lettres de la Reine où S. M. recommande au Cardinal d'être *confus et obscur.* On voit que *l'esclave obéit.*

Je ne me rappelle pas de quelle utilité il pouvoit m'être à l'époque dont il s'agit, ni ce que j'avois de commun avec sa *réception publique* ; mais je me rappelle parfaitement bien que le *désir* de ce rapprochement n'étoit pas *mutuel*, et cette expression concourt avec mille autres qui lui étoient familières, à prouver comb en, dans cette funeste intrigue, le malheureux Prince se faisoit illusion.

La réponse de la Reine, No. XXVII. a rapport à deux objets déjà connus. L'accident arrivé à la lettre fut occasionné par la nature combustible de l'encre secrette dont se servoit le Cardinal, et dont on a vu qu'il avoit envoyé une bouteille à la Reine ; quant à l'Abbé, on trouve son nom dans la lettre précédente qui explique ce que dit S. M. de sa convention avec l'Archiduchesse sa sœur. Ce qu'il y a de plus remarquable dans cette lettre est la dernière phrase ; elle prouve combien l'affaire dont étoit chargé le Cardinal tenoit à cœur à la Reine puisque de l'expédition qu'il y apporteroit elle faisoit dépendre la durée d'un exil qu'en vérité elle ne désiroit pas d'abréger. Car il est inconcevable à quel point son départ l'avoit mise à son aise, je ne l'avois jamais vue si gaie.

Me voilà enfin parvenue à cette partie de la correspondance où, pour la première fois, il est fait mention du funeste collier. Que l'on ait la bonté de lire le No. XXVIII. d'après le contenu de ce billet, on voudra bien poser avec moi pour principe que la Reine convoitant depuis long-tems cette parure, mais contrariée par les vues économiques du Roi, avoit manifesté de maniere ou d'autre au Cardinal le désir le plus vif de *se le procurer.* Elle convient positivement qu'elle l'a *employé* à cet effet.

De quoi se plaint S. M. dans ce billet visiblement dicté par l'humeur de ce que le Cardinal n'a pas mis dans la négociation dont elle l'avoit chargé, tout le mystère dont elle lui avoit fait une loi. Lorsque j'aurai présenté dans toutes ses circonstances l'exposé de toute l'affaire, on saura pourquoi *l'esclave* s'étoit écarté de l'esprit des injonctions qu'il avoit reçues du *maître.*

Il est certain que la Reine, en le chargeant de cette acquisition lui avoit dit qu'elle prendroit avec lui *des arrangemens particuliers ;* mais ses facultés et son crédit n'étant pas assez étendus pour qu'il put traiter en son propre nom d'un objet aussi considérable, il s'étoit vu forcé de déclarer qu'il achetoit pour le Compte de la Reine. Aussi paroît-il évident par la seconde lettre que lui écrit sur le champ S. M. (No. XXIX) que dans l'intervalle, il lui a avoué le motif de sa conduite, et l'on voit que de mon côté, j'avois tout raconté à la Reine ; mais toutes ces circonstances se développeront mieux lorsqu'elles trouveront successivement leur place dans le récit que j'ai annoncé.

Avant de l'entamer, je prie le lecteur de se former une idée de la position où nous nous trouvions, la Reine, le Cardinal et moi. Tous trois dépensiers dans les mêmes proportions, tous trois journellement réduits aux expédients ; trouvant par-tout l'herbe trop courte, tant les Polignacs la tondoient de près.

La Reine, autant par entêtement que par goût de parure désirant avec passion l'acquisition du collier que selon elle le Roi avoit eu la mesquinerie de lui réfuser ;

le Cardinal se berçant sans cesse de l'idée d'être un jour à l'autre premier ministre, par conséquent à même de rétablir ses affaires délabrées ; ne trouvoit aucun sacrifice trop cher lorsqu'il s'agissoit de satisfaire les fantaisies de celle dont il attendoit son élévation et sa fortune ; moi je prêchois sans cesse l'économie au Prince. Il est important de saisir ce dernier point parce qu'il explique pourquoi le Cardinal m'avoit caché l'engagement qu'il avoit contracté de *procurer* le collier à la Reine. J'ignorois donc cette nouvelle extravagance lorsque le hazard, pour ne pas dire la fatalité me rendit malgré moi l'instrument principal de cette même négociation qu'on vouloit me cacher.

Un Sieur Laporte Avocat s'étoit présenté il y avoit quelque tems chez moi avec ce projet de finance dont j'ai eu occasion de parler. Quoiqu'il me vit pour la première fois, après m'avoir expliqué l'objet de sa visite, il m'avoit fait entendre que personne n'étoit plus à même que moi de faire réussir cette affaire *par le canal de la Reine*— j'ai déjà dit ce qu'étoient devenus entre les mains du Cardinal les papiers que ce Laporte me remit, et je n'en fais mention une seconde fois que pour indiquer la manière dont je formai sa connoissance, car enfin toute chose a son commencement qu'il est bon de connoitre ; voilà celui de mes malheurs.

La connoissance ainsi faite, et ce Laporte étant très actif, je ne voyois autre chose chez moi. Il eût semblé que le succès de l'affaire dépendit entiérement de ma volonté ; il prenoit fréquemment le prétexte de venir me donner des nouvelles d'un de ses enfants que j'avois tenu par hazard avec le Comte du Crest sur les fonts de baptême. Il n'avoit pas manqué de faire confidence de cette grande affaire à un nommé Achette son beau pere et ami intime du jouaillier Bohëmer. Un jour que ces deux derniers personnages se trouvoient ensemble à Versailles, le premier s'avisa de demander au second s'il avoit encore son collier sur les bras ? » Malheureusement, répondit Bohëmer, c'est un grand fardeau pour moi, je donnerois volontiers mille louis à quiconque m'en procureroit la vente » il est probable que dès cette première conversation il fut question de moi et qu'Achette confia à Bohëmer pourquoi et comment son gendre La-

Porte avoit accès chez moi et chez le Cardinal; il faut même que dans cet entretien, l'un ait promis à l'autre de le faire introduire ; car je ne tardai pas à en entendre parler.

Je ne connoissois ni l'un ni l'autre ; j'ignorois que le dernier fut jouaillier de la couronne, je savois encore moins qu'il fut possesseur d'une parure de prix qu'il avoit voulu vendre à la Reine.

Un jour Laporte ayant dîné chez moi et étant resté seul avec moi, me fit pour la première fois mention du fatal collier et comme il en étoit convenu sans doute avec Achette et Bohëmer, me dit ouvertement qu'il fondoit tout son espoir sur moi ; que si je voulois *dire un mot à la Reine*, il étoit persuadé que S. M. hésiteroit d'autant moins de faire une acquisition qu'elle avoit désirée, que les jouailliers étoient disposés à prendre avec elle tous les arrangemens qui lui seroient agréables ; il ajouta que ce seroit rendre un service essentiel aux jouailliers et à lui Laporte particulièrement, attendu qu'en cas de réussite on lui avoit promis mille louis qui lui serviroient à acheter une charge qu'il avoit en vue.

Je répondis que je n'avois jamais su que la Reine eut gardé le collier pendant un mois ; qu'en général je ne savois pas ce qui se passoit chez S. M. et ne me mêlois point de pareilles affaires. A dire la vérité, j'aurois craint de me mêler de celle-ci, parce que la Reine n'eut pas manqué de soupçonner que j'y aurois eu un intérêt particulier ; or ayant des objets majeurs à solliciter, je ne voulois pas avoir l'air, (comme S. M. le reprochoit à quelques-uns de ses entours,) de *vouloir m'emparer de tout*, *tirer parti de tout* : la conversation en resta là, le premier jour qu'il fut question de Bohëmer ; mais environ une semaine après Laporte reparut, revint à la charge et reçut un second refus ; je lui déclarai positivement que je ne voulois pas même en entendre parler.

Les intrigans ne se rebutent de rien ; un jour que j'étois à ma toilette, on m'annonça M. Achette que je n'avois jamais vu. Me rappellant son nom et jugeant qu'il venoit m'importuner des mêmes propositions dont son gendre m'avoit fatiguée, je fis dire que j'étois sortie, et afin qu'il ne put m'appercevoir en traversant l'appartement, je voulus m'esquiver par une porte qui donnoit sur le paillier de l'escalier où je trouvai précisément Achette accompagné de deux autres personnes. Ainsi forcée de donner audience, je rentrai dans l'appartement, fis asseoir ces gens et demandai à leur introducteur ce qui les amenoit chez moi ?

Cet Achette est un homme insinuant, adroit, grand parleur ; après avoir beaucoup vanté ma génèrorité, mon bon cœur, mes dispositions à obliger tous ceux qui avoient le bonheur de parvenir jusqu'à moi ; il me présenta Bohëmer qu'il me dit être le possesseur du collier dont son gendre m'avoit parlé ; qu'il ne venoit pas pour insister sur la prière que j'avois rejettée, mais uniquement dans l'intention de me faire voir cette parure avant qu'il la fit passer en Portugal où il se proposoit de l'envoyer incessamment. *La vue*, comme disent ces messieurs, *ne coute rien* ; je laissai développer l'écrin, et ayant examiné le collier j'envoyai proposer à mon mari de descendre pour le voir, comme curiosité. Entendant parler de Bijoutiers il crut qu'ils m'apportoient quelques articles pour me tenter et répondit qu'il n'avoit point d'argent pour acheter des Bijoux. Lui ayant fait expliquer qu'il ne s'agissoit point d'emplette, mais de simple curiosité ; il descendit, jetta un coup d'œil rapide sur la parure et disparut sans faire la moindre question ; me voilà donc restée seule avec nos trois hommes qui s'entre-regardoient avec embarras. Le beau parleur ouvre la conversation. » N'est-ce pas dommage, me dit-il qu'un bijou si magnifique sorte du royaume tandis que nous avons une Reine à qui il siéroit si bien et qui en a tant envie ? — C'est ce que j'ignore, répondis-je et je ne conçois par pourquoi vous vous adressez à moi pour faire parvenir vos propositions à sa Majesté, je vous proteste que je n'ai aucune occasion de les lui faire, *n'ayant pas l'honneur de l'approcher.*

» Madame, me dit Achette, d'un air fin et significatif, nous ne venons point ici pour pénétrer dans vos secrets, encore moins pour vous marquer des doutes sur ce que vous nous faites l'honneur de nous dire ; mais, croyez moi je connois Versailles, je sais ce qui s'y passe, et lorsque j'ai pris la liberté de vous amener mon ami c'est que j'étois persuadé que si vous vouliez l'honorer de votre intérêt, personne à la cour n'est plus à même que vous de lui rendre le service que nous osons solliciter. Bohëmer avoit déja la bouche ouverte; je vis qu'il alloit être question de reconnoissance, de présens; je me hâtai de prendre la parole, et pour me tirer d'embarras, je leur dis que je verrois si *par mes entours*, je ne pourrois pas réussir à leur rendre *indirectement* service.

Trois semaines s'étoient écoulées sans que j'entendisse parler du malheureux collier dont le souvenir s'étoit si promptement évanoui que je n'avois pas même songé à en dire un seul mot au Cardinal, lorsqu'un jour il vint me faire visite. Il avoit au doigt une très belle bague que je n'appercevois pas; après m'avoir entretenue de quelques objets relatifs à la Reine dont il se plaignoit, après avoir affecté dans ses gestes de m'étaler sa main dans tous les sens — » hé mais ! me dit-il, vous ne me faites pas compliment sur mon nouveau bijou ? — c'est un échange que je viens de faire pour quelques pierres dont je ne me souciois plus » — » La bague est belle, très belle, dis-je, mais j'ai vu du plus beau il y a quelques semaines, » Là dessus je lui contai à peu près tout ce que je viens de rapporter des démarches des Laporte, Achette et Bohëmer. Je fus frappée de l'air d'attention et de surprise qui perça sur son visage — » Cela est très singulier, me dit-il — en avez vous parlé à la Reine ? — » Non. Je n'ai pas voulu m'en charger » — Infiniment singulier que ces gens se soyent adressés à vous — et il vous ont dit savoir que la Reine avoit grande envie de ce collier ? » — » Ils me l'ont assuré » — » J'ai quelques raisons de le croire. » Ici le Cardinal parut faire quelques réflexions, se demanda à ce que je suppose s'il s'expliqueroit ou non avec moi, et s'étant décidé pour le non, changea de conversation. Deux ou trois jours après je reçus de lui un billet par lequel il me prioit de lui envoyer l'adresse du jouaillier; ne la sachant pas, j'envoyai chez Laporte qui la donna par écrit à mon domestique lequel la porta sur le champ au Cardinal.

Le dérangement connu des affaires du Prince, sa réserve avec moi sur ce chapître; les questions qu'il m'avoit faites relativement au jouaillier, le besoin subit qu'il avoit de son adresse, tout me fit d'abord soupçonner que son intention étoit de faire ce qu'on appelle une affaire, c'est à dire d'acheter le collier pour le convertir en argent, je le connoissois très expert dans ce genre d'opérations, je savois d'ailleurs qu'il avoit dans ce moment là fort à cœur de payer ses dettes criardes depuis que la Reine lui avoit dit que le moyen de se rendre agréable au Roi étoit de satisfaire ses créanciers, et de mettre plus d'ordre dans sa maison. Il m'avoit répété plusieurs fois que depuis que S. M. avoit eu la bonté de lui donner cet avis, il étoit devenu l'homme du royaume le plus économe, qu'au moyen des rétranchemens considérables qu'il faisoit dans ses dépenses, il espéroit dans peu d'années se trouver entiérement liquidé; il est vrai qu'il ajoutoit qu'il avoit quelques dettes d'une nature exigible dont l'extinction ne pouvoit s'arranger avec le produit un peu lent de ses économies; en sorte que je ne pouvois douter qu'il n'eut le collier en vue pour l'arrangement de cette espèce de dettes. Il vint me voir le lendemain matin et il ne me parla ni du jouaillier, ni du collier; mais il m'entretint long-tems de sa sagesse et de ses réformes — » La Reine a raison, me dit-il, je me perdois, le Roi aime l'ordre et l'économie; je sens que lorsqu'on lui auroit proposé de me confier l'administration de son royaume il n'auroit eu d'autre objection que mon dérangement dont la Reine m'a assuré qu'il est instruit — Au fait ne faut-il pas faire quelques sacrifices aux grandes considérations. En retranchant de mes jouissances actuelles je les décuple pour l'avenir — le moment où la Reine doit remplir ses engagemens envers moi est plus prêt que vous ne pensez; elle s'attend bien à la réponse du Roi, elle sait qu'il ne manquera pas de se récrier sur mes folles dépenses, sur mes dettes, etc. alors, si on lui démontre mon changement, l'ordre que j'ai mis dans ma maison, les reformes que j'ai faites, les dettes que j'ai acquittées du seul produit des mes économies; c'est alors que le roi n'aura rien à dire, et que mes ennemis se tairont — je médite encore de nouvelles réformes, et je veux m'exercer dans ma propre maison dans le systême économique que je me propose d'adopter dans l'administration de l'état » — » Sully ne parloit pas mieux, lui dis-je en riant; Dieu vous maintienne dans ces bonnes dispositions. Je ne crus pas devoir lui dire ma façon de penser puisqu'il me faisoit un mystere du projet que je lui supposois; mais quand il m'eut quittée, je me livrai à quelques réflexions, et il me parut assez extraordinaire qu'avec tout cet étalage d'économie, le Cardinal songeât à liquider ses dettes en en contractant une monstrueuse pour un objet sur lequel il me paroissoit probable qu'il perdroit considérablement.

Pleine de ces réflexions qui d'abord n'avoient eu que le bien-être du Cardinal pour objet, je me repliai sur moi-même, et je considérai si l'emplette du collier pour l'usage que je supposois, ne me compromettroit pas. On s'étoit originairement adressé à moi pour faciliter la vente de cette parure, j'avois donné l'adresse des jouailliers au Cardinal; il étoit possible qu'il fît mention de moi en traitant avec eux: et plus possible encore que l'on s'en prît à moi si la négociation que j'aurois paru entamer tournoit mal; car enfin je connoissois la situation du Cardinal, et je ne concevois guère comment il pouvoit faire face, à des termes raisonnables, à une somme de 16 cent mille livres.

Après avoir murement considéré la chose, je crus qu'à tout événement, je devois l'arranger de maniere qu'il fut impossible de dire que j'y eusse trempé en rien. Je me rendis donc chez les jouailliers et je leur dis que le Cardinal à qui j'avois parlé de leur collier, m'ayant envoyé demander leur adresse, je conjecturois qu'il en méditoit l'emplette, qu'il ne m'en avoit cependant rien dit; mais que, dans le cas où ma conjecture se vérifieroit, je les priois de ne point oublier que je n'avois fait aucune démarche ni auprès du Cardinal ni auprès d'eux pour arranger le marché, que je n'y entrois absolument pour rien; qu'au reste mon intention n'étoit pas de leur inspirer des craintes, mais que je les exhortois, lorsqu'ils en viendroient à la conclusion, à prendre toutes les précautions d'usage, pour assurer l'exactitude des payemens.

En faisant cette démarche qui me paroissoit dictée par la prudence, je n'avois pas prévu les difficultés que je préparois au Cardinal, j'avoue que je n'avois songé qu'à moi, que je craignois les propos dont on est si libéral à la cour, où l'on ne voit faire un pas à personne sans chercher à conjecturer quel genre d'intérêt le dirige. Je dois donc convenir que faute d'avoir réfléchi aux embarras qui résulteroient pour le Cardinal de cet acte de précaution, j'ai été cause du mal-entendu qui s'éleva entre

entre la Reine et lui, et lui ai attiré la lettre désagréable que je viens de produire. Le fait est que les jouailliers à qui j'avois recommandé de prendre leurs précautions suivirent mon avis si fort au pied de la lettre, qu'il forcerent le Cardinal non-seulement à déclarer qu'il traitoit pour la Reine, mais même à en fournir la preuve; c'est cette derniere circonstance qui donna lieu au prétendu marché dont je parlerai dans un moment.

Avant d'aller plus loin, qu'il me soit permis de demander au plus rigide, au plus prévenu de mes lecteurs si, dans le cas où *dès lors* (ainsi qu'on a eu l'impudence de l'avancer) j'aurois déjà jetté un dévolu sur le collier, je ne me serois pas ôté le seul moyen praticable de le mettre à ma disposition, en ôtant au Cardinal la possibilité de l'acquérir? je demande en même tems si, dans cette même supposition que j'aurois médité *dès lors* le vol du collier, il n'étoit pas de mon intérêt de le laisser acheter au Cardinal en son propre nom, au lieu d'inspirer aux jouailliers une défiance qui, nécessitant l'intervention de la Reine nécessitoit *le faux* qu'on a voulu mettre sur mon compte? les jouailliers m'avoient parlé de manière à me convaincre que très-embarrassés de cette parure, ils s'en fussent arrangés aux termes les plus faciles avec quiconque leur eut présenté les suretés qu'il étoit nécessaire qu'ils prissent. Or, le Cardinal, tout obéré qu'il étoit, jouissoit de revenus immenses sur lesquels il pouvoit donner des délégations qui n'eussent point été refusées. Si donc je n'eusse pas cédé à la crainte d'être compromise, si je l'eusse laissé traiter pour son propre compte, il auroit certainement acquis le collier sans difficulté! je l'eusse alors *volé* tout à mon aise sans récourir à l'expédient du *faux*; ainsi nulle vraisemblance de mettre ce faux à ma charge non plus que le vol qui ne m'a été imputé que parcequ'il falloit disculper la Reine, disculper le Cardinal, et mettre tout sur mon compte; pure affaire de parti et de cabale comme je le prouverai ci-après; mais dès à présent il est clair comme le jour que si j'eusse médité le vol en question, je n'eusse pas fait ce que j'ai fait pour empêcher que l'objet de ma cupidité passât dans les mains desquelles seules je pouvois l'enlever; quelques détails sur le faux prétendu jeteront encore plus de lumière sur le point que je discute.

Il faut actuellement revenir sur mes pas et remonter même à un certain espace de tems antérieur à la lettre à laquelle je suis parvenue (N°. XXVIII.)

Quand je me suis laissé entraîner pas mes réflexions, je disois que, sur l'intention que j'avois supposée au Cardinal d'acheter le collier pour en faire ressource, j'avois fait auprès des bijoutiers la démarche dont j'ai exposé les motifs. A dater de ce jour là, il s'en écoula plusieurs sans que j'entendisse parler du Prince; cela arrivoit souvent. La Reine que j'eus l'honneur de voir dans cet intervalle ne me dit rien qui eut rapport au collier; j'appris seulement qu'elle avoit vu le Cardinal deux jours auparavant, et elle me dit qu'elle étoit surprise de ce que je ne lui apportois pas des nouvelles d'*une commission dont elle l'avoit chargé.* Je ne pus dire que la vérité qui étoit que je ne l'avois pas vu depuis tel jour; j'étois bien éloignée de penser que cette commission avoit rapport au collier, mais je ne tardai pas à être mieux instruite. Après avoir fait mes révérences à la Reine, de retour chez moi pour dîner, mon portier me remit un billet du Cardinal par lequel il me prévenoit qu'il seroit chez moi à six heures, me priant de m'y trouver; attendu, disoit-il qu'il avoit quelque chose d'important à me remettre. Je fis dire que je serois chez moi, il arriva. Comme son absence avoit été plus longue que de coutume, je lui fis quelques reproches entrémélés de questions — » Ah! ah! me dit-il, vous êtes curieuse, vous voulez tout savoir; hé bien! soyez satisfaite — c'est une affaire conclue; le marché est fait, j'ai acheté le collier pour la Reine — ne criez pas à l'extravagance, je sais ce que je fais; d'ailleurs il est convenu — en un mot j'ai *des arrangemens particuliers* avec S. M. — voilà le paquet, il faut qu'elle le reçoive aujourd'hui, partez à l'instant. »

Je ne puis exprimer la joie que j'éprouvai lorsque je vis que je m'étois trompée dans mes conjectures, qu'au-lieu d'une mauvaise affaire le Cardinal en faisoit une très bonne en satisfaisant la fantaisie de la Reine; je ne répondis autre chose sinon que je désirois avoir des aîles; mais, à leur défaut, pour aller plus vîte, je pris un cabriolet et arrivai à neuf heures à Versailles; je me rendis au château. La Reine étoit chez Madame de Polignac;

les personnes qui avoient accès près d'elle en pareil cas, ne se trouvoient pas chez elle : il se faisoit tard, j'étois extrêmement fatiguée ; je pris le parti de me reposer et de remettre au lendemain ma mission ; mais, avant de me coucher, selon l'usage que j'ai dit en avoir contracté, je pris copie de la letre du Cardinal, et je lus en entier les conditions du marché qu'il s'étoit chargé de *faire approuver par la Reine* ; elles étoient écrites *de sa main !*— de sa main, que l'on y fasse attention ; c'etoit la première fois que j'en avois connoissance ! il me parut d'autant plus simple que la Reine fut disposée à signer ce papier, que l'on a vu plus haut ce qu'il m'avoit dit *des arrangemens particuliers avec S. M.* je me trouvai donc parfaitement tranquille sur une affaire qui, comme on l'a vu, m'avoit donné des sujets assez fondés d'inquiétude.

Le lendemain matin, j'expédiai mon jockey à Mlle. Dorvat pour savoir si je pourrois voir la Reine ; elle me fit dire que la matinée étoit prise, et qu'elle ne répondoit d'aucun moment pour le reste de la journée. Je sentis qu'une incertitude pareille ne cadroit pas avec l'impatience du Cardinal, et ne pensant pas qu'il fut d'une nécessité absolue que je remisse moi même le paquet, pourvu qu'il fut remis, je l'envoyai à Mlle. Dorvat avec un billet de deux lignes par lequel je la priois de le faire passer le plutôt possible à sa destination, ajoutant que je n'attendois que sa réponse pour reprendre le chemin de Paris.

Deux heures après, le Sieur Lesclaux garçon de la chambre m'apporta un paquet cacheté avec un petit billet dans lequel la Reine m'ordonnoit de faire la plus grande diligence et de revenir à Versailles le soir même. Je précipitai mon départ afin d'accélérer mon retour ; chemin faisant j'ouvris le paquet dont j'étois chargée pour le Cardinal, et j'y retrouvai les conditions du marché telles que je les avois lues la veille, non approuvées, non signées, et accompagnées de cette lettre de la Reine (No. XXVIII.) à laquelle j'ai déja renvoyé deux fois et que les circonstances que j'ai rapportées depuis expliquent parfaitement. Il est évident que S. M. étoit convenue avec le Cardinal qu'elle prendroit avec lui des *arrangemens particuliers*, mais non qu'elle signeroit aucun marché avec le bijoutier; le Cardinal qui avoit été obligé d'en passer par cette derniere condition, avoit écrit à la Reine qu'il devoit lui être indifférent de signer ou non, attendu que le marché et l'approuvé resteroient entre ses mains, et la Reine ne concevant pas que cela fut aussi égal que le prétendoit le Cardinal, lui renvoyoit le papier avec la rebuffade du billet qui l'accompagnoit.

Arrivée à Paris, j'envoyai chez le Cardinal, il n'étoit pas à l'hôtel; je fis remettre au Suisse un billet pour lui par lequel je le priois de passer chez moi au moment où il le recevroit; il ne vint qu'à dix heures du soir, il prétendit avoir été retenu par des affaires de la plus haute importance; je répondis que j'en étois fâchée parcequ'il me faisoit manquer un rendez-vous que m'avoit donné la Reine pour le soir même; je lui remis en même tems le paquet dont S. M. m'avoit chargée; son premier mouvement fut de regarder si le marché étoit approuvé de la Reine; lorsqu'il le trouva tel qu'il l'avoit envoyé, il changea de couleur, et sa consternation fut plus sensible encore lorsqu'il eut lu la lettre qui l'accompagnoit (No. XXVIII.) il me la communiqua, et me parla quelque tems comme un homme dont la raison s'égaroit; lui ayant fait quelques questions pour tâcher de le rapeller à lui même, il me dit — » Je suis fâché de vous avoir fait un mystère de ce que je méditois, vous m'eussiez peut-être mieux conseillé. Je vous ai dit que j'avois acheté le collier pour la Reine et que le marché étoit conclu — le voilà: c'est ce papier écrit de ma propre main que vous venez de porter à la Reine et que S. M. me renvoye avec autant d'humeur que si je me fusse écarté des conventions arrêtées entre elle et moi — vous allez juger si j'ai tort.

Vous devez vous rappeller que lorsqu'au sujet de ma bague vous me parlâtes des démarches que les jouailliers avoient faites auprès de vous, je trouvai la chose singulière. Je ne vous expliquai pas dans le tems pourquoi; c'est parce qu'il n'y avoit que peu de jours que la Reine m'ayant dit que le collier étoit destiné pour le Portugal (je ne sais comment elle l'avoit sû) et ayant paru le regretter encore, je lui avois dit qu'il y avoit moyen de l'acquérir sans offusquer le Roi en y faisant de légères altérations tant dans le dessein que dans la forme des pierres les plus marquantes. Cette première ouverture nous ayant embarqués dans une conversation plus suivie, et le désir de la Reine paroissant devenir plus vif en proportion de ce qu'elle concevoit plus facile d'en déguiser l'acquisition, il ne me restoit plus de difficultés que le payement qui n'étoit pas à beaucoup près à sa disposition momentanée; j'offris tous mes moyens, et mon crédit—S. M. me remercia obligeamment, et me dit que dans le cas où elle accepteroit mes offres, elle prendroit d'elle à moi des arrangemens particuliers avec lesquels il falloit que je fisse cadrer ceux que je prendrois personnellement avec les bijoutiers. La chose me paroissant entendue, je revins à Paris, enchanté de me voir à même de faire quelque chose d'agréable pour S. M. Le lendemain je vous fis demander l'adresse des bijoutiers, et je m'y rendis le même jour sous prétexte de faire monter quelques pierres que j'avois prises exprès avec moi : la conversation entamée, je la fis tourner sur le collier qu'on me montra sur le champ; tandis que je l'examinois, Bohëmer me rapporta tout ce qui s'étoit passé entre vous et lui conformément à ce que vous m'aviez appris. Je dis alors que j'étois chargé d'en savoir le prix, et que dans le cas où la personne pour qui j'acheterois ne voudrois pas paroître, je prendrois avec lui des arrangemens particuliers.

Après cette première démarche qui ne me laissa entrevoir aucune difficulté, je partis pour Versailles; le soir même je vis la Reine à qui je dis que le collier étant à mes ordres, par conséquent aux siens, je venois les prendre; elle me répondit; (saisissez bien ses propres expressions,) » *j'approuverai tout arrangement quelconque que vous prendrez* POURVU QUE MON NOM NE PAROISSE PAS » ainsi autorisée, je reviens à Paris, j'envoye chercher les jouailliers, je parle de finir, de régler le prix définitif; je ne trouve plus les mêmes dispositions, le même empressement (1) ils élèvent des difficultés, me font des

(1) C'est ici qu'on aura la bonté de se rappeller ce que j'ai dit, page 65 De la démarche que j'avois faite au-

questions, me laissent entrevoir des doutes, des craintes —pour applanir tout d'un seul mot, je déclare que j'achette pour la Reine; que des raisons particulières font désirer à S. M. de tenir quelque tems cette affaire secrette; mais que satisfait des arrangemens qu'elle daigne prendre avec moi, je suis chargé de prendre avec eux tous ceux qui leur conviendront et me paroîtront raisonnable, je demande alors plume et papier, je dresse moi même les articles du marché tels que je sais que S. M. les approuvera, et je les leur communique; les bijoutiers sont satisfaits des termes; mais l'un deux (Basanges) m'observe que devant une somme très considérable à M. de St. James, ils ne pouvoient conclure avec moi sans lui faire part de l'arrangement; alors pour trancher toute difficulté, je leur dis: » Ecoutez, voici un moyen de donner à M. de St. James lui même toute la confiance nécessaire, je vous apporterai le marché tel que le voila, approuvé et signé de la Reine; mais, *comme elle ne veut absolument pas que son nom paroisse*, il ne sera vu que de M. de S. James et de vous, et restera ensuite en dépôt entre mes mains jusqu'à payement définitif, dont je me rends accessoirement caution; aurez-vous cette confiance en moi, serez-vous satisfaits? » ils me répondent unanimement oui, me protestent que sans la circonstance de la somme qu'ils doivent à M. de St. James, ils se contenteroient de ma parole— je les quitte et écris sur le champ à la Reine; je lui rends compte de mes conventions, et la priant d'approuver en marge l'écrit que je lui envoye, je lui observe qu'attendu qu'il est expressement stipulé qu'il restera entre mes mains, son intention sera remplie; *son nom ne paroîtra pas*—voilà la ré-

---

près des jouailliers. Comme j'espère qu'on voudra bien relire ce morceau, je ne ferai pas de nouvelles réflexions; mais n'est-il pas évident par le narré du Cardinal que si je n'eusse pas recommandé aux jouailliers de prendre leurs précautions, ils eussent traité avec lui personnellement, n'eussent point insisté sur l'approbation de la Reine, que par conséquent le prétendu faux n'eut pas eu lieu, et le vol du collier eut été plus facile et moins dangereux.

ponse que j'en reçois, voilà le prix des mouvemens que je me suis donnés, du zèle que j'ai marqué, des sacrifices qu'il m'en coutera peut être ; car enfin je suis caution, et Dieu sait si elle payera, si ses *sangsues* lui laisseront les moyens de payer — O! les femmes! — les femmes! — et surtout les Princesses et pis que tout les Reines — elle m'écrit comme à un valet — quelle sécheresse, quelle aridité — *si elle n'avoit pas voulu du mystère, elle ne m'auroit pas employé* — comment appelle-t-elle donc tout ce que j'ai fait? si ce n'est pas du mystère? — Il étoit furieux, paroissoit à chaque instant tenté de mettre en pièces le marché ; et, comme il le disoit, *d'envoyer le vizirat et la sultane* AU DIABLE. Je le laissai quelque tems exhaler son dépit : lorsque je le vis un peu plus calme, je lui représentai que je ne voyois rien dans la lettre de la Reine d'aussi offensant qu'il se le figuroit ; que je croyois y remarquer un simple mal entendu portant sur l'expression vague que *son nom ne paroîtroit pas*, qu'en renvoyant le marché elle ne dit pas qu'elle ne veut plus qu'on s'en occupe, mais paroît entendre qu'on le fasse de quelqu'autre manière, de sorte qu'il me paroissoit que la première chose à faire étoit de la consulter; mesure d'autant plus indispensable qu'en me renvoyant le marché elle m'avoit enjoint de retourner le soir même, que ne pouvant arriver à tems le jour, je partirois le lendemain de bonne heure afin de pouvoir saisir le premier moment où S. M. seroit visible. J'ajoutai que j'espérois lui rapporter de meilleures nouvelles et faire entendre à la Reine ce qui lui avoit probablement échappé dans la lettre de lui Cardinal, que du moment où l'approuvé restoit entre ses mains, le nom de S. M. ne paroîtroit effectivement pas. Le Cardinal s'appaisa, parut goûter mes observations et convint que, dans tous les cas, il falloit que je me rendisse le lendemain à Versailles puisque j'étois mandée — il me remit en conséquence le marché, et prit congé pour me ménager, dit-il le tems de commencer ma nuit de bonne heure et d'être prête de bon matin.

En arrivant à Versailles, j'appris de Mlle. Dorvat que la Reine m'avoit attendue jusqu'après minuit, qu'elle avoit marqué beaucoup d'humeur et avoit employé tout le tems à écrire. Quelques heures après, je reçus deux lignes portant. » On ne peut vous recevoir aujourd'hui; restez à Versailles; vous serez avertie de l'heure à laquelle on sera visible » cela étoit bien sec, marquoit bien peu d'empressement; j'en conçus le plus mauvais augure pour le succès de ma mission. Le lendemain je sortis pour faire une visite, en rentrant je trouvai un billet plus laconique encore; il disoit » Ce soir à neuf heures et demie » — Je me rendis, presqu'en tremblant à l'heure indiquée, et j'eus la satisfaction de trouver que mes pressentiments m'avoient trompée. La Reine me reçut avec ses graces, son affabilité ordinaire. Après quelques discours obligeants sur des objets qui m'étoient personnels — » A propos, me dit-elle, ne m'apportez vous rien de la part du Cardinal ? — » j'ai répondis-je, un papier à remettre à votre Majesté dans le cas où elle me le demandera, et à prendre ses ordres sur son contenu. Alors, tirant le marché de ma poche, je pris la liberté de lui exposer la situation où se trouvoit le Prince, les difficultés qu'il avoit eu à vaincre, l'adresse avec laquelle il avoit réussi à amener les jouailliers à ses termes, en ne leur donnant au fond, de sûreté que pour la forme, puisqu'il retenoit entre ses mains l'écrit pour s'assurer que le nom de S. M. ne pourroit jamais paroître, j'entends tout cela dit la Reine; mais je lui avois dit positivement que je ne voulois prendre d'arrangemens qu'avec lui et il m'en propose de directs avec les bijoutiers; or, ainsi que je le lui ai mandé, si j'avois voulu traiter avec eux, je n'avois pas besoin de lui—actuellement me voilà nommée; c'est une imprudence impardonnable; il eut mieux fait de me prévenir que de se charger d'une chose qu'il n'étoit pas en son pouvoir d'exécuter «—« oserois-je représenter à votre Majesté qu'il n'avoit pas prévu cette difficulté; que le zèle seul l'a embarqué dans cette négociation, que sur les premières ouvertures qu'il avoit faites, les bijoutiers avoient paru disposés à prendre avec lui des arrangemens personnels. Mais, lorsqu'il a été question d'en venir à la conclusion, ils lui ont parlé de manière à lui faire entendre trop clairement qu'ils le soupçonnoient de vouloir acheter ces diamants pour en faire de l'argent—croyant alors qu'il rempliroit également les vues de votre Majesté en s'assurant de tout écrit où il seroit nécessaire que votre nom parut ; il vous a nommée pour rétablir leur confiance, et je ne pense pas qu'étant prévenus comme ils le sont que la volonté absolue de votre Majesté est que la chose soit tenue secrette, ils osent en parler à qui que ce soit "—" d'après tout ce que vous me dites, je suis fachée de lui avoir écrit comme je l'ai fait.—Je vous donnerai une lettre pour lui—mais n'y a-t-il pas un peu de mal-adresse dans sa conduite—-puisqu'il ne s'agissoit que d'inspirer de la confiance, n'y avoit-il pas d'autre moyen ? peut être ignore-t-il, mais je vous dis, à vous, que j'ai contracté avec le Roi l'engagement formel de ne rien signer sans le lui communiquer, ainsi la chose est impossible ; voyez entre vous ce qu'on peut faire, ou renonçons à toute idée d'acquisition — il me semble que cet écrit n'étant que pour la forme, que ces gens là ne connoissant pas mon écriture — vous y réflechirez ; mais encore une fois je ne puis le signer. Au reste, de quelque manière que la chose se termine, dites au Cardinal que la première fois que je le verrai je lui communiquerai la nature des arrangemens que je prendrai avec lui.

Tirer pour conséquence de cette conversation que la Reine m'auroit conseillé un faux, paroîtroit un blasphême ; il est possible qu'elle ne se formât pas une idée plus exacte de ce qu'on appelle un faux que je ne me la formois moi-même avant que l'on m'en eut fait sentir les conséquences ; il est possible aussi que la réflexion qu'elle fit sur ce que les jouailliers ne connoissoient pas son écriture, ne voulut pas dire qu'on pouvoit lui en substituer une autre ; car, en y réfléchissant depuis, cela pouvoit signifier toute autre chose ; mais le fait est qu'alors ce fut le sens que j'attachai à ces expressions—je n'ai pas dissimulé en prenant la plume, que j'ai commis beaucoup d'imprudences ; celle-ci est une des plus graves ; je puis à peine invoquer l'ignorance pour ma justification, quoiqu'elle ait été le vrai principe de ma faute ; peu accoutumée à réfléchir, entraînée par le tourbillon, plongée dans cette espèce de délire que répandoit l'esprit d'intrigue sur tout ce qui m'environnoit ; corrompue enfin par le mauvais exemple que j'avois sans cesse sous les yeux, et habituée à traiter trop légérement tout ce qui tient aux devoirs moraux ; je ne vis dans cette action qu'une de ces supercheries ordinaires qu'on se permet dans le monde lorsque l'on sait dans sa conscience qu'au fond on ne peut tromper personne — « qu'importe en effet, me dis-je, que les bijoutiers *voyent* l'écriture de la Reine ou celle de toute autre main, puisqu'il ne s'agit que de la voir un instant, qu'elle ne restera pas entre leurs mains, qu'elle est indifférente à leur sûreté puisqu'ils ont le cautionnement du Cardinal, et que dans le cas où celui-ci ne seroit pas en état de payer exactement aux échéances ; la Reine qui veut tenir la chose secrette, rempliroit nécessairement les engagemens particuliers qu'elle m'assure vouloir prendre avec lui. —" Raisonnant ainsi, et ne raisonnant pas long-temps, selon ma mauvaise habitude ; je décidai que *pour la forme* il falloit *montrer* aux jouailliers quelque chose qu'ils prissent pour l'approuvé de la Reine ; qu'il ne falloit pas consulter le Cardinal sur cet expédient qu'il se croiroit peut-être obligé de rejetter, mais, dont il me sauroit gré d'avoir fait usage lorsqu'il auroit produit son effet, d'ailleurs, me dis-je encore je hazarde d'autant moins de me compromettre qu'au fond si la Reine ne m'a pas précisément suggéré l'idée de signer pour elle, elle m'a laissé le choix des moyens ; elle m'a dit que ces gens-là ne connoissent pas son écriture, et c'est ce qui m'a fait naître l'idée à laquelle je m'en tiens. En retournant toutes ces choses dans ma tête, j'approchois de Paris. Mon parti étoit pris, j'allois en arrivant mettre en marche : approuvé par moi, la Reine ; mais en y réfléchissant je me demandai si dans le cas où la Reine n'eut pas été retenue par sa convention avec le Roi, elle eut signé ainsi, et je ne pus m'en rendre compte, il falloit cependant éviter une bévue qui eut tout gâté. Je me proposai de consulter mon mari qui devoit mieux savoir comment signe la Reine, je m'arrêtai quelque tems à cette seconde idée ; mais j'y renonçai ensuite en me rappellant toutes les difficultés qu'il m'avoit faites lorsqu'il avoit été question de faire représenter la Reine par Mme. de Crussol. Rentrée chez moi dans cet état de perplexité, je me demandois si je ne reconnoissois personne à qui je pusse m'ouvrir, lorsqu'on m'annonça M. Retaux de Villette, je le connoissois particulièrement ; il étoit sur le point d'obtenir par mes sollicitations un emploi militaire; il pouvoit difficilement me refuser un service auquel j'attachois peu d'importance; je l'engageai à dîner, il accepta : après dîné je le pris en particulier. Il connoissoit mes liaisons avec la Reine et avec le Cardinal ; je crois même que je lui avois dit quelque chose de l'effort politique que vouloit faire ce dernier, en procurant sur son crédit à la Reine une parure qu'elle convoitoit depuis long-temps. Je lui contai la tournure que venoit de prendre cette affaire, l'embarras du Cardinal, le mécontentement de la Reine, l'explication que j'avois eu avec S. M. et le sens que j'attachois à ce qu'elle m'avoit dit en observant que les bijoutiers ne connoissoient pas son écriture.

J'en étois à lui communiquer le parti que j'avois pris d'après cette conversation, lorsqu'on m'apporta un billet du Cardinal. Il me marquoit qu'il étoit extrêmement inquiet, que ne pouvant venir lui même, il me prioit en grace de passer à l'hôtel ; je lui répondis que je m'y rendrois avant une heure, qu'en attendant je pouvois l'assurer que tout alloit au mieux.

Le portier parti, nous reprîmes Villette et moi notre conversation. Il me dit que ne doutant pas que la Reine ne se fut servie des expressions que je venois de lui rendre, il lui paroissoit ainsi qu'à moi qu'elle avoit voulu me donner à entendre qu'il importoit peu de quelle main seroit écrit l'approuvé, puisque les jouailliers ne connoissoient pas son écriture ; mais ajouta-t-il, ni la Reine ni vous ne vous doutez du risque que l'on court à contrefaire des écritures. C'est un acte que la loi range au nombre des crimes sous la dénomination de crime de faux, sans doute vous ne me conseilleriez pas de commettre un crime ; mais voici ce que nous pouvons faire. En partant du principe établi par la Reine que ces gens-là ne connoissent pas son écriture, il est également à parier qu'ils ne savent pas comme elle signe. Votre idée de signer seulement ANTOINETTE est un faux tout pur : mais, la métamorphoser de Princesse autrichienne en Princesse Françoise ; dire par exemple ANTOINETTE DE FRANCE, ne signifie absolument rien. S'il s'agissoit d'escroquer le collier, lorsque l'escroquerie viendroit à être découverte, pareille signature en seroit la preuve ; mais puisqu'on ne peut douter que les jouailliers ne soyent payés puisqu'ils auront la sûreté du Cardinal secrétement appuyée de celle de la Reine ; je crois que l'on peut sans trop craindre de se compromettre se prêter à la circonstance ; je m'y prêterai donc de la manière dont je vous l'explique. Premierement je ne contreferai point mon écriture, en second lieu, je donnerai à la Reine le titre inexact *d'Antoinette de France* ; l'écrit étant présenté par le Cardinal, ils ne l'examineront pas et vous me promettrez de le brûler devant moi lorsque les jouailliers seront payés, et que ce sera une affaire finie. Je lui en donnai ma parole d'honneur et il signa l'approuvé conformément à notre convention. Je le quittai sur le champ et me fis conduire chez le Cardinal. J'ai dit avoir eu un instant l'intention de lui remettre le marché approuvé sans lui dire pour le moment comment j'avois arrangé les choses ; mais, en entrant chez lui, comme il me fit un peu attendre, je réfléchis que Villette et moi n'étions pas des juges bien sûrs, que peut-être le cas étoit plus sérieux que nous ne pensions, et que si cela étoit, le Cardinal pourroit être désagréablement compromis ; je me déterminai donc à lui tout conter, mais avant, je voulus m'assurer si, dans le cas où j'aurois voulu attendre pour le lui dire qu'il en eut fait usage, il auroit reconnu la supercherie. Mon premier mot, lorsqu'il parut, fut donc : » enfin, le voilà » il examina l'approuvé, ne remarqua rien et me dit » enfin, le voilà » je me mis à rire et puis je lui racontai tout ce qui s'étoit passé, à-peu-près dans les mêmes termes dont je viens de le rapporter ; alors il examina le papier avec plus d'attention qu'il ne l'avoit fait d'abord — » vous avez raison, Antoinette de France, et Reine de la lune sont même chose ; mais j'y ai été pris et je ne crois pas que ces gens-là ayent l'œil plus subtil, le raisonnement plus présent " " je me rappelle à-peu près ce que vous me dites de la Reine ; je crois avoir entendu dire à elle ou à quelqu'un qui lui appartient que depuis son acquisition de St. Cloud elle a promis au Roi de ne rien signer sans le lui communiquer ; mais pourquoi ne me l'a-t-elle pas rappellé, lorsqu'elle m'a parlé de conventions particulières qu'elle feroit avec moi, ne devois-je pas entendre qu'elles seroient écrites — enfin, vous m'assurez qu'elle est appaisée, voilà l'essentiel, j'espère que le collier fera le reste ; je vais finir sur le champ, peut-être même ne leur montrerai-je pas ce papier. Je les ai vu depuis votre dernier voyage ; leur confiance est affermie, je leur dirai que la cho e est signée, je l'aurai à la main, et leur présenterai en même tems mon engagement personnel. "

Après avoir causé un instant d'autre chose, je quittai le Cardinal. Le lendemain je n'en reçus aucunes nouvelles quoiqu'il eut fini ce jour même (30 Janvier) avec les jouailliers. Le lendemain je reçus de lui deux lettres ; une pour la Reine, l'autre pour moi ; il me pressoit de partir pour Versailles afin de remettre la première le plutôt possible, et il me marquoit à moi que le collier seroit dans la journée chez lui, que le lendemain il auroit le bonheur de le remettre lui-même entre les mains de la Reine. Je pris donc les devants. La Reine étoit un peu indisposée, je ne pus la voir ; elle m'envoya pour le Cardinal un billet dont j'ai égaré la copie, mais portant à-peu-près.

" Trouvez-vous ce soir à neuf heures chez la Comtesse avec la boîte en question, et le costume ordinaire, n'en sortez pas que vous n'ayez reçu de mes nouvelles. "

A l'arrivée du Cardinal, je lui envoyai ce billet ; à huit heures et demie il se rendit chez moi déguisé, et portant sous son bras la boîte qui renfermoit le collier ; il la posa sur une commode, et attendant les nouvelles annoncées par le billet de la Reine, il causa avec moi de diverses choses inutiles à rapporter ; il s'agissoit de ses amours et des sacrifices qu'il faisoit à la politique. A neuf heures et demie, Lesclaux ce même garçon de la chambre que l'on a vu page 68. m'avoit remis un billet de la Reine ; messager affidé de S. M. et employé par elle en quantité d'occasions délicates, ainsi que je le dirai plus amplement. Lesclaux dis-je, homme parfaitement connu du Cardinal, confident nécessaire de toutes les petites irrégularités consignées dans la correspondance, arriva avec un billet de la Reine conçu en ces termes.

Le ministre (le Roi) est actuellement chez moi : j'ignore le tems qu'il y restera ; vous connoissez la personne que j'envoye, remettez-lui la boîte et restez où vous êtes — je ne désespère pas de te voir aujourd'hui. "

Le Cardinal après avoir lu le billet (écrit ainsi que le précédent de la main propre de la Reine qu'il connoissoit de reste) remit *lui-même* au fidel Lesclaux la boîte et le collier tels qu'il les avoit posés lui-même sur la commode. Lesclaux sortit en disant qu'il avoit ordre d'attendre jusqu'à minuit chez Madame de Misery. En effet, à onze heures et demie, il revint avec un autre billet dont je ne me rappelle pas précisément les termes, mais il portoit en substance qu'elle étoit *très contrariée* que *le ministre couchoit chez elle*; elle lui accusoit la *réception de la boîte* et finissoit par lui dire *qu'elle le verroit le lendemain.*

Tous ces faits étant incontestables, comment a-t-on pu dans la suite persuader au Cardinal qu'il devoit dire pour se tirer d'affaire qu'il ne savoit pas ce qu'étoit devenu le collier ? et ce qui est plus étrange encore, ce qui prouve le dessein absolu de me perdre pour le sauver; c'est qu'il ait mis à ma charge la disparition du collier, tandis qu'il ne me l'a jamais confié; que c'est dans les mains d'un domestique affidé de la Reine qu'il l'a remis lui-même; n'étoit-il pas plus naturel, plus juste qu'il en demandât compte à Lesclaux (1); oui, sans doute; mais en mettant Lesclaux en scène, on com-

---

(1) Le Cardinal ayant positivement donné le signalement de Lesclaux lorsqu'on lui demanda à qui il avoit remis le collier; que sa déclaration fit naître des soupçons et former des conjectures. Persuadée comme l'étoit la Reine que le Cardinal n'oseroit ni le reconnoître, encore moins l'accuser; elle l'envoya pour se présenter, prenant pour prétexte que, d'après les bruits qui courroient sur son compte, il désiroit être confronté au Cardinal et à la Comtesse de la Motte. Effectivement on le fit venir en présence du Cardinal, qui dit avoir une idée confuse de l'avoir vu à Versailles; sur quoi Lesclaux répondit qu'étant attaché à la musique de la chapelle il avoit souvent eu occasion de voir son Altesse. Ainsi se passa cette séance. Lorsqu'on me l'amena, je fis mon possible par des signes, de l'engager à parler, mais ses haussemens d'épaules, et ses mouvemens

promettoit la Reine, et il lui étoit défendu ainsi qu'à moi, de dire un mot tendant à compromettre la Reine? voilà le secret d'iniquité. Voilà le funeste collier passé presqu'en un instant des mains des jouailliers dans celles du Cardinal, et de ces dernières, dans celles d'un émissaire connu de la Reine. J'entends mille voix s'écrier *qu'est-il devenu ensuite ?* à cela je pourrois répondre *je n'en sais rien*, demander comme Caïn » si on me l'a donné à garder? — il seroit possible en effet que j'ignorasse absolument ce qu'il est devenu, si quantité de circonstances que je vais rapporter me permettoient de douter de son dépécement presque immédiat et sinon de l'usage qui en a été fait, du moins de celui auquel il étoit destiné ; mais avant de m'expliquer complettement sur ce point, le plus important de tous, il faut reprendre le fil des événements, en suivant comme je l'ai fait jusqu'à présent, l'ordre des tems, et l'enchaînement des choses.

Il me reste à parcourir une période de plus de six mois, c'est-à-dire, du 1er. Février (85) jour de la livraison du collier, au 15 Août suivant, date de la catastrophe. Le 2 Février le Cardinal reçut de la Reine une lettre qu'il me communiqua et dont il ne me fut pas pos-

---

de tête me firent comprendre que cela lui étoit impossible. M. Dupuis de Marcé et Frémin n'ont pas manqué de remarquer nos signes d'intelligences et d'en faire part au Cardinal. Toutes les réponses qu'il fit aux questions du rapporteur se réduisirent à dire qu'il m'avoit vu dans plusieurs maisons à Versailles, particulièrement chez M. Chatelain, bibliothécaire de Madame Sophie.

L'Abbé Lequesle ne manqua pas le lendemain de venir me faire part de cette circonstance ; je lui dis que j'avois fait mon possible pour l'engager à parler ; il me répondit que je ne devois pas m'y attendre, que c'étoit un coup de politique de la Reine pour faire cesser les bruits qui couroient ; que le Cardinal étoit persuadé qu'il ne diroit mot, et que lui-même se seroit bien gardé d'avoir l'air de le reconnoître.

sible de prendre copie ce qui est une grande privation pour le public ; cette lettre surpassois en licence tout ce que j'ai précédemment mis sous les yeux du lecteur. *Le ministre* (le Roi) y étoit traité avec une indécence qui n'a peut-être jamais été égalée entre particuliers obscurs, tourmentés de querelles domestiques. S. M. commençoit par se plaindre amérement de la fatigue de l'ennui attaché aux cérémonies du jour qui l'avoient privée du plaisir de recevoir son cher esclave. Elle parloit ensuite de la nuit désagréable qu'elle avoit passée avec le Roi. Toutes ses expressions étoient celles du mépris et du dégoût ; elle faisoit surtout allusion au vice de la boisson et à l'état où il réduit ceux qui s'y livrent : elle l'invitoit à gémir sur son sort qui la condamnoit à se livrer à la brutalité passagère d'un tel homme, n'ayant d'autre moyen de lui faire faire tout ce qu'elle vouloit qu'il fit, etc. etc. la lettre étoit très longue, très curieuse. Elle n'assignoit point de rendez-vous, et il n'y étoit fait que très légérement mention du *bijou* qu'on avoit *admiré* ; mais ce peu de mots suffirent dans le tems au Cardinal qui, en les lisant, me dit : *le vaisseau est arrivé à bon port.* Preuve qu'il comprit que la Reine lui accusoit la réception du collier ; c'est ce qu'il a voulu oublier depuis.

Trois ou quatre jours après, c'est-à-dire le 5 ou le 6, je fus chez la Reine avec le Cardinal ; mais je ne fus témoin ni de la conversation qu'ils eurent ensemble ni de ce qui se passa entre eux ; tout ce que je sais c'est qu'ils étoient seuls, que j'entendis plus de soupirs que de paroles, et que je conclus qu'ils étoient de la meilleure intelligence.

Trois ou quatre semaines s'écoulerent ensuite sans qu'il survint rien de remarquable. Lettres sans nombre et sans fin ; rendez-vous manqués, renouvellés, contrariés ; heureux, sur-tout force courses pour moi de Paris à Versailles, de Versailles à Paris, à Trianon, etc. etc.

Ce fut à peu près vers ce tems que la Reine écrivit au Cardinal que quelqu'un lui avoit assuré que le collier étoit trop cher de 200 mille livres au moins ; et que, si les jouailliers se refusoient à cette diminution, elle étoit décidée à leur rendre leur parure. Le Cardinal s'emporta, à son ordinaire, se répandit en propos injurieux, maudit

maudit le sexe en général ; cependant que faire, il falloit être premier ministre ; on ne s'étoit pas imposé tant de contrainte, on ne s'étoit pas donné tant de mouvemens pour abandonner la partie ; il manda Bohëmer et Basanges et leur communiqua la lettre de la Reine ; elle leur parut très extraordinaire ; il arrive rarement en effet qu'un marché conclu, signé, marchandise livrée ; l'acheteur demande une diminution du prix convenu ; pour se permettre pareilles irrégularités il faut porter une couronne : mais c'étoit précisément le cas ; d'une part la crainte de déplaire ; de l'autre celle de reprendre sur leurs bras un fardeau qui leur pesoit depuis longtems, détermina les jouailliers après beaucoup de représentations, à accepter la proposition.

Voilà encore une circonstance que l'on a eu l'ineptie de mettre à ma charge en publiant que c'étoit une manœuvre de ma part ! au nom du sens-commun en quoi a pu consister cette finesse ? à quoi pouvoit-elle conduire ? quel bien pouvoit-il m'en revenir ! on a vu que lorsqu'il a éte question pour la premiere fois de l'acquisition du collier, soupçonnant le Cardinal de vouloir le convertir en argent, et craignant de me trouver compromise en cas plus que possible de défaut de payement, toute dévouée que j'étois au Cardinal, je me suis crue obligé de voir Bohëmer, de le prévenir, de l'engager à bien prendre ses précautions ; on a vu ce qui a pensé resulter de ma démarche, enfin l'on n'a pas oublié qu'il s'en étoit peu fallu que la négociation ne fut rompue ; de sorte qu'en supposant, comme on a eu l'audace de le faire que dès les premiers momens où j'avois vu le collier, j'en avois médité le vol ; il est évident qu'en cette premiere occasion je faisois tout ce qu'il étoit possible de faire pour empêcher qu'il tombât jamais entre mes mains ; puisqu'il ne pouvoit-y passer que par celles du Cardinal. Je me flatte d'avoir suffisamment démontré l'absurdité de cette premiere calomnie. La seconde est plus absurde encore s'il est possible. Quoi, l'on veut que ce soit par finesse que je produise au Cardinal une lettre de la Reine tendante à demander une diminution sur une somme qui, dans l'hypothese de mes infâmes détracteurs, ne doit jamais être payée. Sans revenir sur l'observation que j'ai déja faite au sujet des lettres supposées et fausses, (1) telle que celle que j'aurois fabriquée pour jouer ce grand tour de finesse ; je me bornerai à un raisonnement bien simple. Le collier étoit sorti de mains du Cardinal. Ou le nommé Lesclaux étoit un fripon aposté par moi pour l'escamoter, ou il étoit un domestique fidel qui l'avoit remis à la Reine le soir même. Dans ce dernier cas, de quel front ose-t-on m'en demander compte ? dans le premier, Lesclaux m'avoit rendu le collier ainsi escamoté, il étoit en ma possession, mes vues étoient remplies, ma cupidité étoit satisfaite ; le Cardinal étoit garant, il avoit pris des arrangemens particuliers, il en avoit avec la Reine ; que m'importoit que la Reine ou lui payassent 16 cent ou 14 cent mille livres ? Que m'importoit même qu'ils ne payassent soit ni l'un ni l'autre soit l'une ou l'autre de ces sommes, car si j'ai agi en scélérate, j'ai dû penser en scélérate et peu m'inquieter que les jouailliers fussent ruinés ou non — d'ailleurs, en vérité je me flatte que le lecteur partage mon indignation et le frémissement que j'éprouve : d'ailleurs, dis-je, en me supposant capable d'avoir conçu, exécuté le projet de ce vol hardi ; du moment que le coup étoit fait, que je regorgeois de diamans dépécés, tombe-t-il

---

(1) C'est une étrange extrémité que celle à laquelle s'est trouvée réduite la famille du Cardinal, lorsque l'avocat Target lui a déclaré, *en pleine assemblée*, qu'elle n'avoit d'autre moyen de sauver le Prince que celui de tout nier, jusqu'à la moindre connoissance de l'écriture de la Reine ; mais, comme l'ont uniformément observé toutes les personnes sensées qui ont examiné l'affaire d'un œil impartial ; à qui persuadera-t-on qu'un homme de cour, qui connoit la Reine dès son adolescence ; qui l'a vue familierement lorsqu'elle étoit encore Archiduchesse ; quand même il ne l'auroit pas vue plus familierement encore depuis qu'elle est Reine, en sa seule qualité de grand Aumonier n'ait pas reçu des ordres de sa main ; n'ait pas vu cent fois de son écriture dans celles de vingt personnes de la cour qu'il voyoit et qui étoient dans le cas d'en recevoir.

sous le sens que j'aye eu la folie de m'exposer moi-même à une restitution forcée ; car la lettre que j'avois eu l'incomparable *adresse* de forger, portoit qu'à moins que les bijoutiers ne consentissent à cette diminution, leur parure leur seroit rendue ? (1) Que le ciel soit béni de ce que dans sa bonté, dans sa sagesse immuable, il commence toujours par frapper d'aveuglement ceux qu'il veut perdre, les méchants qui l'ont forcé à les abandonner à la fatalité de leur sort. Les deux seules imputations calomnieuses que je viens de relever sont tellement frappées au coin de la démence, décélent si manifestement l'aveuglement de la malignité aux abois, que n'eusse-je d'autres preuves à donner de la folie et de l'impuissance des moyens de mes adversaires, je me croirois dispensée d'en donner de mon innocence ; mais je les ai en surabondance ; quelques puissantes que soyent celles que je tire du raisonnement, je fais encore plus de fond sur les faits. Marchons donc aux faits, que l'attention redouble.

Le second arrangement étoit fait ; les bijoutiers avoient consenti à la diminution de 200 mille livres demandés par la Reine ; le collier étoit à elle ; elle pouvoit en faire tout ce qu'elle jugeoit à propos ; et je ne tardai pas à voir vérifier le soupçon que j'avois formé, que S. M. le dé-

---

(1) Je crains tellement les lecteurs superficiels, que je dois demander pardon aux autres de l'impatience que je leur cause en leur suggérant des réflexions qui ne leur échaperoient pas : en voici une d'une nature bien décisive et qui se rapporte encore à l'allégation insensée que j'ai déja combattue victorieusement je crois. S'il est de toute improbabilité que j'aie eu la bêtise de forger une lettre qui eut pu me forcer à restituer mon vol ; cette lettre a cependant été écrite, puisqu'il en est fait mention au procès par le conseil même du Cardinal. Si elle n'a pu être écrite par moi, elle n'a pu l'être que par la Reine, que le prix du collier concernoit seule. Si elle étoit de la main de la Reine, le Cardinal a donc, en cette occasion du moins, vu l'écriture de S. M. il a donc pu la comparer avec cent autres lettres qui avoient passé par mes mains.

natureroit de maniere ou d'autre pour donner le change au Roi; idée que l'on a vu lui avoir été suggérée par le Cardinal même. De ce moment à celui qui a le plus contribué à faire mettre sur mon compte le vol de cette malheureuse parure, il s'éleva des nuages qui m'allarmerent sensiblement; les rendez-vous devenoient rares, le Reine étoit sombre, son humeur devenoit inégale, et j'avois personnellement beaucoup à souffrir de cette inégalité; je voyois qu'elle cherchoit sans s'expliquer, à me punir de la part que j'avois prise à son rapprochement du Cardinal qui me paroissoit de jour en jour lui devenir plus insupportable; elle ne me parloit plus de lui. C'est sans doute pour expier ces petites cruautés en attendant qu'elle se débarassât de moi (car je ne puis douter qu'elle n'en eut déja formé le projet en reprenant celui de perdre le Cardinal) c'est probablement dis-je dans l'une et l'autre de ces vues qu'un jour qu'elle m'avoit accueillie avec ses belles mines, elle me dit en me présentant une boîte: « Tenez, il y a longtems que je ne vous ai rien donné; prenez cette boîte, et ne dites point au Cardinal que je vous ai fait ce cadeau: ne lui dites-mêmes pas que vous m'avez vue, *entendez-vous*? ne lui parlez pas de moi. »

J'ai certainement de grands torts avec la Reine; j'ai déja avoué que dans l'affaire de la Demoiselle Oliva, j'avois révélé son secret au Cardinal; la même partialité me fit commettre en cette seconde occasion la même indiscrétion; après avoir examiné le contenu de la boîte, sans être en état d'en apprécier à beaucoup près la valeur, je n'eus rien de plus pressé que de voler chez le Prince, et de lui montrer combien j'étois riche, lui contant tout ce qui s'étoit passé à Versailles, et le conjurant de garder le secret. Après avoir examiné assez en gros les diamans qu'il répandit sur sa table; il me dit « cela me paroit considérable, que comptez vous en faire? » je répondis que mon intention étoit de vendre la plus grande partie et de faire monter le reste pour mon usage; il les examina encore et finit par me proposer de les lui laisser jusqu'au lendemain, ce que je fis sans hésiter et ce qu'il est infiniment heureux pour moi que j'ai fait, puisqu'en forçant le Cardinal à avouer qu'il me les avoit renvoyés, j'ai fourni la preuve incontestable que je les lui avois montrés au moment même où je les avois reçus, que par conséquent je ne les avois pas volés. (1) Je le quittai donc en laissant mes pierres éparses sur la table, il me dit en me reconduisant qu'il les peseroit et m'en diroit à-peu-près la valeur. En effet, le lendemain son suisse me les rapporta dans un paquet soigneusement ficelé et cacheté, contenant de plus un billet portant. « Je vous verrai demain avant de partir pour Versailles, et je vous parlerai plus confidemment sur l'objet que je vous renvoye : je vous engage à vous en défaire au plus vîte. »

Mon mari ne savoit rien encore de ce qu'alors j'appellois ma bonne fortune — ah Dieu ! — avant de lui en rien dire, je mis à part l'entourage du bouton et les pierres qui composoient en partie les glands ; je me proposois de les vendre secrettement pour acheter de leur produit différentes choses que je désirois.

Lorsque je lui montrai le reste, il me dit que ces pierres lui paroissoient avoir appartenu au collier, et qu'avant de chercher a en disposer il falloit consulter le Cardinal, qu'il y auroit probablement des précautions à prendre afin que ces diamans, par la circulation rapide du commerce, ne tombassent pas dans les mains de Bohëmer et de Basanges. Comme nous en parlions le Cardinal arriva, mais il étoit pressé, il ne prit que le tems de me dire qu'il me verroit à son retour de Versailles,

---

(1) J'ai souvent tiré des aveux du Cardinal en lui faisant entendre que j'allois le confondre par ses propres écrits. Comme il se rappelloit de la lettre qu'il m'avoit écrite en me renvoyant par son suisse les diamans que je lui avois laissés, et croyant que je la tenois dans ma main pour la produire, il préféra dire la vérité pour éviter sa présentation. Après avoir balbutié quelque tems il dit qu'il se rappelloit en effet que revenant un jour de Versailles je lui avois montré des diamans que je disois avoir reçu de la Reine, et qu'il me les avoit renvoyés le lendemain par son suisse. Toutes ces contrariétés prouvent combien le Cardinal étoit embarrassé d'après les conseils qu'on lui avoit donnés de ne jamais prononcer le nom de la Reine, Je me trouvois souvent dans le même embarras que lui.

et qu'en attendant il me conseilloit de ne montrer mes pierres à personne.

A son retour, il descendit chez moi, me dit qu'il avoit vu la Reine qui ne lui avoit pas fait la moindre mention du collier ; qu'il ne concevoit pas ce silence ; qu'ayant examiné les diamans qu'il m'avoit renvoyés, il avoit reconnu la plupart des pierres marquantes de cette parure ; qu'il ne trouvoit point extraordinaire que la Reine y voulut faire quelques changemens, mais qu'il l'étoit infiniment qu'elle ne lui en eut pas dit un mot ; qu'il seroit au désespoir si les jouailliers venoient à apprendre que leur parure a été ainsi dénaturée — C'est ce qui ne manqueroit pas d'arriver promptement, ajouta-t-il, si vous cherchiez à vous défaire dans Paris de ces pierres irrégulieres. Croyez que la Reine n'a pas la moindre idée de la valeur du présent qu'elle vous a fait, parce que ces pierres plates et ovales n'entroient pas dans le dessein de la parure qu'elle désire, elle les a regardées comme des bagatelles, mais je vous assure que vous en avez pour plus de cent mille écus, dont vous ne pouvez vous défaire trop tôt ni trop secrettement.

Ayant rendu cette conversation à mon mari, il approuva l'avis du Cardinal, conforme à ce qu'il avoit prévu : il vit en conséquence le même jour un Juif nommé Franque qui moyennant certaines conventions se chargea de faire le voyage d'Amsterdam ; mais les troubles qui s'y étoient élevés alors ayant rendu l'opération impraticable, le Juif revint sans avoir rien fait ; ce fut alors que mon mari se détermina à passer en Angleterre. Le Chevalier Oneil, Capitaine de Grenadiers et Chevalier de St. Louis lui ayant proposé de l'accompagner, ils partirent le 12 Avril 1785.

Je rendrai le compte le plus complet et le plus exact des diverses opérations que M. de la Motte fit à Londres lors de ce premier voyage ; mais des événemens plus importans réclament la préférence sur ces détails que je renvoie à la fin de mes mémoires.

Depuis le premier Février jusqu'à l'époque du 12 Avril où je suis actuellement arrivée, j'ai déjà observé que la mésintelligence avoit fait des progrès rapides, les rendez-vous devenoient de plus rares en plus rares, les entrevues se passoient en altercations, le Cardinal avoit presque perdu de vue le collier ; il lui arrivoit seulement quelquefois de me dire : » Il est bien singulier qu'elle ne fasse rien de ses diamans, on ne voit rien paroître — lui avez vous vu quelque parure nouvelle? A tout cela je répondois non, parce que c'étoit la vérité; mais il m'en parloit rarement: deux griefs bien plus sérieux lui tenoient à cœur. Premierement il soupçonnoit la Reine (et je crois qu'il n'avoit pas tort) de l'avoir desservi auprès de l'Empereur dont il ne recevoit plus de nouvelles : en second lieu il lui reprochoit de l'avoir amusé, de laisser traîner en longueur *des conventions positives faites avec elle*. Il n'en disoit pas la nature, mais je concevois de reste qu'il s'agissoit du ministere promis : il s'étoit mis d'ailleurs dans la tête qu'il falloit que la Reine le reçut ouvertement. Comme elle y étoit moins disposée que jamais, car à cette époque on avoit réveillé en elle toutes ses anciennes préventions, ne voilà-t-il pas que l'infortuné maniaque se mit dans la tête de la forcer à lui tenir promptement parole ; on ne devineroit jamais comment. — On lui faisoit éprouver les rigueurs de l'absence ! Il me fit part un beau jour de son rêve, en me disant bien sérieusement que *cette femme* avoit besoin de lui, qu'elle ne pouvoit se passer de lui, que l'unique moyen de la forcer à lui donner *de la consistance* et à le faire reconnoître pour *son favori*, étoit de s'éloigner quelque temps et de jouer le mécontent —— Il me fit frémir.

Je ne chercherai point à me faire un mérite des représentations que je lui fis ; hélas ! en aucun temps il n'y a déféré —— on ne vit jamais aveuglement pareil. Je lui dis positivement que je croyois voir au moment où il me parloit, un frénétique sur le bord d'un précipice, passant un bandeau sur ses yeux avant de s'élancer; je versai même des larmes. Il ne tint compte de rien. Dix ou douze jours après le départ de mon mari, il partit lui-même pour Saverne, très-persuadé qu'il ne tarderoit pas à être rappellé. J'étois d'autant plus affectée qu'il m'avoit confié une conversation qu'il avoit eue quelques jours auparavant avec la Reine, et qui me paroissoit n'avoir pu que déplaire infiniment à S. M. Il avoit encore été question d'une somme d'argent qu'il n'avoit pu lui procurer. Sur quelque chose d'un peu sec que lui avoit dit la Reine, il lui avoit répondu (selon ce qu'il m'a rapporté !) » Madame, vous connoissez l'état de mes affaires; depuis la banqueroute de Mme. de Guéménée j'ai beaucoup de peine à trouver du crédit, si j'étois dans une position différente, ce qui dépend de vous, je trouverois des moyens, des ressources que je n'ai pas, et tout seroit à vos ordres. Sans élévation je ne puis rien, la preuve en est qu'avec tous les efforts de mon zèle je n'ai pu trouver la somme que vous désirez. Depuis cette conversation il n'avoit pas revu la Reine lorsqu'il partit vers la fin d'avril. Entre cette époque et celle du 22 Mai où la Reine m'expédia à Saverne pour lui remettre un paquet, dont je parlerai, je continuai de faire ma cour à S. M. qui ne me parloit jamais de lui que pour en dire des choses désagréables. Je voyois clairement qu'il se mêloit beaucoup de jalousie à mille autres causes qui aigrissoient son humeur; que les rapports continuels qui lui revenoient des intrigues du Cardinal, de ses indiscrétions, des imprudences impardonnables auxquelles il s'étoit livré en parlant de S M. à des seigneurs qu'il croyoit ses amis, l'avoient *exaspérée* à un point qui ne permettoit plus d'espérer le retour de ses bonnes graces.

Les choses étoient en cet état lorsque le 22 Mai, ainsi que je l'ai déja dit, la Reine m'ordonna de partir pour Saverne et de remettre moi même entre les mains du Cardinal un paquet qu'elle me confia en me chargeant d'en avoir le plus grand soin. Je partis le jour même. On conçoit que j'eusse donné tout au monde pour connoître le contenu de ce paquet, mais il étoit enveloppé d'un cordonnet de soye cacheté en tout sens, de maniere qu'il n'étoit pas possible de satisfaire ma curiosité à moins de me déterminer à en faire l'aveu, ce qui étoit trop délicat. J'espérai que le Cardinal me mettroit dans le secret, il n'en fit rien, de sorte que je n'ai jamais su au juste ce que contenoit cet envoi mystérieux; mais à l'abattement du Cardinal je ne conçus que trop que ma mission étoit fâcheuse, et que le paquet étoit l'avant-coureur d'une disgrace confirmée. Il ne me fit que des plaintes vagues, m'annonça qu'il partiroit le lendemain pour Paris, sans me dire s'il étoit mandé, ou si c'étoit un parti qu'il prenoit de lui-même pour tâcher de détourner le coup qui le menaçoit. Quoi qu'il en soit, ou qu'il en ait pu être, il revint à Paris, écrivit à Versailles, mais n'y fut point mandé. Le parti de la Reine étoit invariablement pris; cette derniere extravagance l'avoit révoltée, et les ennemis du Cardinal, ainsi que je le lui avois prédit, avoient profité de son absence pour démontrer à S. M. le danger d'une liaison *quelconque* avec un homme qui, *au moral et au physique* étoit perdu. Je sousligne ces dernieres expressions parce qu'elles sont celles dont se servit dans le tems la Demoiselle Dorvat en me parlant du Cardinal. Sans doute elle les tenoit de bonne source; cependant il ne se rebutoit pas d'écrire. La Reine qui ne vouloit pas encore éclater, ou qui plus probablement n'étoit pas encore montée à ce point de ressentiment que le Baron de Breteuil s'appliquoit à irriter en elle, et qu'il porta enfin au dernier période; la Reine, dis-je, condescendoit quelquefois à lui écrire quelques lignes de réponse. Je n'ai eu que deux occasions d'en prendre copie; ce sont deux billets, l'un du 6 Juillet, l'autre du 19 du même mois. Quoique le premier ne se rapporte pas précisément à la période de tems qui fixe en ce moment mon attention; comme il n'a rien qui caractérise un évènement particulier, et ne peut qu'indiquer vaguement les dispositions et les réserves de la Reine à l'époque si immédiatement liée à celle de la catastrophe, je le plaçerai ici. On y démêlera un peu de dissimulation, pour ne pas dire fausseté, mais on n'a pas perdu de vue les lettres où S. M. s'accuse elle-même de ce petit défaut, qui percera plus sensiblement encore dans le No. XXXI. ce dernier de la correspondance lorsque comparant les dates, on verra combien celle du 19 Juillet se rapproche du 15 Août.

Je viens de parler du Baron de Breteuil; c'est actuellement lui qui va jouer, *derriere la toile*, le rôle principal du drame horrible. Je ne répéterai pas ce que j'ai déja observé, que ce dispensateur des lettres de-cachet, ce porte foudre du despotisme, étoit l'ennemi mortel du Cardinal; je crois même avoir indiqué la source de cette inimitié implacable. Comme chef suprême de la haute police, on conçoit qu'à l'aide de cinquante mille espions à sa solde, peu de choses lui sont cachées; il y avoit longtems qu'il étoit instruit de la négociation du collier, et qu'il avoit conçu l'espoir d'en tirer parti pour consommer la perte du Cardinal; en conséquence, attentif à tout ce qui se passoit il avoit mandé plusieurs fois les jouailliers qui en avoient chaque fois donné avis au Cardinal. Celui-ci chaque fois leur avoit recommandé le secret, et leur avoit même conseillé de dire que *le collier étoit parti pour le pays étranger.* Le ministre attendoit avec impatience l'échéance du premier payement, dans l'espoir de faire éclater les bijoutiers, s'il venoit à manquer ainsi qu'il se le promettoit. Le Cardinal de son côté dénué de moyens attendoit avec anxiété que la Reine remplit à son égard ce qu'elle appelloit ses *engagemens particuliers ;* lorsque le 19 Juillet il en reçut la lettre que j'ai annoncée pour la derniere de la correspondance. Elle est côtée No. XXXI. Il suffit d'en parcourir le premier alinea pour concevoir l'embarras du Cardinal; mais je le rendrai plus sensible encore et j'ajouterai un moyen de plus à la multitude de ceux qui concourent à ma justification en transcrivant ici un *memento* du Cardinal, produit au procès et que S. E. a reconnu avoir été écrit par son valet-de-chambre sous sa dictée.

Voici comment il est conçu; sa date du 22 au 25 Juillet.

» Envoyez chercher pour la seconde fois B. (Bohëmer ou Basanges) crois que c'est pour lui parler encore de ce qui a été dit la premiere fois sur le secret en question; s'il est envoyé chercher par le ministre (Breteuil) qu'il dise que l'objet en question est envoyé en pays étranger.

Ces expressions confuses que le Cardinal faisoit jetter sur le papier pour secourir au besoin sa mémoire ne prouvent elles pas évidemment qu'instruit des démarches du Baron de Breteuil il ne s'occupoit que des moyens de mettre le secret de la Reine à couvert? Il étoit donc persuadé que la Reine avoit le collier? que de quelque maniere qu'il lui eut plu d'en disposer, elle étoit obligée à le payer. D'ailleurs ce payement de 30 mille livres que S. M faisoit à compte des intérêts, annonçoit de sa part l'intention de faire honneur à ses arrangemens particuliers, de sorte que, toutes réflexions faites, le Cardinal se tranquillisa et entrevit encore un instant la route de ce qu'il appelloit *l'élévation.* Les jouailliers, après quelques représentations, refuserent d'accepter les 30 mille livres sur les intérêts, mais les reçurent à compte sur le principal et en fournirent leur reconnoissance portant qu'ils avoient reçu de S. M. la Reine. (1).

Le Baron de Breteuil instruit de ce dernier arrangement remua ciel et terre pour donner des inquiétudes aux bijoutiers et avant de savoir de la Reine si elle avoit autorisé ou non le Cardinal à traiter avec eux, il prit hardiment sur lui de déclarer que le fait étoit faux, que le Cardinal les jouoit, ajoutant qu'ils n'avoient de parti à prendre que celui de rendre plainte et de présenter un mémoire à S. M. Les bijoutiers intimidés, rendirent alors au ministre un compte exact de tout ce qui s'étoit passé ; comme dans le nombre des circonstances celle de la signature *Antoinette de France* étoit la plus frappante, M. de Breteuil la saisit avec avidité et affectant le zèle d'un sujet indigné, il demanda à la Reine un entretien particulier dans lequel il lui exposa avec chaleur tout ce qu'il venoit de découvrir.

Il ne faut que le sens le plus ordinaire pour concevoir que la Reine ainsi surprise ne jugea pas à propos de faire ses confidences au ministre ; il étoit moins dangéreux d'affecter la surprise et l'indignation ; et le collier une fois nié, sera nié dans l'éternité, il n'étoit pas possible de revenir sur ses pas ; point d'alternative entre se compromettre ou sacrifier deux infortunés. M. de Breteuil transporté de joie mande de nouveaux les jouailliers, et sans leur dire que la Reine s'est expliquée, les presse de présenter un mémoire à S. M. qui, à la lecture de la première ligne s'écrie. " Que veuillent dire ces gens-là. Je crois qu'ils perdent la tête. „

Il est à observer que la présentation du mémoire ne suivit pas d'aussi près la conversation du ministre avec

---

(1) Voici une troisième *finesse* du genre de celles dont j'ai déjà eu occasion de parler ; on a dit au procès que ces 30 mille livres avoient été fournis par moi même ! Je n'ai encore pu concevoir ce que je pouvois gagner à me désaisir de 30 mille livres ; mes détracteurs n'ont jamais pu l'expliquer, ainsi je le laisse à deviner.

la Reine que ces deux faits paroîtroient l'être par ma manière de les rapprocher. Il s'étoit écoulé entre les deux époques dont la dernière est le 2 Août un espace de tems dont il faut rendre compte.

Mon mari étoit de retour de Londres : j'ai dit que je parlerois de ce voyage à la fin de mes mémoires. Vers la fin de Juillet, probablement dès le lendemain de la démarche que le Baron de Breteuil avoit faite auprès de la Reine, on me dit que ma maison étoit entourée d'espions. Le Cardinal à qui j'en parlai me répondit qu'il étoit persuadé que la sienne l'étoit de même ; qu'il ne pouvoit concevoir ce que cela signifioit. » En ce cas, lui dis-je, j'en parlerai à la Reine. » Je me rendis exprès à Versailles, je fis part de ce qui se passoit à S. M. qui me répondit en termes très-vagues et affecta de parler d'autre chose. Dans le cours de la conversation elle me demanda si dans la saison où nous étions, je n'étois pas dans l'usage d'aller tous les ans à la campagne ? Quoiqu'un peu étourdie d'une pareille question ; je répondis que je n'avois d'autre désir que celui de passer auprès de S. M. tous les momens qu'elle daignoit me donner ; que je ne m'absenterois jamais qu'autant que j'en recevrois l'ordre exprès de sa part. Je me retirai dans un état d'agitation violente : je sentois que mon sort étoit attaché à celui du Cardinal, c'étoit m'en former une idée bien triste. Je me rendis tout droit chez celui que je regardois déjà comme la cause et le compagnon de mon infortune ; je lui fis part de ce qui venoit de se passer ; il parla peu, me parut sombre, rêveur, et plus affecté qu'à l'ordinaire.

Le lendemain après avoir vu les jouailliers, qui s'entendoient évidemment avec le Baron de Breteuil, il revint furieux contre la Reine ; jamais il ne s'étoit servi contre elle d'expressions si peu mésurées ; c'est en vérité beaucoup dire. Il n'y avoit pas de danger à s'abandonner ainsi en ma présence, mais je vis avec le dernier effroi qu'il avoit été encore plus loin dans l'entretien qu'il avoit eu avec les jouailliers ; qu'il leur avoit fait les confidences les plus délicates, tracé les tableaux les plus indécens ; qu'en un mot il avoit parlé de la Reine comme on ne parle pas des créatures avec lesquelles il a plu à S. M. de me faire vivre pour récompenser ma fidélité

Tout étoit dans une fermentation qui ne se décrit pas ; je voyois la perte du Cardinal comme absolument inévitable et je m'attendois à m'y voir enveloppée lorsque je reçus de la part de la Reine une petite boîte contenant trois billets de caisse de mille livres chacun et cent louis en or, avec un billet de la main de S. M. (brulé à Bar-sur-Aube avec cent autres) portant que par des raisons particulières qu'elle me communiqueroit en tems et lieu, elle désiroit que je partisse pour la campagne me promettant de me donner de ses nouvelles et m'assurant de ses bontés.

Le Cardinal à qui malheureusement j'avois contracté de tout tems l'habitude de communiquer tout, lut dans ce billet l'arrêt de sa chûte immédiate, se hâta de consulter Cagliostro et reçut de cet empyrique les funestes conseils qui l'ont perdus ainsi que moi. Voici à quoi ils montoient, en somme. Premièrement à empêcher que le Cardinal entrât en arrangemens personnels avec les bijoutiers qui s'en fussent contentés ; en lui disant que la Reine n'oseroit jamais ouvrir la bouche sur cette affaire qu'elle seroit obligée d'étouffer. En second lieu, à lui suggérer l'idée de m'effrayer et de me faire disparoître ; afin que dans le cas où la Reine nieroit la réception du collier, il put m'en imputer le vol, et en donner pour preuve ma fuite en pays étranger ; tels étoient les conseils de l'homme méchant, telle fut la résolution de l'homme foible.

En conséquence le même jour à dix heures du soir le Cardinal passa chez moi, prétendant avoir fait des découvertes importantes et cherchant à me persuader que la Reine avoit formé contre lui et moi le plus noir des complots. Quoique le billet et le présent que je venois de recevoir de S. M. ne me parussent pas être des indices d'une noirceur préméditée contre moi, prise ainsi à l'improviste, n'ayant pas le tems de réfléchir et accoutumée comme je l'étois à déférer aux avis et aux volontés du Cardinal, je parus un peu ébranlée. Il saisit ce moment pour m'entraîner en me disant que j'étois perdue si je ne prenois pas le parti de me refugier dans son hôtel avec mon mari et ma femme de chambre, fille affidée qui fréquemment avoit été témoin à Versailles des rendez-vous que lui et moi avions avec la

Reine. — Je suivis aveuglément ce perfide conseil émané de Cagliostro, et laissant des instructions pour mon mari, nous prîmes lui, moi et ma femme de chambre le chemin de son hôtel où nous nous rendîmes par des rues détournées.

Lorsque M. de la Motte rentra, mon portier lui remit le billet que j'avois laissé pour lui ; je lui disois simplement qu'à sa réception il falloit qu'il se rendit sur le boulevard, où il trouveroit M. de Carbonnieres qui le conduiroit où j'étois : ne concevant pas ce qui avoit pu m'arriver, car il ignoroit que tout fût en combustion, il se rendit machinalement à l'endroit indiqué, où il trouva effectivement M. de Carbonnieres accompagné de deux heyducs armés jusqu'aux dents. On le conduisit mystérieusement à l'hôtel. Quelques questions qu'il ait pu faire pendant le trajet, il n'obtint d'autre réponse sinon que le Cardinal lui expliqueroit tout. Arrivé enfin dans les cours, le Cardinal s'écria : " Ah ! Dieu soit loué, il n'y a plus rien à craindre. " Il monta et comme il se précipitoit vers moi pour me demander ce qui étoit arrivé, le Cardinal lui dit : — " Tout cela vous surprend, parce que vous ignorez tout ; mais n'ayez aucune inquiétude vous voilà en sureté, je défie actuellement la Reine ; je me — d'elle et de toute sa clique ; nous verrons la tournure que les choses prendront. Il est tard, couchez-vous je vous verrai demain de bonne heure et nous causerons. " Il se retira, ferma toutes les portes et emporta les clefs.

Mon mari avoit l'air d'un homme qui sort d'un rêve fâcheux ; lorsque je lui eus expliqué comment les choses s'étoient passées, il me fit les plus vifs reproches de m'être prêtée à une pareille extravagance. " En supposant, dit-il, que ce ne soit qu'une folie ; mais à l'air de satisfaction que je vois au Cardinal de nous avoir en sa possession je le soupçonne de quelque chose de pis ; cet ambitieux effréné peut nous jouer quelque mauvais tour : il faut, à quelque prix que ce soit, sitôt qu'il fera jour, sortir de cette espèce de prison. » Après avoir passé la nuit à faire des conjectures nous eûmes la satisfaction de voir arriver le Cardinal à sept heures du matin. — Il étoit tems, nous dit-il en entrant, vous étiez enlevés dans la nuit si vous ne vous fussiez réfugiés chez moi. Je crois qu'on soupçonne que vous êtes ici; nous verrons la nuit prochaine à prendre les précautions nécessaires pour vous faire partir pour *Couvrai*. Votre maison et la mienne ont été entourées toute la nuit; mais il n'y a rien à craindre ici.

M. de la Motte le soupçonnoit toujours de quelque mauvais dessein suggéré par Cagliostro, et déterminé à ne pas attendre la nuit, lui dit avec fermeté : je ne comprends rien, Monseigneur, à tout ce que vous dites : n'ayant aucune part à vos intrigues avec la Reine, ne pouvant y être compromis en rien et n'ayant rien à me reprocher, je n'ai rien à craindre. Vous permettrez donc que je retourne à l'instant même chez moi, où me trouvant à la veille de partir pour la campagne j'ai des ouvriers qui emballent mes effets, et des gens que mon absence doit inquiéter. Mon mari faisoit effectivement emballer des meubles pour Bar-sur-Aube et les voitures devoient partir le lendemain; ce qui n'annonçoit pas beaucoup d'inquiétude sur sa position, puisque nous devions suivre d'autant plus près que je devois me conformer aux ordres de la Reine, et m'absenter à ce que je croyois pour quelque tems.

Le Cardinal déconcerté par la fermeté de cette réponse fit l'impossible pour ramener mon mari à ses vues; mais le trouvant inébranlable, il lui dit : " Puisque vous voulez vous perdre je m'en lave les mains; mais attendez du moins le retour de mon courrier qui m'apportera des nouvelles de Versailles. " Il insista si fort sur ce point que M. de la Motte se rendit; à condition qu'il écriroit quelques mots à son portier pour rassurer ses gens.

Les nouvelles arriverent, et voici le compte que le Cardinal nous en rendit adressant la parole à mon mari. » Hé bien, vos projets sont contrariés; je suis actuellement certain qu'on vous cherche partout et que vous serez arrêté si vous sortez. Voici le parti qu'il faut absolument que vous preniez. Je vais vous faire conduire à *Couvrai*; vous trouverez là une voiture qui vous menera à Méaux. Le maître de poste auprès duquel vous vous ferez passer pour m'appartenir, vous donnera des chevaux; vous passerez le Rhin et gagnerez un village d'Allemagne où vous vous établirez chez une personne à qui je vous recommanderai; vous resterez-là inconnu à tout le monde jusqu'à ce que les affaires ayent pris une tournure plus favorable. Au reste je vous munirai d'un passeport et de toutes lettres nécessaires. » — J'ai l'honneur de vous répéter, répondit mon mari, que je ne conçois pas ce que je puis avoir personnellement à craindre : cependant, comme j'ignore à quel point la Comtesse a pu porter l'imprudence dans la malheureuse intrigue où vous l'avez embarquée : comme lorsqu'on a des ennemis puissans on ne sait ce qui peut arriver, je ne l'abandonnerai certainement pas et je partagerai son exil si vous le jugez absolument nécessaire ; mais j'ai l'honneur de vous prévenir qu'avant de penser au voyage d'Allemagne je suis déterminé à passer quelque tems à Bar-sur-Aube afin de mettre mes affaires en ordre et de prévenir tout éclat.

Ici l'altercation étant devenue un peu vive et mon mari ayant menacé de sauter dans le jardin par la fenêtre, le Cardinal céda. " Vous avez une mauvaise tête, dit-il, elle vous perdra ; vous ne doutez de rien ; vous ne connoissez pas les gens auxquels vous avez affaire, ils sont capables de tout. Réfléchissez encore jusqu'à demain, car pour aujourd'hui je ne veux absolument pas vous laisser sortir, c'est précisément l'heure où rodent les espions. Je vous verrai demain matin, si vous êtes encore dans la même résolution, les portes vous seront ouvertes. »

Le Cardinal tint parole le lendemain, et laissa sortir mon mari après lui avoir fait donner sa parole d'honneur que quoiqu'il put lui arriver, il ne révéleroit jamais le lieu de ma retraite ; il promit ensuite de revenir le soir même et de réfléchir sur le projet du voyage d'Allemagne. S'étant rendu chez-lui, il y trouva tout tranquille ; le portier lui dit qu'il n'avoit vu personne d'étranger. Dans le cours de la journée, il vaqua à ses affaires, parut en public, au palais royal où il dîna ; en un mot se montra partout sans découvrir nulle part les traces de l'espionnage. En conséquence, ayant le lendemain des caisses à faire partir, il chercha à se dégager du rendez-vous qu'il nous avoit donné, et s'étant rendu sur le boulevard à l'heure indiquée, il dit à M. de Carbonnieres qu'il ne pouvoit absolument pas le suivre ce soir-là, mais que le lendemain il viendroit me prendre. Il retourna chez lui

et

et se coucha ; circonstance infiniment heureuse en ce qu'elle lui procura le lendemain des éclaircissemens de nature à mettre au plus grand jour les manœuvres du Baron de Breteuil.

S'étant levé de bonne heure, il étoit dans sa cour occupé avec les voituriers et les emballeurs lorsque Basanges que nous n'avions pas vu depuis long-tems se présenta à la porte ; l'ayant apperçu dans la cour il l'aborda et lui demanda si j'étois visible.

*** Comme ce dont je rends compte à présent, et ce que j'aurai à traiter presqu'immédiatement après, ne m'est connu que par le rapport que m'en a fait mon mari ; je le prie de prendre la plume et de raconter les choses au public avec la même simplicité, la même vérité qu'il a mise dans les récits qu'il m'a faits, et de faire usage autant qu'il sera possible des termes dont il s'est servi. Je vais tandis qu'il continuera ma tâche, prendre haleine et recueillir les forces nécessaires pour la finir.

(*NB. C'est M. de la Motte qui parle.*)

» Basanges m'ayant abordé me demanda s'il pouvoit voir la Comtesse à qui il avoit quelque chose d'important à communiquer. Je lui dis qu'elle étoit à Versailles ; que s'il vouloit monter nous causerions plus commodément ; il accepta.

» Ce que j'avois, me dit-il, à communiquer à Madame la Comtesse est que j'ai vu hier le Cardinal ; il étoit furieusement agité ; je suis très fâché de sa disgrace et *je ne voudrois pas que M. Bohëmer contribuât à le mettre dans de plus grands embarras* (1) M. le Cardinal nous porte ses plaintes, se récrie devant nous sur la maniere indigne dont il est traité. Cela peut-être touchant, mais n'a aucun rapport avec l'affaire à arranger entre lui et nous. que ce soit pour la Reine ou pour toute autre personne qu'il ait acheté le collier ; cela nous est indifférent ;

(1) C'étoit avec Bohëmer que le Baron de Breteuil concertoit son complot, ainsi cette naïveté de Basanges son associé me paroît très significative.

nous ne voulons même pas le savoir. Un jour il nous dit que nous devons être tranquilles, que c'est lui qui a pris avec nous tous les arrangemens pour les payemens, qu'il est juste que nous soyons payés et qu'il nous payera; puis, se promenant à grands pas, il s'agite, tient des propos que je ne puis répéter et finit par nous dire que *puisqu'on lui nie le collier il peut bien le nier aussi.* Cela est fait pour nous donner beaucoup d'inquiétudes, car nous n'avons pas de titre, nous sommes à la merci de sa bonne foi, et s'il *nioit* comme il en menace quelquefois, *nous ne pourrions recourir qu'à l'autorité*, (leçon du Baron de Breteuil) dans cet état d'anxiété, je venois consulter Madame la Comtesse, et tâcher de savoir d'elle quelle est la derniere résolution du Cardinal; nous ne lui voulons point de mal, et nous serions au désespoir *des suites que cette affaire pourroit avoir* — MAIS — il en resta sur le *mais* qui me parut expressif: il étoit évident qu'on les pressoit de rendre l'affaire publique, mais qu'ils étoient encore retenus par la crainte de perdre le prix du collier, attendu qu'ils n'avoient entre leurs mains aucun écrit du Cardinal qui put prouver l'emplette qu'il en avoit faite. Le cas étoit effectivement très allarmant pour eux; Cagliostro exhortoit sans cesse le Cardinal à *nier* jusqu'à la négociation du collier. Dans les démarches que la Reine faisoit faire auprès d'eux, à l'instigation de Breteuil, elle ne faisoit point espérer de payement, et certainement le Baron de Breteuil n'étoit pas disposé à s'en charger; de sorte que, tout considéré, quoique le délabrement des affaires du Cardinal leur fut connu, il avoit tant de ressources, des revenus si immenses quoique obérés, qu'ils eussent préféré un arrangement tel quel avec lui, à toutes les promesses que leur faisoit Breteuil. Ils étoient d'ailleurs d'autant plus portés (même par honnêteté) à se prêter à tout ce qui pourroit lui convenir, qu'ils sentoient, voyoient et avoient la bonne foi de dire assez ouvertement qu'on vouloit les rendre les instrumens de la perte du Cardinal; mais le refrein étoit toujours » au bout de tout cela qui noue payera notre collier? » Basanges me le répéta au moins dix fois. Enfin, après une très-longue conversation à laquelle je ne prenois guère part, ne me connoissant aucune influence sur le Cardinal, et connoissant toute celle de Cagliostro; il me quitta en me priant de le faire avertir lorsque la Comtesse seroit de retour. » Il faut espérer, dit-il en sortant; qu'elle nous apportera de bonnes nouvelles. »

Le même jour, à l'entrée de la nuit, je retournai chez le Cardinal qui entra un instant après mon arrivée. je lui rapportai la conversation que j'avois eu le matin avec Basanges, d'après celle qu'il avoit eu avec les deux associés. Il n'attendit pas la fin de mon rapport, il s'emporta contre la Reine jusqu'au point de la traiter comme la plus effrenée et tout à la fois la plus dégoutante des créatures. Ce seroit révolter les personnes même qui ont perdu tout sentiment de pudeur que de retracer les images hideuses que le moment de sa fureur lui fit dévoiler. Je me bornerai à dire que plus d'une fois devant moi et devant plus d'une personne, le Cardinal irrité s'étoit permis d'exprimer dans les termes les plus grossiers et avec les plus affreux détails combien d'objets de répugnance il avoit trouvé au milieu de ces mêmes jouissances que son ambition lui avoit tant fait chercher. (1) L'atrocité des emportemens du Cardinal répétés devant plus d'un témoin est sans doute l'explication et s'il est permis de le dire l'excuse de la cruelle

(1) Malheureux Prince; sans doute il le savoit, et à qui le devoit-il? à la Comtesse qui le voyant livré aux égaremens les plus sinistres lui dit, lui répéta en dix occasions differentes qu'il n'avoit qu'un moyen de se sauver; que ce moyen étoit de se jetter aux pieds du Roi et de lui révéler tout, excepté ce qui ne se dit jamais à un mari; c'est à dire de présenter ses liaisons avec la Reine comme affaire de pure politique dans laquelle il avoit été embarqué par l'ambition, et dans le cours de laquelle il avoit fait pour plaire à sa souveraine des efforts au-dessus de ses facultés, tels entre autres que l'emplette du collier etc. Dix fois il lui avoit promis de le faire, et dix fois l'infame Cagliostro l'en avoit détourné. C'est ce vil empirique qui, sous tous les rapports, a perdu le Cardinal, mon épouse et moi. Son insatiable avidité, en s'opposant à ce que le Prince prit avec les bijoutiers les arrangemens promis, a sur-tout amené la catastrophe.

proscription qu'un ressentiment implacable a prononcé contre lui.

Je crus qu'il ne finiroit pas ; cependant il se sentit fatigué, et après une courte pause il remit sur le tapis le voyage d'Allemagne : c'est ce que Cagliostro lui avoit le plus récommandé ; j'étois vraiment étourdi de tout ce vacarme, je sentois qu'il falloit que la Comtesse s'absentât, que je la désobligerois ne l'accompagnant pas ; en un mot, comme il falloit finir par prendre un parti, je dis au Cardinal que je consentois à passer en Allemagne, mais qu'auparavant il étoit absolument indispensable que je passasse quelques jours à Bar-sur-Aube ; que là je prétexterois d'aller à Spa. Le Cardinal me parla encore de danger, de mauvaise tête, d'obstination, je n'en voulus pas démordre ; alors il prit une carte sur laquelle il marqua le jour de notre départ de Paris, le tems de notre trajet à Bar-sur-Aube, celui du séjour que nous y ferions, et enfin celui que nous employerions pour nous rendre en Allemagne. Calcul fait, le tout montoit à 14 ou 15 jours. Il me donna des renseignemens sur la route que nous devions suivre et l'endroit où nous allions nous établir ; mais quant au passe port et aux lettres qu'il m'avoit promises, Cagliostro lui avoit observé avec assez de raison que, si après nous avoir imputé le vol du collier (1) on découvroit qu'il avoit connivé à notre fuite, il seroit sérieusement compromis ; il me dit donc à ce sujet que je n'en avois pas besoin, et nous partîmes sans le presser à cet égard attendu qu'il s'en falloit beaucoup que je fusse déterminé à passer en Allemagne ; je n'en voyois pas la nécessité, et sur ces derniers tems le Cardinal m'étoit

---

(1) Ce bas subterfuge n'étoit pas dans l'ame du Cardinal, mais Cagliostro l'avoit si bien endoctriné qu'au moment où le Roi le fit arrêter, il dit en perroquet » j'ai été trompé par une femme nommée valois De la Motte, que l'on m'a dit être en pays étranger » il le croyoit et espéroit qu'au moyen des instructions qu'il nous avoit données, on ne nous trouveroit pas. Cependant, ainsi qu'on le verra, nous étions parfaitement tranquilles à Bar-sur-Aube, le sachant à la *Bastille*.

infiniment suspect. L'événement a prouvé que les pressentimens qui m'inspiroient de la défiance n'étoient que trop fondés.

Cette déclaration calomnieuse qu'il fit au Roi au moment où on l'arrêta, (déclaration si ridicule lorsqu'on considère toutes les circonstances qui l'avoient précédée) produisit, en pure perte pour lui, l'effet le plus funeste pour nous, qui étions loin de concevoir comment nous pouvions être enveloppés dans sa disgrace.

J'ai dit que nous étions tranquilles à Bar-sur-Aube où nous avions déja passé quinze jours. Le 17 Août nous étions chez le Duc de Penthievre à Château-Vilain; c'étoit la veille de son départ. De là nous avions pris la route de Clervaux où nous étions arrivés à l'entrée de la nuit; nous venions d'être informés que le Cardinal étoit à la Bastille; et sur ce seul avis, si nous eussions eu quelque chose à nous reprocher, nous eussions profité d'un moment si favorable pour nous dérober à toute poursuite; la Comtesse et moi avions tous nos diamans, une bonne voiture, quatre chevaux frais et quatre autres qui nous avoient été aménés de Château-Vilain; nous pouvions dans la nuit même sortir du Royaume; que fîmes nous? nous retournâmes chez nous à Bar-sur-Aube.

En conséquence de l'avis que nous venions de recevoir, le premier soin, je devrois dire le premier devoir de la Comtesse, fut de brûler tout ce qu'elle avoit de lettres ou billets soit de la Reine, soit du Cardinal; elle y employa deux grandes heures, ensuite elle fut se coucher. Le lendemain 18 j'apperçus en me levant un monceau de cendres noires que je ramassai pour le jetter dans la cheminée. Je finissois à peine lorsque mon valet de chambre m'annonça deux messieurs qui désiroient me parler. Je fis entrer; l'un deux me dit de ne faire aucun bruit, qu'ils avoient des ordres du Roi pour s'emparer de tous mes papiers; je ne fis aucune difficulté, et leur livrai toutes les clefs des commodes, secrétaires, etc. Pendant qu'ils s'assuroient de tous les papiers qu'ils mirent dans une boîte que je scellai de mon cachet, la Comtesse s'étoit levée; l'un deux me tira en particulier et me dit qu'ils avoient ordre d'emmener la Comtesse pour être présente à l'ouverture des scellés, qu'il ne falloit pas qu'elle s'effrayât; qu'ils la conduisoient chez le Baron de Breteuil où les choses seroient promptement arrangées. Je lui fis part de cet incident qu'elle prit avec beaucoup de sérénité; elle demanda le tems de s'habiller, de déjeuner et de se munir des choses nécessaires au voyage. Dans cette intervalle, je demandai à ces gens s'il m'étoit libre d'accompagner mon épouse; ils me répond rent qu'ils n'y voyoient aucun inconvénient; je passai en conséquence dans mon appartement pour m'habiller, et je donnai des ordres pour une voiture et des chevaux. Lorsque je rentrai où ils étoient, ils m'observerent que si je partois avec eux on croiroit qu'ils avoient des ordres pour m'emmener avec la Comtesse, qu'il valoit beaucoup mieux rester quelques heures dans la ville pour me montrer et partir ensuite» d'ailleurs, me dirent-ils vous avez de meilleurs chevaux que nous, nous n'allons coucher qu'à Nogent, il vous sera facile de nous rejoindre; d'après cet avis qui me parut raisonnable je restai déterminé à les suivre deux heures après — plut au ciel que je l'eusse fait! on ne tardera pas à voir de quelle conséquence cela eut été pour la Comtesse et pour moi.

A peine eus-je perdu la voiture de vue que je m'enfermai dans mon appartement, situé dans l'aîle du batiment qui faisoit face à celui de la Comtesse. J'y avois un secrétaire que j'avois fait faire à Paris avec un secret pour contenir de l'argent ou des papiers; les exempts l'avoient fouillé, mais n'avoient pas trouvé le secret extrêmement ingénieux. Lors de notre dernier deménagement à Paris, la Comtesse y avoit mis des papiers qu'elle me cachoit, et heureusement lorsqu'elle avoit fait main basse sur tous ceux qu'elle croyoit avoir pour les brûler, elle ne s'étoit pas rappellé ceux-là.

Lorsque les exempts avoient visité ce secrétaire, ils y avoient trouvé un petit porte-feuille contenant pour 35 mille livres de billets de la caisse des fermes et s'en étoient saisis quoique je leur eusse fortement représenté que ces billets étoient de l'argent et non pas les papiers qu'ils cherchoient (1) Ils me répondirent que leur ordre portoit

(1) Il seroit superflu sans doute de faire observer

de prendre *tout papier écrit*, sans regarder ce que c'étoit.

Le Baron de Breteuil parfaitement instruit de toute l'intrigue ainsi qu'on a vu qu'il l'avoit donné plus qu'à entendre à la Comtesse, étoit persuadé que l'on trouveroit dans ses papiers des lettres de la Reine et du Cardinal, et avoit défendu à ses émissaires d'y porter un œil profane, afin que seul maître du secret de la Reine, il put se faire valoir auprès d'elle tant pour sa discrétion que pour son activité ; mais le hazard en avoit disposé autrement. En portant les yeux sur ce secrétaire que je venois de voir si scandaleusement dépouiller, l'idée me vint d'en ouvrir le secret ; et je ne fus pas médiocrement surpris d'y trouver un paquet de papiers enveloppés, fiscelés dans un sac où il y avoit de l'argent. Je fermai ma porte, examinai ces papiers, et les jugeant être d'une conséquence sérieuse, je fus d'abord tenté de les brûler, la Providence retint mon bras.

Dans ces entrefaites le Duc de Penthievre passa à

---

une seconde fois que si nous eussions cru pouvoir être compromis le moins du monde par le désastre du Cardinal, il nous étoit facile de dérober ces effets, notre argent comptant et nos bijoux aux recherches de la police ; nous n'avions songé qu'aux papiers parce qu'ils pouvoient compromettre la Reine et le Cardinal ; aussi n'étoit-ce que les papiers que l'on cherchoit : cette circonstance a donné lieu à une remarque que la Comtesse a faite le lendemain de son entrée à la Bastille. M. de Crosne étant venu pour l'interroger, lui dit que le Cardinal l'accusoit de lui avoir escroqué un collier sous le prétexte que la Reine le désiroit ; après lui avoir marqué sa surprise, elle lui dit : qu'elle ne pouvoit s'imaginer que le Cardinal l'eut accusée d'une chose qu'il savoit être fausse, que cependant si le fait existoit elle étoit surprise qu'au lieu de s'emparer de tous ses bijoux pour vérifier le délit et la convaincre, on se soit borné à s'emparer strictement de tous les papiers qui étoient chez elle, ce qui dans pareil cas étoit très-inutile. Ce fut à cette occasion qu'elle exigea la présentation de tous ses bijoux que les exempts avoient laissés dans son secrétaire.

Bar-sur-Aube ; un officier de sa suite que je rencontrai comme je revenois de conduire la Comtesse à sa voiture, instruit de ce qui venoit d'arriver me dit que dans une affaire d'une nature pareille j'avois tort d'être aussi tranquille que je paroissois l'être et que le parti le plus prudent que j'avois à prendre étoit de me mettre en sûreté en attendant la tournure que les choses prendroient. Ma famille et mes amis que je vis dans le cours de la journée me donnerent le même conseil. Je me décidai en conséquence à passer en Angleterre où j'avois formé des connoissances dans mon premier voyage, et où j'avois laissé quelques diamans qu'il étoit naturel que je retirasse.

La Comtesse étoit partie à onze heures du matin, je partis le même jour à dix heures du soir, avec cent louis dans ma bourse et deux paquets de perles dont je parlerai ci-après. Laissant à mon beau-frere tous mes bijoux, tous ceux de la Comtesse et les clefs de tout ce qui nous appartenoit. Je conduisis ma sœur jusqu'à Meaux où nous nous séparâmes ; je lui donnai mon adresse à Londres, persuadé que la première lettre que je recevrois d'elle m'apprendroit que la Comtesse étoit libre et m'attendoit à Paris.

J'arrivai à Boulonne sur Mer, le Samedi soir 20 Août. Le Lundi 22, je m'embarquai à midi, et arrivé à Londres, je descendis à l'hôtel où j'avois séjourné lors de mon première voyage. Ma première sortie fut pour me rendre chez le bijoutier Gray, chez lequel j'ai dit avoir laissé quelques diamans pour monter un collier et des boucles d'oreilles destinées, lorsque je les lui avois remis, pour l'usage de la Comtesse; je les trouvai montées, et sans cette ressource j'aurois péri de misère ne m'étant soutenu longtems que du produit de ces deux objets.

Trois jours après mon arrivée je fus trouver l'avocat Linguet à qui je rendis un compte fidele de toute l'affaire telle que nous la rapportons aujourd'hui. Il me dit que je ne devois pas m'inquiéter sur le sort de la Comtesse. Qu'il paroissoit par ce qu'il avoit entendu dire à des personnes bien instruites, que l'intention de la Reine etoit de perdre le Cardinal, et que le collier avoit servi de prétexte et de moyen ; il me conseilla d'envoyer mon valet-de-chambre à ma sœur qui étoit à Paris, afin de savoir ce qui se passoit, ne pouvant rien faire me dit-il, avant d'avoir reçu des avis sûrs, sur lesquels on pût rédiger un plan de conduite. Je fis partir le lendemain mon valet-de chambre qui fut arrêté en arrivant à Paris je ne l'ai jamais revu.

Deux jours après, je reçus la visite d'un prêtre Irlandois, ami de Mac-Dermott * qui me dit que ce dernier étoit à Lancaster, que si j'avois quelque chose à lui faire dire il lui écriroit le jour même et se chargeroit de ma commission : je le remerciai.

Comme toutes les personnes de ma connoissance étoient à la campagne et que je m'ennuyois beaucoup ; en quittant cet Irlandois qui sans doute me suivit de l'œil, je me rendis au petit théatre de Hay-Market, il pleuvoit lorsque j'en sortis, je pris un fiacre pour retourner chez moi. A peine étois-je entré dans Piccadilly que je reçus à la tête un coup violent dont je fus étourdi pendant quelques minutes ; j'avois un chapeau rond qui heureusement avoit paré le coup et empêché l'épée de pénétrer. Je crus, dans le premier moment que la voiture avoit versé ; mais m'étant remis, et sentant qu'elle rouloit, je cherchai à découvrir ce qui avoit pu me causer un choc si rude ; en me retournant, j'apperçus un trou à la lucarne de derrière, et me levant pour l'examiner, je vis un homme tenant de chaque main les deux montants qui servent d'appui aux domestiques, il avoit à la main quelque chose que je pris pour une canne. Je pensai que cet homme avoit voulu monter derrière la voiture, comme cela arrive continuellement, et qu'ayant manqué son coup, le bout de sa canne avoit porté sur la lucarne, et m'avoit ultérieurement atteint. Je me remis en conséquence au fond de la voiture et me jettai machinalement sur l'angle droit ; en cela le hazard me servit mieux que la prudence ; car au moment où le cocher alloit tourner dans Duke-street Piccadilly, pour gagner Jermyn-street, où je demeurois ; je vis sortir du même trou la lame d'une épée qui me passant à la hauteur des

(*) On verra avant peu quel étoit ce Mac-Dermott, et le rôle qu'il a joué dans cette affaire.

yeux cassa la glace du côté où j'étois. Si j'avois été placé au milieu dans une attitude moins penchée, le fer m'atteignoit à la gorge. Eclairé enfin sur le danger que je courois, n'ayant pour armes qu'une petite baguette; je tirai le cordon, le cocher descendit; je lui fis remarquer les deux glaces cassées et l'homme qui fuyoit à toutes jambes; mais ne sachant pas un mot d'Anglois et ne pouvant m'exprimer que par signes; il remonta sans avoir rien compris sinon que j'avois cassé ses glaces dont il demanda le payement sitôt qu'il m'eut déposé à l'hôtel. Là je trouvai enfin à qui parler, je racontai ce qui venoit de m'arriver et l'on me dit pour tout conseil, que je devois prendre garde à moi. Le lendemain matin je vis M. Linguet à qui je fis le même rapport; il me dit que ma vie n'étoit pas en sûreté à Londres; que le coup partoit ou de la Reine ou du Cardinal, que j'avois autant a craindre de l'une que de l'autre, qu'il concevoit pourquoi mon existence les inquiétoit également; qu'en un mot il falloit absolument que je me tinsse caché dans l'endroit le plus retiré et le plus sauvage, ayant soin de lui faire passer mon adresse si-tôt que j'aurois choisi un domicile, afin qu'il put me faire parvenir les nouvelles que me rapporteroit mon valet-de-chambre et m'indiquer le parti qu'il y auroit à prendre selon les circonstances.

Je partis le même jour avec un domestique interprête qni ne m'a pas quitté de ce moment à celui de mon retour à Londres. Après avoir fait détour sur détour, pensant que Mac-Dermott pourroit me servir dans des circonstances aussi critiques je me déterminai à l'aller joindre à Lancaster. Arrivé dans cette ville, on me dit qu'il étoit à 20 milles de là; je m'y rendis: il fut très-surpris de me voir; il savoit la triste avanture du Cardinal et de la Comtesse et me croyoit moi-même à la Bastille. Ce fut dans cette entrevue et celles qui suivirent que je lui confiai les détails relatifs à l'intrigue de la Reine et du Cardinal, et que je lui dévoilai l'affaire du collier dans toutes ses circonstances. Je lui montrai le petit que je venois de retirer des mains de Gray ainsi que les boucles d'oreilles. En général je m'ouvris infiniment trop, et ce qui arriva dans la suite prouve qu'à mesure que je lui donnois des éclaircissemens sur cette affaire, j'irritois en lui le désir d'en tirer parti. Effectivement, au bout de deux jours d'ouvertures de ma part, de méditations de la sienne, il me conseilla de passer en Irlande et d'y changer de nom. Il me donna diverses lettres de recommandation, et nous convînmes qu'il partiroit le lendemain pour Londres, qu'il verroit M. Linguet, me feroit passer les dépêches de mon valet-de-chambre ; qu'en un mot, en toutes circonstances, il agiroit de manière à prévenir ou redresser tout ce qui pourroit m'être contraire. C'est ainsi que nous nous separâmes à Lancaster, et je n'en ai entendu parler depuis qu'en apprenant que le Cardinal l'avoit fait venir à grands frais pour signer une déposition fabriquée par l'avocat Target. Il avoit déja commencé ses impostures et ses perfidies à Londres où on lui avoit déja dicté des dépositions qui sont un amas informe de faussetés démontrées par les faits (1) ; et c'est sur cette base mensongère que l'impu-

---

(1) Le capucin Mac-Dermott après avoir fait une déposition à Londres, à l'instigation de Carbonnières, s'est ensuite rendu à Paris à grands frais pour déposer un tas de mensonges qui ne prouvoient rien. Je vais à cette occasion rapporter la conduite du rapporteur et du greffier pour tâcher d'intimider la Comtesse. Lorsqu'elle entra dans la salle de conseil, elle vit sur la figure de ces deux messieurs un air morne, un regard farouche qu'elle n'avoit pas encore apperçu. Le rapporteur (Dupuis de Marcé) lui adressa la parole en ces termes et avec un son de voix sepulcral : » Madame, je suis bien fâché de vous annoncer que vous allez être confrontée avec une personne qui vient de bien loin et que vous n'attendez sans doute pas : » s'imaginant d'abord que c'étoit moi ; elle répéta ce qu'elle avoit dit cent fois, que ma présence ne pouvoit que lui être très-avantageuse, persuadée que je dirois la vérité, et confondrois le Cardinal. » Mais, Madame, je crains de vous causer une révolution ? » — » Ne craignez rien, répondit-elle, la présence de cette personne qui vient de si loin ne peut que me faire grand plaisir. » Voyant enfin qu'il ne pouvoit parvenir à l'effrayer, il dit à Fremyn en poussant un profond sou-

dont Target a posé l'édifice ridicule de ce mémoire boursoufflé qui arracha les larmes au Cardinal lorsqu'il vit

---

pir ! allez donc Fremyn, faites entrer cette personne; Fremyn se leve et va ouvrir une porte d'où elle vit sortir une mine hypocrite qui s'avança jusqu'à elle les yeux baissés. N'ayant jamais vu cette figure elle s'écria ! en voilà encore un autre ; voyons ce qu'il dira. On lui lut d'abord sa déposition qui avoit certainement été dressée par l'avocat Target ; accoutumée comme elle l'étoit à entendre journellement de pareilles lectures, elle reconnut parfaitement le stile et les tournures d'un homme versé dans la chicane ; après cette lecture qu'elle interrompit souvent par des observations tendantes à humilier ce scélérat, et à démontrer les mépris et l'horreur que lui inspiroient ceux qui participoient à toutes ces iniquités ; elle dit que cette déposion étoit un amas de faussetés et de mensonges abominables et que celui qui avoit l'infamie de la faire méritoit une punition exemplaire. Comme il s'étendoit beaucoup sur les confidences qu'il disoit que je lui avois faites des liaisons de la Comtesse avec la Reine et le Cardinal, elle lui représenta que, puisque j'avois une aussi grande confiance en lui, je devois lui avoir dit le lieu de ma retraite, elle insista à en avoir une déclaration de sa part afin qu'on pût me faire venir, et lui être confronté ; il répondit à cela qu'il n'en savoit rien. Dupuis de Marcé et Fremyn qui étoient interessés à la trouver coupable, lui disoient souvent (surtout lorsqu'elle poussoit des argumens à ce capucin, et se servoit d'expressions faites pour lui) » Mais, Madame, vous ne savez pas ce que votre mari a pu dire dans les conversations, qu'il a eu avec l'Abbé Mac-Dermott ; c'est un homme d'honneur, qui n'est pas capable de venir ici pour en imposer. » Nous allons voir répondit-elle ; » puisque M. de la Motte n'est pas ici pour le confondre sur les points qui le regarde, je vais le faire sur les observations que j'ai déja faites sur sa déposition. » Il avoit fait une longue ampliation des bijoux qu'il disoit m'avoir vu à mon premier voyage à Londres, elle avoit remarqué entre une multitude d'absurdités que tout y étoit faux. Tout le monde sait qu'il le rejetta, défendit qu'il parut, en nia solemnellement le contenu entier, et s'écria dans son indignation qu'il ne vouloit pas qu'on le fit passer pour un sot — à cela Target répondoit « Monseigneur, votre famille le veut ainsi ; nous n'avons pas d'autre moyen de vous sauver. »

Arrivé à Dublin, je remis moi-même à leurs différentes adresses les lettres que Mac-Dermott m'avoit données, je fus parfaitement accueilli et introduit au bout de quelques jours dans les meilleures sociétés. J'eus même occasion de voir le Vice-Roi qui me fit beaucoup de questions sur l'aventure du Cardinal ; me dit des choses honnêtes, entre autres que lorsqu'il seroit en ville (il résidoit principalement à la campagne) il seroit charmé de me voir. Dans le cours de la conversation, il feignit d'admirer un cordon d'acier que j'avois à ma montre, et aubout duquel étoit mon cachet, qu'il examina, circonstance qui ne me permit pas de douter qu'il savoit qui j'étois ; on verra bientôt par les confidences que me fit après le Comte d'Adhemar, que je ne me trompois pas.

Il y avoit près de trois semaines que j'étois à Dublin et je n'avois reçu aucune nouvelle de Mac-Dermott ; cela me donnoit beaucoup d'inquiétude ; mais s'il ne m'écrivoit pas, il écrivoit à d'autres, et n'étoit pas inactif à mon égard.

J'étois souvent invité à des parties de plaisir dans les

---

qu'il faisoit mention d'une superbe paire de boucles de souliers montées en brillans ; comme je les avois heureusement laissées à Bar-sur-Aube et qu'elles étoient déposées à la Bastille dans un de ses cartons ; elle les fit venir, non sans beaucoup de difficultés, et le fourbe capucin eut l'humiliation de voir que ce bijou *superbe* valoit à-peu-près deux louis. Il en a été de même de toutes ses dépositions. Après l'avoir traité comme un nègre, elle dit au rapporteur que sans doute il feroit bientôt venir le savetier du coin pour venir déposer contre elle ; après cette sortie elle quitta la place indignée et furieuse contre tous ces scélérats.

environs de Dublin, je m'y rendois sans prendre avec moi mon domestique; j'en revins un jour malade; je perdis tout à coup l'appétit; j'attribuois cet état à l'inquiétude et au chagrin qui me dévoroient. Traînant l'ennui partout, soupçonnant que j'étois connu à Dublin, en un mot tourmenté par des pressentimens désagréables quoique très heureux pour moi, je me déterminai à quitter cette isle pour passer en Ecosse; je dis aux personnes de ma connoissance que j'allois voir le célèbre lac de Killarney, que je reviendrois ensuite par Cork que je désirois voir; mais prenant une route opposée, je gagnai un petit port qui conduit en Ecosse. Mon mal empiroit à chaque instant, j'étois méconnoissable; il y avoit 18 jours que je n'avois rempli les fonctions du corps les plus naturelles et les plus indispensables lorsque j'arrivai à Glasgow. Je fis venir un médecin que je consultai; après m'avoir examiné et fait beaucoup de questions, il me dit qu'il y avoit quelque chose de bien extraordinaire dans ma maladie, qu'il n'y connoissoit rien et qu'il me conseilloit de me rendre sans perdre un moment à Edimbourg, où je trouverois tous les secours de l'art mieux qu'en tout autre lieu du monde; en attendant il me donna quelques remedes destinés à me rafraîchir mais qui ne produisirent aucun effet. Arrivé le lendemain de bonne heure à Edimbourg, je mandai un médecin et un chirurgien de la plus haute réputation; après une longue consultation ils me quitterent en me disant qu'ils reviendroient le lendemain juger de l'effet qu'opéreroit les remedes qu'ils alloient m'envoyer. Cet effet fut que le lendemain je me trouvai beaucoup plus mal, et que quelques jours après il ne me fut plus possible de quitter le lit. C'est à ce période extrême que je reconnus par leurs questions, et les remedes qu'ils m'administroient qu'un empoisonnement avoit succédé à l'assasinat manqué; ils me dirent que si je fusse arrivé huit jours plus tard il eut été impossible de me sauver. Quelle main avoit dirigé le fer meurtrier? quelle main avoit empli la coupe empoisonnée, ce qui me reste à dire ne l'indiquera que trop; l'Ambassadeur de France ne m'a pas laissé de doute; je ne m'expliquerai pas plus clairement qu'on verra qu'il l'a fait lui même, certainement sans le vouloir.

De cette seconde tentative il est résulté que j'ai passé

trois mois au lit et quatre mois et demi sans sortir de mon appartement ; pendant tout ce tems là je n'ai pas sû un mot de l'affaire du Cardinal. Lorsque je fus en état de soutenir la lecture, mon domestique me proposa de m'amener un maître de langue qu'il rencontroit tous les jours à la taverne qui fournissoit ma table, pour m'engager à le recevoir, il me dit que cet homme alloit montrer l'Italien chez les Ducs de Gordon et de Buccleugh ; qu'il entendoit parler journellement de mon affaire et que je pourrois tirer de lui, sans affectation, des détails intéressants, pour apprendre quelque chose, j'eusse pénétré dans la caverne des voleurs, je goûtai l'idée et je vis l'homme le soir même, je lui dis que pour me désennuyer je voulois apprendre l'Italien.

Il étoit grand parleur, et sans que je le misse sur la voye, il mêla à son farrago de nouvelles les noms du Cardinal, de la Comtesse de la Motte, de Cagliostro; me dit qu'il avoit paru des mémoires sous ces trois noms, mais il n'en savoit pas davantage. Ayant remarqué à Glasgow qu'un certain caffé recevoit la Gazette de Leyde, je pris une voiture et m'y transportai : je me fis apporter la collection entiere que je feuilletai avec précipitation et fus aussi surpris qu'indigné de voir par les fragmens de ces mémoires la tournure insidieuse que l'on avoit donnée à la défense de la Comtesse. Je maudis sans le connoître l'avocat imbécille ou fripon qui avoit si indignement dénaturé une affaire si simple en elle même. Je passai deux jours et deux nuits à copier tout ce qui me parut porter sur les points les plus essentiels et retournai à Edimbourg dans la ferme résolution d'expédier un exprès à Maître Doillot que je ne connoissois pas, que je savois encore moins avoir été choisi et dirigé par le Baron de Breteuil. Le cercle de mes connoissances ne pouvant être que très étroit à Edimbourg ; je jettai *malheureusement* (1) les yeux sur le maître de langue qui,

---

(1) Bien malheureusement en vérité : ceci étoit encore pis que Mac-Dermott. L'homme dont je parle et qui va jouer un rôle si atroce dans ce qui me reste à rapporter de mes aventures personnelles étoit un aventurier

mourant à peu près de faim me parut devoir être disposé à entreprendre un voyage qui lui rapporteroit quelque argent. Comme précisément il s'avisa, à mon retour de m'entretenir pour la dixieme fois de ses malheurs, je saisis cette occasion de lui faire entendre que je pouvois lui être utile, je me découvris à lui et lui proposai de faire le voyage de Paris pour remettre à un Avocat des papiers dont je le chargerois. Il me répondit qu'il feroit avec plaisir tout ce qui pourroit m'être agréable. Le lendemain matin, il revint me dire qu'il avoit réfléchi sur la proposition que je lui avois faite; que puisqu'il ne s'agissoit que de remettre un paquet, sa femme pourroit s'acquitter aussi bien que lui de la commission, et même mieux en ce qu'elle donneroit moins de soupçons et feroit moins de dépense. Je goûtai son avis. J'écrivis à Maître Doillot une lettre en forme de mémoire par laquelle je l'instruisois de tout ce qui m'étoit arrivé, je lui demandois conseil sur la conduite que j'avois à tenir et lui marquois positivement que j'étois déterminé à rétourner à Paris pour partager le sort de mon épouse, la defendre, *& dire la vérité* si l'on m'y forçoit. Telles étoient mes expressions; (1) j'ajoutois que je n'attendois que sa réponse pour partir.

---

insigne qui se faisoit appeller *Benevent* mais dont le nom connu en Angleterre étoit Costa qu'il avoit changé contre celui de *Mus* son véritable nom.

(1) Ce radoteur de Doillot, dans le mémoire qu'il composa avec son teinturier en conséquence de ma lettre, mais toujours sous l'influence meurtrière du Baron de Breteuil qui lui avoit défendu de nommer la Reine, et ordonné de charger le Cardinal à outrance. Cet imbécille vénal, dis-je, cite dans sa mauvaise rapsodie intitulée : *Sommaire* des passages décisifs de ma lettre. Il y dit en lettres italiques que je suis *décidément disposé à tenter l'impossible pour me réunir au sort de mon épouse*; mais cela est noyé dans un cloaque de mensonges d'autant plus criminels qu'il savoit la vérité et que la Comtesse lui avoit donné par écrit tous les détails tels qu'elle et moi les rapportons aujourd'hui.

J'envoyai Costa arrêter une place à la diligence; je donnai à sa femme l'argent nécessaire pour son voyage; lui remis le paquet destiné pour Doillot, et lui donnai les instructions nécessaires pour la soustraire à tout désagrément. Elle partit le lendemain à quatre heures du matin le 2, ou le 3 Avril 1786.

Lorsque la Dame Costa arriva à Paris, elle se fit conduire chez le Sieur Doillot à qui elle demanda à parler ayant des papiers de conséquence à lui remettre. Le vieux Rustre qui voyoit tout de travers prit cette femme pour un homme, pour un espion en juppes, et refusa de lui parler avant que sa femme ne l'eut visitée, ce que la Dame Doillot fit effectivement avec beaucoup de gravité; et sur le rapport qu'elle fit au cher époux de la régularité de la conformation de *ladite* messagère, M. l'Avocat daigna examiner les papiers qu'il trouva également en règle; alors il prescrivit à la Costa de rester à l'auberge où elle étoit descendue et de n'en pas sortir qu'elle n'ait eu de ses nouvelles. Que fit le conseil fidele de la Comtesse? au lieu de faire répartir sur le champ cette femme avec la réponse que son état lui prescrivit de me faire, au lieu de lui ménager le tems de sortir du royaume avant de communiquer ma lettre s'il croyoit être obligé à le faire; il vole à l'instant même chez le Baron de Breteuil pour mendier ses ordres; il passe, chemin faisant, chez le Lieutetant de Police, afin de le préparer à en recevoir, et crainte que la Police accoutumée au secret ne sonne pas le tocsin, il va le sonner lui-même en publiant dans les carrefours et partout où il passe qu'il a reçu des lettres du Comte de la Motte qui va venir, et se constituer prisonnier! qu'arrive-t-il? la famille du Cardinal est intruite que je veux partir *pour dire la vérité*. La vérité est un coup de foudre pour elle, comment parer ce coup? en s'adressant *sécrettement*, très-sécrettement au Comte de Vergennes qui, paroissant vouloir m'avoir à tout prix, déploye toutes les petites ressources de sa politique coutumiere, précisément pour ne m'avoir pas. On levera les épaules lorsqu'on verra dans un moment, les moyens employés par ce grand homme d'état, aujourd'hui si petit. Le fait est que quoique m'en ait dit depuis le hableur Adhémar, il haïssoit on ne peut plus cordialement la Reine; et si je ne me trompe pas dans mes conjectures qui ne

H

me sont pas tout-à-fait personnelles; il a eu lieu de s'en repentir au lit de la mort. Haïssant la Reine, il étoit nécessairement l'appui secret de ses ennemis; le Cardinal l'étoit devenu, il falloit le soutenir; mais c'est ce qu'il n'eut pu faire s'il se fut déclaré ouvertement; il trouva donc prudent, et de sa sublime politique de paroître le blâmer et d'assurer son salut en proportion de ce qu'il exagéroit ses torts.

Revenons à Doillot et à Breteuil, tous ces honnêtes gens-là doivent être couplés ensemble. Le Baron ministre après avoir pris quelques jours de réflexions manda l'Avocat Doillot et lui dit qu'il pouvoit m'écrire que je n'avois de meilleur parti à prendre que de venir à Paris sans perdre un seul instant, et m'assurer en son nom que je n'avois rien à craindre. Doillot en conséquence écrit le même jour et porte lui-même sa lettre à la Costa en lui recommandant de partir, de faire toute la diligence possible; la pauvre femme se met en conséquence en route le jour de pâques 1785 — elle n'ira pas loin.

Pendant que les Doillot et les Breteuil se concertoient sans trop bien s'entendre, le rusé Vergennes avoit expédié un courrier au Comte d'Adhémar. Le projet étoit alors de m'enlever à Edimbourg, et un secrétaire de l'Ambassadeur étoit chargé de l'expédition. Il s'agissoit de m'avoir mort ou vif, mais le premier étoit infiniment plus convenable, ensorte que si le petit secrétaire (nommé Darragon) eut réussi, je n'eusse certainement jamais revu Paris : je rendrai bientôt cette vérité plus que sensible.

Ce parti une fois pris, il falloit [illegible]ter de me mettre sur mes gardes, et par conséquent empêcher que la femme Costa me remit la lettre de Doillot. M. de Vergennes pourvut à tous ces obstacles. Il la laissa partir, et à une certaine distance de Paris il la fit arrêter et conduire à la Bastille où elle passa trois jours.

Pendant que tout cela se passoit en France, je m'apperçus en Ecosse que j'étois suivi et espionné. Je fis part de mes observations à mon digne confident Costa, qui étoit déjà dans la confidence de l'Ambassadeur et avoit eu diverses entrevues avec Darragon. Il me répondit qu'il n'y avoit pas d'apparence, que mon inquiétude pouvoit me présenter des objets qui n'existoient pas en réalité; qu'au reste si je ne croyois pas être en sûreté à Edimbourg je ferois bien de changer de place, et sur le champ il me proposa pour retraite la ville de Newcastle sur la Tyne. Le fait est qu'il avoit rencontré trop d'obstacles à exécuter dans Edimbourg l'enlevement dont il étoit chargé, et il se flattoit qu'en m'attirant dans une ville moins considérable où je n'avois aucune connoissance, il pourroit mettre plus aisément le projet en exécution; je donnai dans le piège et partis pour Newcastle. L'enleveur Darragon prit le même jour le chemin de Londres pour aller informer l'Ambassadeur des nouvelles dispositions prises par Costa, et comme les courriers ne coutoient rien dans une affaire si majeure, le Comte d'Adhémar en expédia un au Comte de Vergennes pour l'informer du nouveau tour que prenoient les choses. Quand le Pacificateur de l'Europe apprit que le coup étoit manqué à Edimbourg, jugeant désormais inutile la détention de la femme Costa, il la fit sortir secrettement de la Bastille escortée par deux exempts de police qui la conduisirent chez le Baron de Breteuil. Ce ministre que la Comtesse a si bien désigné sous le titre de porte-foudre du despotisme, lui fit donner cent louis de consolation et lui remit pour moi une lettre signée Doillot qui n'avoit point été écrite par Doillot mais bien dans les bureaux du chef suprême de la police qui lui fit de plus les plus belles promesses si elle engageoit son mari à entrer dans ses vues; c'est-à-dire à me livrer *mort* ou vif. Lorsqu'elle sortit de l'hôtel du ministre, un des exempts la conduisit chez lui et ne la quitta plus. Il l'accompagna jusqu'à Boulògne où il la fit embarquer sous ses yeux, et lorsqu'elle arriva à Douvres elle trouva sur le rivage l'éternel Darragon qui l'attendoit — combien d'honneurs prodigués à une pauvre créature qui, au moment où j'écris partage journellement le dîner de mes domestiques! à peine avoit-elle mis pied-à terre que le fidele Darragon lui tend respectueusement la main, s'en empare, la fait monter dans une chaise de poste et la conduit à l'indolent Adhémar qui, dans cette occasion extraordinaire, daigna se soulever à demi sur sa bergère. Il ratifia les promesses qu'elle avoit reçues du Baron de Breteuil, et rafraîchit sa mémoire en lui renouvellant avec ampliation les instructions qu'elle avoit reçues à Paris.

Il faut actuellement savoir que M. Costa avoit écrit à

sa femme pour qu'elle le joignit à Newcastle où nous étions, aussitôt qu'elle seroit de retour de France, et que dans le cas où cette lettre ne lui parviendroit pas à Londres il en avoit laissé une au même effet, a Edimbourg, dans la maison où il avoit logé; mais ces précautions étoient superflues, Darragon qui avoit reçu notre adresse presqu'aussitôt que nous avions fixé notre domicile à Newcastle, la donna à la Costa qu'il fit partir en lui disant qu'il la suivroit dans deux ou trois jours: nous la vîmes donc arriver au moment où son mari et moi étions à table. Elle me remit en entrant la prétendue lettre de Doillot dont je ne connoissois pas l'écriture, ensorte qu'à cet égard il étoit facile de me tromper; mais lorsque je l'eus parcourue et vu qu'elle ne répondoit à aucun article de la mienne, je commençai à former des soupçons qui se fortifièrent à mesure qu'interrogeant cette femme j'en recevois des réponses qui décéloient en elle le plus extrême embarras; elle rougissoit à chaque mot, et quoique j'affectasse de fixer les yeux sur la lettre qu'elle m'avoit remise, ils n'en étoient pas tellement occupés que les signes que le mari faisoit pour l'encourager m'échappassent. J'en avois déja assez entendu, assez vu pour ne pas douter que j'étois en très mauvaises mains, et le parti de m'éloigner d'eux secrettement fut promptement pris: mais afin de leur ôter tout soupçon, j'évitai de faire des questions embarrassantes, j'affectai de croire tout ce que la femme me dit, et le dîner finit, je saisis le moment où ils se retirerent, pour appeller mon domestique, à qui je fis part de mes soupçons avec d'autant plus de confiance qu'heureusement il détestoit également et le mari et la femme; je lui communiquai donc mon projet de les laisser à Newcastle, le chargeai de faire secrettement ma malle et d'avoir une chaise de poste prête pour minuit ou une heure. Lorsque j'eus donné mes ordres, je montai à pas de loup jusqu'à la porte de la chambre où mes honnêtes gens s'étoient retirés; ne pouvant distinguer ce qu'ils disoient parce qu'ils parloient Anglois, j'entrai brusquement, et, comme je n'étois pas attendu, je trouvai étalées sur les tables, les chaises et même sur le lit toutes les emplettes que la Costa avoit faites à Paris avec partie de ses cent louis. Je n'eus besoin que d'un clin d'œil, et me retirai en disant » vous êtes en affaire, je vais faire un tour.«

Costa qui me connoissoit se douta que ce que je venois de voir me donneroit à penser, et me feroit probablement prendre un parti qui frustreroit ses espérances; pour prévenir ce qu'il regardoit comme le plus grand malheur qui put lui arriver, et m'inspirer de la confiance, il se détermina à me confier en partie ce qui se tramoit contre moi; il me dit que sa femme avoit été à la Bastille; me raconta comment elle en étoit sortie, comment on l'avoit conduite chez le Baron de Breteuil; le passage de la mer, la rencontre de Darragon à Douvres, et l'arrivée prochaine de ce petit archer à Newcastle; après avoir, ainsi qu'il me le dit, *déchargé* ainsi *son cœur*, il me jura une fidélité à toute épreuve, serment que je ne pris que pour ce qu'il valoit. Je lui fis cependant promettre, à tout événement, de ne rien faire sans me consulter, l'assurant que je lui fournirois les moyens de tirer de l'argent du gouvernement s'il s'entendoit avec moi et ne me cachoit rien; il me le promit.

Deux jours après sur les dix heures du soir, tandis que nous étions à table, Costa reçut une lettre de Darragon qui lui faisoit part de son arrivée et le mandoit à son auberge; il s'y rendit sur le champ et ne revint que deux heures après. Lui ayant demandé de quoi il s'agissoit, il me dit que le secrétaire de M. l'Ambassadeur de France venoit pour m'enlever; qu'il étoit accompagné de deux exempts de police nommés Grandmaisons et Quidor; qu'ils attendoient un vaisseau parti de Dunkerque chargé d'un essaim de suppots de la police aux ordres de l'exempt Surbois; qu'ils avoient tous pris des titres et changés de nom; que leur prétexte pour ne point donner d'ombrage dans Newcastle étoit un essai sur le charbon de terre, qu'ils étoient muni de lettres de recommandation à cet effet. Je demandai à Costa ce qu'il leur avoit dit? » rien, me répondit-il, sinon que j'ai demandé jusqu'à demain pour réfléchir, je dois, continua-t-il, partir à six heures du matin avec Darragon pour reconnoître le port et convenir de la manière dont nous nous y prendrons pour vous transporter à bord du vaisseau; » je lui conseillai de tout promettre, de tout assurer, mais auparavant, de se faire compter mille bonnes guinées; » quand vous les aurez, lui dis-je, vous leur direz que toute réflexion faite, un enlevement dans un port si fréquenté et si éloigné de la ville est chose impraticable, qu'ils peuvent retourner à Londres et assurer l'Ambassadeur que dans quatre jours vous y serez avec moi, et que de manière ou d'autre vous vous engagez à me rendre à Paris moyennant la fomme de dix mille livres sterlings. Vous savez que j'ai envoyé votre femme à Paris pour me procurer les moyens de m'y rendre moi même; je vous déclare à présent, foi d'honnête homme que je vais partir pour Londres, voir l'Ambassadeur, me rendre ensuite à Paris et que je vous ferai gagner vos dix mille livres sterlings. «

La première demande des mille guinées fut accordée au premier mot à la petite defalcation près de soixante que l'honnête Darragon retint pour ses honoraires. Quant aux dix mille, elles furent promises à condition que le même Darragon en retiendroit un cinquieme. Oh! c'est un très digne homme que ce Monsieur Darragon, encore aujourd'hui Secrétaire de l'Ambassadeur de France; en voici une preuve que je n'ai acquise que postérieurement aux manœuvres dont je parle; l'honnête petit Archer étoit muni d'une phiole remplie d'une liqueur qui, disoit-il avoit la propriété d'endormir seulement pour 24 heures tout d'un somme; et il avoit voulu engager Costa à me faire prendre cette petite dose dans du thé ou du vin, sans doute à mon choix; lui disant que quand j'aurois ce doux soporifique dans l'estomach on pourroit me mettre dans un sac comme un paquet de linge sale; me conduire au port à la faveur de l'obscurité et me transporter sur le vaisseau en guise de valise; me mettre à fond de cale, et sans doute finir par me jetter à la mer, car il est plus que démontré qu'on ne vouloit pas de moi vivant, on n'en doutera pas dans cinq minutes. Je tiens ces agréables détails de la femme Costa dont j'ai su quantité d'autres choses également édifiantes.

Malgré cette apparence de confiance avec laquelle Costa avoit cherché à capter la mienne, il n'en étoit pas moins entré dans le complot; les dix mille guinées étoient prêtes; et s'il ne les gagna pas en faisant usage de la phiole, c'est que mon domestique étoit un terrible obstacle; il auroit fallu lui faire prendre la même dose— pour le métamorphoser en *valise* et la chose étoit plus que difficile. Je l'observois de près, il s'avoit combien il m'étoit devenu suspect; le moindre mouvement qu'il eut fait portant le caractère d'un enlèvement l'eut perdu d'autant plus certainement que sachant le nombre et jusqu'aux noms des satellites employés à faire le coup, en les dénonçant j'eusse fourni la preuve de leur attentat; et lorsqu'il n'y va de rien moins que d'être pendu, on y regarde à deux fois.

Messieurs de la police voyant qu'il n'y avoit rien à faire à Newcastle, partirent donc pour Londres comme ils étoient venus, mais bien persuadés d'après les promesses de Costa que leur proye ne leur échapperoit pas.

J'arrivai à Londres peu de jours après eux; le soir même Darragon vint trouver Costa pour lui dire que l'Ambassadeur vouloit lui parler le lendemain matin; il vint lui-même le chercher et le conduisit dans une rue où ils rencontrerent Son Excellence qui condescendit à monter en troisième dans un fiacre! telle fut la salle de conseil où le noble Triumvirat délibéra sur les moyens de m'enlever. Darragon dit qu'il en avoit un dont il répondoit, il consistoit à faire jurer contre moi une dette de six mille livres sterlings: il avoit gagné un officier du sheriff qui, après m'avoir arrêté se chargeoit de me conduire à bord pourvu que M. l'Ambassadeur se chargeât des événemens et des dépenses. —

Costa qui savoit que j'étois au fait de tous ces tours, dit qu'ils étoient usés; que je ne donnerois pas dans le piège, qu'au moment où je serois arrêté je me ferois conduire à pied à Newgate suivi du peuple ameuté; que tout seroit perdu. Il finit par dire à l'Ambassadeur qu'il y réfléchiroit plus mûrement et que le lendemain Son Excellence auroit de ses nouvelles.

Instruit du rendez-vous, je pris le parti d'en prévenir l'effet en écrivant directement à l'Ambassadeur, dans la vue de l'amener à entrer avec moi en composition, et de lui ôter la confiance qu'il avoit dans son Costa, en lui faisant voir que par son agent même j'étois informé de tout. Je lui mandois que, d'après les démarches que j'avois faites pour me rendre à Paris, j'étois surpris des tentatives, des efforts même qu'il faisoit pour m'enlever; que je désirois avoir une explication avec lui; je finissois par dire, que je le rencontrerois par-tout où il le jugeroit convenable, excepté dans son hôtel. Il me donna rendez-vous le même jour chez Lady Spencer. Je m'y rendis avec Costa et mon domestique qui resta à la porte suivant mes ordres. On étoit encore à table, mais le Comte d'Adhémar parut dans le sallon où l'on m'avoit fait entrer, au moment même qu'on m'annonça. Il me tira dans l'embrasure d'une croisée afin que Costa ne pût entendre notre conversation, Après lui avoir fait verbalement l'abrégé de tout ce que contiennent ces mémoires, lui avoir exposé la conduite du Cardinal avec la Reine, ses propos peu mesurés, ses projets insensés, son ambition folle, les suites nécessaires du délabrement de ses affaires, le malheur qu'avoit eu la Comtesse de lui être attaché par la reconnoissance, etc. etc. Enfin presque tout ce que la Comtesse a déja écrit. Je lui demandai dans quelle vue on paroissoit si acharné à m'enlever puisque j'avois offert de me rendre à Paris de mon plein gré, et que j'étois prêt à partir, pourvu que l'on me donnât les sûretés d'usage en pareil cas, et que sous aucun prétexte on ne pût attenter à ma liberté—» C'EST PRÉCISEMENT *me dit-il* CE QU'ON NE VEUT PAS » (1) — » mais écoutez, j'ai imaginé un autre moyen, venez demain chez moi, je vous en ferai part et nous parlerons à-fond de tout ce qui vous concerne; je vous donne ma parole de gentil-

---

(1) Ces quatre mots échappés à l'Ambassadeur donnent la clef de toute l'affaire. Pourquoi ne vouloit-on pas que je parusse? parceque *j'aurois dit la vérité.* J'avois dit à plusieurs personnes que mon projet étoit de demander en plein Parlement aux juges; si dans le cas où je dirois tout ce que je savois, ils me prendroient sous leur protection, me soustrairoient à la Bastille, et me donneroient la Conciergerie pour prison jusqu'à jugement définitif. Voilà ce qu'*on ne vouloit pas.* Pourquoi vouloit-on donc m'enlever? il est évident comme je l'ai dit que ce n'étoit pas pour m'avoir *vivant* et capable de dire la vérité qu'on redoutoit, mais *mort* et discret comme le tombeau. Il est par conséquent de la même évidence que le prétendu soporatif étoit du bel et bon poison. Mais mon entrevue avec l'Ambassadeur a changé toutes ces dispositions, ainsi que je vais l'expliquer.

homme que vous n'avez rien à craindre ; vous *savez* que je suis du parti de la Reine, intimement lié avec Madame de Polignac, par conséquent ennemi naturel du Cardinal ; la Reine a juré sa perte ; vous pouvez mieux que personne au monde lui en faciliter les moyens; puisque votre épouse a pour lui des ménagemens si déplacés, si dangereux pour elle. Je sais que dès les commencemens de l'affaire elle a reçu de très mauvais conseils qu'elle a imprudemment suivi et qui la conduiroient infailliblement à sa perte, s'il n'y avoit point de remede ; heureusement il y en a encore ; votre présence et vos dépositions bouleverseront entièrement tout ce qui a été fait jusqu'à présent et l'affaire prendra une tournure toute différente. » Ici m'ayant demandé quelques détails sur divers points que j'avois rapidement effleurés ; je vis que mes réponses lui donnoient une satisfaction infinie; la joie étinceloit dans ses yeux; il voyoit déja le Cardinal sur l'échaffaud.—

Avant de le quitter, je lui dis que j'étois déterminé à tout réveler quoiqu'il en pût arriver à autrui, n'ayant que le salut de la Comtesse et notre honneur commun en vue ; mais que je craignois que la maison de Rohan eut assez de crédit pour parer le coup, et faire juger le procès avant mon arrivée. A cela il répondit que je n'avois rien à craindre, *que les Bourbons devoient l'emporter sur les Rohans*, et que *la politique exigeoit que le Roi eut raison* ? qu'ayant renvoyé par lettres patentes la connoissance de cette affaire à son parlement ; c'étoit premièrement le juger coupable et qu'il falloit de toute nécessité qu'il fut jugé tel » la Reine, continua t il y est intéressée sous tous les rapports, par mille considérations ; ainsi, d'après la connoissance que vous devez avoir du pays où se passe la scène, vous n'avez rien à craindre de l'influence des Rohans lorsqu'elle sera aux prises avec celle des Bourbons. dans le fait ou pour mieux dire, dans la forme le Cardinal plaide contre votre épouse et vous, mais vous n'êtes que les représentants ; la véritable partie adverse est la Reine ; songez donc à tirer parti ce ce que je vous dis. Dans les commencements de l'affaire je pouvois vous faire enlever à Dublin ; le Duc de Rutland (1) m'avoit écrit

(1) Ce même vice-Roi qui avoit examiné mon cachet.

en conséquence, en me promettant de faciliter tous les moyens ; à la réception de sa lettre j'en avois rendu compte à Versailles ; mais comme on croyoit à cette époque avoir assez de preuves pour convaincre le Cardinal on ne jugea pas votre présence nécessaire, et l'on me manda en réponse que je pouvois en rester où j'en étois et vous laisser tranquille ; mais lorsque peu de tems après on vit que les Rohans prenoient le dessus, c'est alors qu'on a remué ciel et terre pour vous avoir. La Reine auroit sacrifié la moitié du royaume à cet objet.

Voilà le point où les choses en sont ; tel est le principe de mon activité : aussi ne vous dissimulerai-je pas que votre lettre m'a fait le plus sensible plaisir ; j'ai expédié sur le champ un courrier à Versailles, pour prevenir M. de Vergennes que j'ai du vous voir aujourd'hui, et concerter avec lui les arrangemens à prendre pour votre départ. J'ai joint votre lettre au paquet, afin que M. de Vergennes voyant de ses propres yeux que vous êtes à ses ordres en donne d'immédiats pour suspendre toute procédure avant votre arrivée ; ainsi vous voyez que vous n'avez rien à craindre d'un jugement précipité. »

Je quittai M. l'Ambassadeur en lui promettant de me rendre chez lui le lendemain, & réfléchissant sur-tout ce que je venois d'entendre, je me rendis facilement compte des différentes vues que l'on avoit eus sur moi selon la différence des circonstances, je vis combien la vie ou la mort d'un individu tiennent à peu de chose lorsque l'une ou l'autre est utile ou nuisible à la puissance.

Le lendemain, exact à mon rendez vous, je me rendis chez M. l'Ambassadeur qui, dès les premiers mots, m'expliqua plus clairement encore qu'il ne l'avoit fait la veille, pourquoi après avoir voulu m'avoir *mort*, on vouloit m'avoir *vivant*, « ON AVOIT CRAINT, me dit-il, QUE VOUS NE PRISSIEZ LES INTERETS DU CARDINAL DE PRÉFERENCE A CEUX DE LA REINE. Actuellement je suis tranquille, et votre lettre que j'ai jointe à la mienne, ainsi que je vous l'ai dit hier, rassurera *le parti*, et je ne doute pas qu'on ne m'expédie promptement tout ce que j'ai demandé pour votre sûreté ; mais écoutez, depuis hier j'ai eu le tems de réfléchir, et j'ai totalement changé les dispositions dont nous étions convenus. Je vais vous faire sentir qu'il y auroit de l'inconvénient à précipiter votre départ. Vous ne vous dissimulez pas qu'étant absent vous avez tort; que les Rohans vous accusent d'être parti avec les restes du collier, qu'ils ont assez généralement réussi à le persuader au public. Si dans de pareilles circonstances on vous voit arriver tout à coup libre à la faveur d'un sauf-conduit, tout le monde s'écrieroit : le voilà; il ne craint rien; s'il se sentoit coupable il se garderoit bien de se montrer, de quitter l'azyle où il étoit en sûreté. D'un autre côté vos dépositions étant foudroyantes pour le Cardinal, sa famille crieroit; oui le voilà muni d'un sauf conduit que lui a fait donner la Reine; c'est elle qui le mande après l'avoir fait endoctriner à Londres; il apporte ses dépositions écrites ou bien on les lui a dictées et il les sait par coeur; on avoit besoin de lui pour consommer la perte du Cardinal, etc.—tout cela produiroit le plus mauvais effet; mais il est un autre moyen de vous faire paroître devant les juges, et qui, remplissant à votre égard le même objet ne peut compromettre la Reine; écoutez bien.

Le Cardinal affecte politiquement de dire partout qu'il désire ardemment votre présence—le Roi supposé instruit de cette circonstance peut dire. « J'ai voulu lui donner cette satisfaction; j'ai ordonné toutes les démarches nécessaires pour faire enlever le Comte de la Motte, on n'a pu réussir; mais lui même informé des tentatives faites contre lui, s'est rendu de son plein gré chez mon Ambassadeur près de S. M. Britanique et lui a témoigné le désir de partir pour Paris si je voulois lui accorder un sauf-conduit. Comme il n'existe pas d'autre moyen de l'avoir et comme il m'a été représenté que le Cardinal regarde sa présence comme essentielle à l'instruction de son procès, j'ai accordé audit de la Motte le sauf-conduit demandé. »

Alors le Cardinal et sa famille n'ont rien à dire, et vous vous trouverez libre dans Paris au milieu de personnes intelligentes qui vous dirigeront dans tout; je vous préviens seulement que vous serez obligé de passer un jour ou deux à la conciergerie pour faire lever votre décret de prise de corps, c'est une affaire de forme à laquelle on ne peut vous soustraire. Je vais écrire encore à M. de Vergennes pour lui donner de plus amples détails sur ce que vous m'avez dit hier, et dans cette seconde entrevue, je le presserai de m'envoyer par le retour du courrier le sauf-conduit que vous serez supposé tenir du Roi même.

Darragon mon secrétaire portera le paquet, vous pouvez vous tenir prêt à partir.

Je suis sûr que le sauf-conduit sera ici dans huit ou dix jours au plus tard. »

Je représentai à M. d'Adhémar que tout ayant été saisi chez moi et n'ayant que très peu d'argent il me seroit impossible de faire mes affaires et de me présenter comme auparavant; il me répondit que je ne devois avoir aucune inquiétude à cet égard, qu'il avoit à sa disposition une somme considérable qu'on lui avoit fait passer pour agir contre moi; qu'il seroit bien plus flatté de l'employer à m'être utile, et que si j'avois besoin de cinq ou six mille louis il me les donneroit.

Tout étant convenu entre nous il me dit qu'*il ne s'agissoit plus que de savoir ce que je dirois pour ma défense.* je répondis que, pour l'histoire du collier je ne savois trop quelle tournure prendre sans compromettre plus ou moins la Reine, que pour le reste, je n'étois nullement embarrassé. Il me recommanda de ne jamais dire que la Comtesse voyoit la Reine; encore moins que je savois que le Cardinal avoit été en correspondance avec elle, et en avoit reçu des rendez-vous à Versailles et à Trianon « dites seulement que le Cardinal vous a montré beaucoup de lettres qu'il vous a assuré lui être écrites par la Reine; ajoutez qu'il vous a souvent dit qu'il couchoit avec elle; faites en sorte, en rapportant tout ce qu'il vous a dit à ce sujet de broder l'histoire; n'oubliez pas surtout ces propos malhonnêtes, croyez que *cela ne fera point de peine à la Reine*; mais gardez-vous de rien dire qui ait rapport à M M. de Polignac, Coigny, Vaudreuil, Dillon, Fersene.*

Quant à l'affaire du collier, dites que vous êtes per-

(*) il faut avouer que l'Ambassadeur de sa Majesté très Chrétienne étoit bien aimable de me donner ainsi gratuitement la liste des bienheureux, dans le cas où je n'en aurois pas eu une—même un peu plus longue.

suadé que le Cardinal l'a donné à votre épouse en partie ou en totalité, votre épouse n'a pas voulu en convenir, mais je suis certain que cela est réellement.

Je sentis le coup ; mais je ne répondis ni oui ni non. Lui ayant parlé ensuite du Baron de Breteuil ; il me dit de bien me garder de prononcer son nom, et surtout de faire aucune démarche auprès de lui, parce que CELA SEROIT TROP MARQUANT " Suivez mon conseil, continua-t-il, M. de Vergennes a la réputation d'homme juste et *incapable de cabaler* (1) pour satisfaire les désirs de la Reine ; cependant, sans que cela paroisse, il est de son parti (†) il a été indigné de la conduite, des propos scandaleux et de l'ambition insensée du Cardinal et il a partagé le ressentiment de la Reine ; c'est chez lui qu'il faut que vous alliez descendre ; quoique vous ayiez un sauf-conduit, dites lui que vous venez vous constituer son prisonnier, vous verrez que cela produira un bon effet et qu'il approuvera votre conduite. »

Lui ayant dit que mon intention étoit de remettre à ce ministre le collier que j'avois fait monter chez Gray, M. d'Adhémar approuva beaucoup mon dessein, et me dit que le Roi me sauroit gré et recompenseroit mon désinteressement ; » Car, ajouta-t-il, ce collier vous appartient et vous pouvez en disposer comme il vous plaira. »

Après une très-longue conversation je pris congé. Il me dit en me quittant que je devois rester tranquille jusqu'à ce que j'eusse reçu de ses nouvelles ; que Darragon partiroit dans deux ou trois jours, ayant d'autres dépêches à lui donner. » Rien ne presse à présent, me répéta-t-il, il n'y a rien à craindre ; M. de Vergennes est prévenu. »

Il me pria de changer de nom afin de cacher mon retour à Londres et éviter les propos du Courrier de l'Europe.

Tout alloit à merveille comme l'on voit, à cela près que M. l'Ambassadeur se trompoit dans tous ses calculs, que M. de Vergennes n'étoit rien moins qu'attaché au parti de la Reine ainsi qu'il le prétendoit, devant par la

(1) On va le voir. † C'est ce qu'on verra ensuite.

nature de ses liaisons être mieux instruit ; et qu'il tenoit on ne peut pas plus fortement aux Rohans. Lors donc que le ministre rusé vit par la lettre de l'Ambassadeur et par la mienne qu'il n'y avoit pas de tems à perdre pour tirer le Cardinal d'affaire ; au lieu d'accorder un délai de 15 jours qu'avoit demandé la Comtesse, il fit précipiter le jugement qui à l'étonnement et la haute indignation de M. l'Ambassadeur et de *son parti* étoit rendu le jour ou la veille de l'arrivée de Darragon ! il est vrai que le Comte de Vergennes a été puni de sa perfidie ; mais il n'en est pas moins vrai que l'infortunée Comtesse en a été la victime, et que la mort même du ministre ne l'a que foiblement vengée.

Lorsque M. d'Adhémar reçut cette étrange nouvelle, il m'écrivit pour me donner un rendez-vous dans Hyde Park, (j'ai sa lettre) je le trouvai sombre et furieux ; il me dit qu'il ne concevoit pas pourquoi on s'étoit si fort pressé à juger ce procès (moi je l'avois prédit, comme on l'a vu) qu'il y avoit dans le dénouement de cette affaire quelque chose d'incompréhensible, qu'au surplus *il n'y avoit rien de déshonorant pour nous ! ! !*

Que je ne devois point m'affliger que je n'en partirois pas moins pour Paris où on avoit plus que jamais besoin de ma présence—je lui demandai comment ? il me répondit que lorsque le Roi avoit renvoyé la connoissance de l'affaire au parlement, il n'avoit été fait mention que du collier dans les lettres patentes, où le nom de la Reine n'étoit entré pour rien ; que malheureusement les conseils qu'on avoit donnés à la Comtesse ayant tournés à son désavantage, le Cardinal avoit pris le dessus et s'étoit defendu ; mais que lorsqu'il seroit question de ses propos indécents contre la Reine et des papiers qu'il avoit montrés, il ne sauroit que répondre. » C'est la faute qu'on a fait dans la réduction des lettres patentes, ajouta-t il, qui a suggéré au parti qu'ont les Rohans dans le parlement l'idée d'adhérer au pied de la lettre, et de se renfermer dans la seule affaire du collier qui n'a pas suffisamment fourni prise contre le Cardinal ; mais à présent que ce point est jugé, je vous préviens de ce qui va arriver, afin de vous faire sentir combien vous serez nécessaire ; le Procureur Général va rendre une nouvelle plainte contre le Cardinal pour attentât contre la Reine, propos tenus, lettres montrées, rendez-vous nocturnes, etc. etc. et de suite décret de prise de corps lancé contre lui, et je puis vous assurer qu'il ne se tirera pas de cette seconde affaire comme de celle du collier. Lorsque vous serez à Paris on vous fera revenir sur la première; il existe des ordonnances précises en vertu desquelles le parlement sera obligé de recommencer toute la procédure; ainsi soyez tranquille, et ne parlez à qui que se soit au monde de se qui s'est passé entre nous. »

Je vis quelque probabilité dans ce que me faisoit espérer l'Ambassadeur, et je me retirai un peu rassuré; mais, quelques jours après Darragon vint me trouver de sa part pour m'apprendre que *des raisons particulières* avoient déterminé la Reine à se désister de ses poursuites; qu'il n'y auroit point de seconde plainte rendue, que cela donneroit lieu à trop de *mauvais propos* ce que S. M. vouloit éviter, et qu'elle avoit préféré de se venger en déployant toute l'étendue de l'autorité, en ôtant le cordon au Cardinal ainsi que ses places à la cour et en le reléguant chez des moines au fond de l'Auvergne.

En me communiquant cette nouvelle qui fut pour moi un coup de foudre; Darragon avoit reçu sans doute pour instruction de verser sur la plaie le beaume du mensonge dont les Ambassadeurs emportent toujours provision des cours qui les employent.

Vous devez sentir, me dit-il, que ce parti qu'a pris la Reine ne détruit rien du mérite de votre conduite que M. l'Ambassadeur ne lui a pas laissé ignorer; qu'elle n'abandonnera ni vous ni votre épouse, et qu'elle recompensera le désir que vous avez marqué de l'obliger. M. l'Ambassadeur part pour Versailles; il m'a chargé de vous dire qu'il n'épargnera rien pour vous servir, et pendant son absence, vous pouvez disposer de moi dans toutes les occasions où vous me croirez être de quelque utilité.

J'écrivis à l'Ambassadeur avant son départ, je n'en reçus aucune réponse. A son retour de France je lui écrivis deux lettres, (qui ont paru dans le tems dans les papiers publics,) auxquelles il ne répondit pas davantage; je n'en suis pas étonné et ne lui en fais aucun reproche, il avoit été à portée de savoir ce qui se passoit, il n'avoit pas ignoré que lorsque la Reine témoigna le désir de soustraire la Comtesse à l'iniquité de son jugement; les gens qu'elle appelle ses sangsues; et notamment l'Abbé de Vermont lui persuaderent que si elle avoit seulement l'air de la connoitre elle se compromettroit horriblement, à plus forte raison si elle paroissoit s'y intéresser.

Je crois qu'aprés le récit que je viens de faire ce seroit insulter le lecteur que de lui offrir une seule réflexion; il voit que la vie du Cardinal n'a tenu qu'à un fil, que si le plus léger souffle eut rompu ce fil, la Comtesse étoit déchargée de toute accusation; il reste donc à décider si l'influence victorieuse des Rohans a pu constituer un crime que l'influence de la Reine eut lavé si elle eut été prépondérante.

Avant de rendre la plume à mon épouse je vais lui épargner le travail d'un morceau ingrat qu'elle a annoncé et qui porte sur des objets qui me sont plus familiers qu'à elle; je parle du compte qu'elle a promis de rendre de la partie des diamans que la Reine lui avoit donnés sans se douter probablement de la huitième partie de leur valeur. Voici ce qu'ils ont rendu, et l'usage que j'en ai fait. Je les eusse vendus à Paris tête levée si le Cardinal ne nous eut pas observé qu'ils pourroient tomber dans les mains des bijoutiers ce qui ne pourroit être que désagréable pour la Reine.

Je suis arrivé à Londres le 17 Avril avec le Chevalier Oneil qui étoit parfaitement instruit de l'objet de mon voyage; comme il savoit que la Comtesse voyoit la Reine, je ne lui avois pas fait mystère du cadeau qu'elle en avoit reçu, ni du motif qui m'engageoit à m'en défaire à Londres. J'avois une lettre de crédit sur MM. Morland et Ce. j'y allai le lendemain de mon arrivée. M'étant informé du nom des principaux jouailliers, on me donna l'adresse de Jefferys et de Gray; j'allai d'abord chez Jefferys; je lui dis que j'avois des diamans à vendre, je lui donnai mon adresse, il vint chez moi le lendemain matin; je lui montrai les 18 pierres ovales qui avoient appartenu au collier, et je lui dis le prix que le Cardinal avoit fixé; il me demanda à les emporter pour les examiner, et m'offrit une réconnoissance que j'acceptai; il me promit de m'apporter une réponse dans quatre jours. Je partis le lendemain avec le Chevalier Oneil pour

pour Newmarket ; nous y restâmes cinq jours pendant lesquels je gagnai neuf cents soixante guinées. J'en depensai soixante tant pour les frais du voyage que pour des emplettes de selles, brides, couvertes, fouets, etc. etc. Le Chevalier Oneil a déposé de ces circonstances.

Arrivé à Londres, j'allai moi-même chez Jefferys qui me dit qu'un gentil homme offroit quatre mille livres sterlings, qu'il ne pouvoit donner aucun argent comptant ; qu'il feroit des billets payables à six mois et un an, et qu'il donneroit une personne qui seroit sa caution. Je lui dis que je m'aviserois. Je repris les diamans, et lui rendis sa reconnoissance. J'allai le même jour chez Gray, je lui laissai la plus grande pierre ovale, et je lui dis de venir chez moi le lendemain, que je lui en ferois voir une plus grande quantité ; je lui achetai le même jour une montre qui se remontoit d'elle-même. Il vint le lendemain avec un Juif nommé Eliason ; je lui remis les mêmes pierres que j'avois confiées à Jefferys, il me dit qu'il les avoit déja examinées, et qu'un courtier dont se servoit Jefferys les avoit apportées chez lui ; je lui dis pour lors l'offre que Jefferys m'avoit faite, et les conditions des payemens ; j'ajoutai que ne connoissant point Jefferys ni la personne dont il m'avoit parlé, je ne voulois pas m'exposer à donner un objet aussi considérable à crédit ; que d'ailleurs je comptois rester peu de jours à Londres ; que vraisemblablement je n'y reviendrois jamais, et que je ne voulois rien laisser derrière moi qui put me donner de l'inquiétude ; il me répondit que j'avois raison, et que si nous convenions de prix il me payeroit comptant. Je lui dis mon prix, et il partit avec les diamans me promettant de revenir le lendemain avec une réponse. Le lendemain il revint toujours avec Gray ; il m'offrit trois mille guinées que je ne voulus pas accepter ; après m'avoir fait examiner plusieurs pierres où il y avoit des taches et d'autres défauts, ils partirent, m'assurant que l'offre qu'ils me faisoient argent comptant étoit très-raisonnable, et que je ne trouverois personne qui m'offrit davantage ; je les laissai aller, en leur disant que je garderois mes diamans plutôt que de les donner pour ce prix. Le lendemain matin ils revinrent à la charge, et demanderent à examiner les pierres une seconde fois ; je les leur donnai ; Oneil étoit présent, ainsi que mon valet de chambre. Eliason tira pour lors de sa poche un collier de perles composé de deux rangs très-beaux ; une tabatière garnie de brillants et de perles avec un médaillon sur le couvercle, et plusieurs paquets de semence de perles ; il me dit que si je consentois à prendre une partie de ses bijoux il lui seroit plus facile de s'arranger avec moi ; je mis de côté la boîte, le collier, et environ une livre de semence de perles. Il me fit l'estimation de ces différents objets et les fit monter à cinq cens soixante livres sterlings, je lui dis que s'il vouloit me donner quatre mille livres sterlings et ces objets le marché seroit conclu, il se récria beaucoup, et finit par s'en aller m'offrant trois mille livres sterlings, et les bijoux que j'avois choisi, ce que je ne voulus pas accepter. Dans cette intervalle Jefferys revint à la charge, je lui dis que mon intention étoit de vendre seulement pour de l'argent comptant. Je lui remis 13 pierres du premier rang ; les deux plus belles n'avoient point été données à la Comtesse, et sûrement la Reine en aura fait cadeau à Mlle. Dorvat ou à quelque femme de son intimité, car elle en avoit plusieurs. J'en avois choisi deux ; l'une destinée à monter une bague pour la Comtesse, et l'autre pour moi ; Regnier mon bijoutier à Paris les a montées toutes deux avant mon départ pour Londres ; je portois la mienne à mon doigt ainsi que la Comtesse. Le Cardinal les a vues toutes deux. Je passai le lendemain chez Gray pour acheter différentes choses en acier ; j'y trouvai Eliason qui me dit que j'étois trop tenace, qu'il m'offroit un prix raisonnable, il me fit voir de fort belles perles pour une garniture de bracelets et une bague formant bouton de col; je passai dans un appartement séparé où nous entrâmes en arrangemens. Après deux heures de difficultés de part et d'autre nous conclûmes enfin le marché pour les 18 pierres ovales; savoir trois mille livres sterlings comptant, le collier de perles à deux rangs estimé deux cents livres, la tabatière cent quarante, les semences de perles cent vingt, une étoile de diamans que je pris dans la boutique de Gray estimée trois cents livres. Premier marché. Lorsque j'eus reçu argent et bijoux, il me dit que le courtier de Jefferys lui avoit apporté d'autres diamans, qu'ils m'appartenoient sans doute, que si je voulois les vendre il valoit mieux traiter avec lui qu'avec un autre, que j'y gagnerois la commission, et de l'argent comptant. J'allai dès le même jour retirer des mains de Jefferys les treize pierres que je lui avois confiées, comme il a sû que je les avois vendues à Gray, fâché d'avoir manqué cette occasion, il a saisi la circonstance qui s'est présentée pour faire entendre qu'il avoit été plus délicat que Gray; que lui Jefferys soupçonnant que ces diamans avoient été volés, il avoit été faire sa déclaration à l'office (ce qui est faux) et qu'il n'avoit pas voulu les acheter. Il a fait d'autant plus volontiers ce serment à la requisition de M. de Carbonnieres agent du Cardinal, qu'il me croyoit en Turquie, et comptoit jamais ne me revoir en Angleterre. On verra par sa conduite avec moi lorsque je suis revenu à Londres combien ce Jefferys étoit délicat! puisqu'il est venu me trouver après le jugement pour me demander si je n'avois pas des diamans à vendre, me disant qu'il les acheteroit et me feroit plus d'avantage que Gray: on verra plus loin ce que je lui ai répondu et la tournure que j'ai prise afin de faire voir évidemment en quoi consistent les pièces justificatives que le Cardinal a produites. Ayant donc retiré les 13 pierres des mains de Jefferys je les ai portées chez Gray, et je lui ai dit que le lendemain j'irois moi-même chez lui; qu'il pouvoit prévenir Eliason de s'y trouver à la même heure. Le départ du Chevalier Oneil m'empêcha de me trouver au rendez vous; il avoit reçu une lettre de son frere et une de son Colonel qui lui marquoient de revenir le plus promptement possible, devant rejoindre son régiment pour le 15 de Mai; il n'avoit pu obtenir une prolongation comme il l'espéroit, les troupes que l'Empereur faisoit marcher vers la Hollande étoient le motif des ordres qu'il avoit reçus. Il fut donc forcé de me laisser seul à Londres; je le chargeai de plusieurs emplettes que j'avois faites, et lui remis le paquet de perles que j'avois eu en échange. Comme il prit la diligence, il fut arrêter sa place la veille; il trouva au bureau du Sieur Guyon, le capucin Mac-Dermott espion de profession, qui mériteroit qu'on en fit un exemple pour les choses que je sais de son aveu, et certainement celles-là sont les plus honnêtes. Ce capucin connoissoit le Chevalier Oneil, ils renouvellerent connoissance; ayant appris dans la conversation qu'il étoit venu avec moi, il le pria de le présenter, ce que le Chevalier fit. Il me dit que comme je ne savois pas l'Anglois il seroit mon interprête, et me rendroit tous les petits services qui dépendroient de lui, j'acceptai ses offres obligeantes; dès le même jour il dîna avec moi. Il avoit été procureur de son ordre à Vassi, six lieues de distance de Bar-sur-Aube, il connoissoit ma famille, et m'avoit vu enfant à ce qu'il m'apprit. Il me dit qu'il avoit été employé par M. de Choiseuil et les ministres qui l'avoient suivi, qu'il avoit rendus de grands services à l'état, que pour récompense on ne lui avoit donné que cent louis de pension par an, assignés sur les fonds de la marine, qu'il craignoit qu'un ministre de mauvaise humeur ne lui retirât cette pension, que pour être à l'abri de ce désagrément et en même tems décharger le gouvernement, il demandoit que sa pension soit convertie ou échangée contre un bénéfice, et ensuite sécularisé; il ajouta qu'il avoit présenté un mémoire à Madame Louise qui le protégeoit, mais qu'il craignoit que cela ne traînât en longueur; qu'il avoit fait une grande perte, lors de la disgrace de M. de Choiseuil; comme il avoit rendu de grands services sous son ministère il en attendoit des récompenses considérables, et elles lui étoient promises. Ayant peu à peu gagné ma confiance, et ayant appris à son dernier passage à Bar-sur-Aube que la Comtesse voyoit la Reine, qu'elle en étoit aimée, et que toute notre fortune venoit d'elle; on doit juger de son empressement à m'être agréable. Insinuant et hypocrite, il se rendit utile auprès de moi, et comme il étoit le prêtre habitué d'une grande partie de la noblesse Angloise, il m'introduisit dans les meilleures maisons. Je fis avec lui plusieurs excursions dans les environs de Londres, ce fut dans ces petits voyages qu'il me parla de ce qu'il avoit entendu dire à Bar-sur-Aube; il me parla du Cardinal, et me dit que si je voulois lui rendre service cela dépendoit de moi, que le Cardinal pouvoit le faire séculariser en lui donnant une place auprès de lui *ad honores*, et ensuite faire changer sa pension contre un bénéfice, que le gouvernement y gagneroit et lui aussi. Je lui conseillai de faire un mémoire dont je me chargerois volontiers, ajoutant que je ferois tout ce qui dépendroit de moi pour l'obliger. Dans ce premier voyage je ne lui parlai point de l'intimité de la Comtesse avec la Reine, encore moins du Cardinal; il ne sut point que j'avois des diamans, qu'ils avoient été donnés à la Comtesse par la Reine, qu'ils venoient d'un collier, enfin je ne lui dis rien de particulier; je lui dis seulement que j'avois de l'argent à faire passer à Paris, il me répondit qu'il connoissoit un négociant dans la cité, nommé M. le Motteux, que si je le lui remettois il me feroit l'avantage qu'on fait aux négocians, au lieu que M. Hammersley me traiteroit en seigneur; il calcula le bénéfice que je ferois en remettant cette somme à M. le Motteux, comme cela me parut assez considérable, et qu'il me persuada que M. Hammersley ne me feroit pas le même avantage, je me décidai à aller chez M. le Motteux; il m'y accompagna. Je lui remis les trois mille livres sterlings, que j'avois déja reçues sur le premier marché.

Revenons aux 13 pierres que j'avois laissé chez Gray en lui donnant rendez-vous pour le lendemain. Quand le Chevalier Oneil fut parti, j'allai chez ce jouaillier; il envoya aussi-tôt à la cité pour avertir Eliason que je l'attendois chez lui. Il vint mais nous ne convînmes de rien; huit à dix jours se passèrent en allées et venues sans rien terminer. Ils me disoient souvent qu'ils étoient surpris qu'un seigneur put se connoître aussi bien en diamans, en savoir la juste valeur, mais que je n'ignorois pas sans doute qu'on trouvoit difficilement à placer de pareils objets; qu'ils seroient forcés de les garder peut-être deux ou trois ans avant de les vendre, que pendant ce tems l'intérêt de l'argent étoit perdu, et beaucoup d'autres choses semblables; enfin après bien des tracasseries et des démarches de leur part, nous conclûmes le marché de ces treize pierres pour la somme de deux mille livres sterlings comptant, une bague formant bouton de col estimée deux cens livres sterlings, et que je n'ai vendue que cent dernièrement; un paquet de fort belles perles pour une garniture de bracelets estimés cent cinquante livres, un autre paquet de perles estimé soixante livres, et une paire de girandoles estimées cinq cens livres; voilà les deux marchés que j'ai faits avec Eliason en présence de Gray; les six pierres qui formoient la rosette de deux pierres ovales ; je les ai échangées chez Gray, contre un médaillon entouré de petits brillants, deux épées d'acier, une épingle de chemise, une pince pour les asperges, et une pompe pour soutirer le vin des bouteilles. Quatre pierres qui étoient entre la rosette et les quatre glands ont été pareillement échangés chez Gray, contre une bague que j'ai encore, un petit jonc de semence de diamans, un nécessaire de femme satin et or avec toutes ses garnitures, une paire de boucles d'acier, et une miniature. Il me restoit 60 pierres provenantes des glands, 22 des festons, et la pierre qui formoit le bouton. J'ai fait un choix dans les 60 pierres de 28. Je les ai données à Gray pour les monter en boucles d'oreilles Mirza, et les 22 provenant des festons pour en faire un collier d'un seul rang ; il ne me restoit donc plus que 32 pierres provenantes des glands, et la pierre qui formoit le bouton. J'ai choisi les seize plus belles que j'ai gardées sans être montées, et les seize autres je les ai vendues à Gray sur le pied de huit livres le carrat, sur quoi j'ai pris dans sa boutique différentes petites choses qui ne méritent pas d'être mentionnées. Voilà tous les marchés que j'ai fait à Londres. Il me restoit la pierre qui formoit le bouton ; je la montrai à M. Morland en lui demandant s'il ne pourroit pas trouver l'occasion de me la faire vendre avantageusement ; il me dit qu'il la feroit voir à quelqu'un de sa connoissance, et qu'il me donneroit réponse dans deux ou trois jours. Il passa chez moi deux jours après, il me dit qu'il avoit la pierre à sa banque, qu'on en offroit mille guinées, et qu'il croioit qu'on iroit à douze cents. Il me proposa de passer dans Pall Mall pour prendre la pierre, et aller de-là dans la cité chez M. Duval, me disant que c'étoit lui qui avoit fait cette offre, mais qu'il croyoit que ce n'étoit pas pour lui. Nous trouvâmes M. Duval qui me fit voir plusieurs bijoux. Je lui dis que mon intention n'étoit pas d'en acheter puisque je venois au contraire pour lui vendre un diamant que M. Morland lui avoit montré. Après l'avoir examiné de nouveau, il me dit que la personne à qui il l'avoit fait voir n'en offroit que mille livres sterlings et qu'il croyoit que c'étoit sa juste valeur ; je repris le diamant, et je me décidai à le garder, en attendant l'occasion de le placer plus avantageusement. Je le donnai le même jour à

Gray pour le monter en bague. Voilà généralement tous les diamans que j'ai vendus et échangés à Londres; voyons actuellement ceux qui ont été vendus, et échangés à Paris. Avant mon départ de Paris pour l'Angleterre la Comtesse avoit remis à M. Filleux, des diamans qu'elle avoit détournés provenant des festons et des nœuds des glands; elle le pria de les vendre pour elle et de lui remettre l'argent, lui recommandant de ne m'en pas parler. Il a vendu la totalité à un nommé Pâris bijoutier pour la somme de 28 mille livres tournois. Deux pierres provenant des festons ont été échangées par moi pour deux pendules chez un nommé Furet rue St. Honoré, j'ai donné en outre 25 louis. Un diamant venant de même des festons a été monté en bague par Regnier mon bijoutier. J'avois une chaîne en petits brillants que Franc le Juif m'avoit vendue, je l'ai donnée à Regnier et j'y ai ajouté quelques petits diamans qui accompagnoient les nœuds des glands, avec le tout il m'a composé une chaîne que les conseils du Cardinal ont évaluée à quarante mille livres; j'ai eu beaucoup de peine à la vendre soixante livres sterlings à Londres. Il en a été à-peu-près de même de tous les objets; il falloit bien multiplier pour faire voir que j'avois eu la totalité du collier. Il me restoit en tout seize diamans que j'avois rapporté à Londres, vingt quatre très petits qui étoient à côté de chaque pierre ovale du bas des glands, l'entourage des deux grandes pierres ovales, deux petits à côté du bouton, seize de la même grosseur dont six tenoient les deux pierres ovales entre les festons, et les douze autres venoient immédiatement après le ruban du haut; les rosettes et ce qui tenoit les glands n'étoient pas encore démontés. Je remis le tout à Regnier; sur tous ces objets il a fait un choix des meilleures pierres et à-peu-près de la même égalité, pour faire un cercle dessus une boîte et pour monter une petite paire de boucles d'oreilles mirza dont la Comtesse vouloit faire un cadeau; le reste je lui ai dit de le vendre; il en a tiré treize ou quatorze mille livres tournois. Voilà généralement tout ce que j'ai vendu tant à Paris qu'à Londres. Recapitulons; argent comptant à Londres cinq mille livres sterlings de Mr. Eliason, 50 ou 60 livres sterlings de Mr. Gray.

En Bijoux.

Un médaillon, une étoile, une paire de girandoles, une bague, une épingle de chemise, un jonc, deux épées d'acier, une paire de boucles d'acier, une livre de semence de perles, deux rangs de perles formant un collier. une garniture de bracelets, un petit paquet de perles, un bouton de col faisant bague, une tabatiere, une pince pour les asperges, une pompe pour soutirer le vin des bouteilles, un nécessaire de poche de femme satin et or avec les garnitures, une miniature, un porte plume de roses estimé 60 livres sterlings. J'ai eu d'autres petits articles de la boutique de Gray, comme aiguilles, couteaux, fourchettes d'acier, des pinces à ressort, une paire de ciseaux, une paire de boucles d'argent, une lunette d'opéra, un petit cordon de montre d'acier, etc.

Vendu a Paris au sieur Pâris pour 28 mille livres tournois, et à-peu-près pour cinquante louis de semence de perles que le Chevalier Oneil avoit rapporté de Londres, le reste a été vendu à Mardoché, Juif demeurant rue aux ours.

J'ai déja dit que j'avois remis à Gray 22 pierres pour monter un rang de collier, et 26 pour des boucles d'oreilles mirza : je lui avois annoncé le jour de mon départ, et il m'avoit promis que l'ouvrage seroit fini ; cependant la veille il me montra toutes les pièces qui n'étoient qu'ébauchées, m'assurant qu'il y avoit beaucoup plus d'ouvrage qu'il n'avoit pensé, que si je voulois les lui laisser, il avoit une occasion de me les faire tenir à Paris dans la quinzaine; je lui laissai les pierres avec mon adresse et je partis un Dimanche matin avec le Capucin Mac-Dermott qui m'accompagna jusqu'à Douvres : en le quittant je lui fis présent d'une fort jolie boîte où il y avoit une très-belle peinture sur le couvercle, et je lui donnai de l'argent pour retourner à Londres. J'avois pris en partant de Paris un crédit de deux mille écus ; j'ai gagné à Newmarket à-peu-près mille livres sterlings ; sur les deux sommes j'ai acheté tant en selles qu'en brides, fouets, couvertes, harnois, habillemens de chevaux de courses, pour cent guinées ; un phaeton cent guinées ; cent cinquante guinées pour des étoffes angloises et des habits pour moi et mes gens; le reste a été dépensé pour mes voyages et mon séjour à Londres qui a été de six semaines; cette dépense ne paroîtra pas extraordinaire lorsqu'on saura que j'étois descendu dans un des hôtels les plus chers de Londres, que j'avois deux domestiques, une voiture de remise, deux chevaux de selle, que je donnois souvent à manger, et qu'étant répandu dans les meilleures sociétés j'étois obligé de jouer et de faire de la dépense.

Il ne me restoit plus des débris du collier que deux bagues, une à moi l'autre à la Comtesse, un petit diamant monté sur une pierre de couleur prune Monsieur, une paire de boucles d'oreilles mirza, et un cercle sur une boîte d'écaille noire. J'avois laissé à Gray le collier de 22 pierres et les boucles d'oreilles.

Voilà le plus grand détail des pierres que j'ai vendues, échangées, et tout ce qui me restoit.

D'après le calcul que je viens de faire de toutes les pierres que j'ai eu du collier, et que j'ai reconnues sur la représentation exacte gravée d'après la grandeur des diamans, il se trouve que la Reine a gardé deux cents cinquante six diamans de la même grandeur, quatre-vingt dix huit plus petits de la même forme, et les deux plus beaux diamans du premier rang. Les deux cents cinquante six diamans étoient ce qu'il y avoit de plus beau dans le collier pour l'assemblage et la régularité d'une aussi grande quantité de pierres. M. Duval qui est retiré du commerce et qui l'a cédé à son frere a fourni à la Reine d'Angleterre une quantité de pierres semblables à celles qu'elle a gardées pour faire une garniture de bracelets. La Reine de France avoit donné ordre à ce même M. Duval de lui en procurer de semblables, mais il m'a dit à moi-même qu'il n'avoit jamais pû en réunir une assez grande quantité. Comme il connoissoit le collier, et qu'il l'avoit eu entre les mains, je lui ai montré sur le dessein ce que j'avois eu, et ce que la Reine avoit gardé, cela lui a fait rappeller l'ordre qu'il avoit reçu d'elle pour de semblables diamans; comme elle avoit le plus grand désir d'avoir des bracelets semblables à ceux de la Reine d'Angleterre, il est vraisemblable que ceux qu'elle a gardés seront un jour employés pour faire cette parure. La Comtesse prétend qu'ayant nié une fois elle niera dans l'éternité, et qu'elle est femme à les avoir plutôt fait jetter à la mer que de laisser subsister les traces d'une action dont les suites ont été si funestes pour nous; cela est possible; la seule vérité que je prétende tirer de ce long exposé est que nos persécuteurs n'ayant jamais pu prouver que nous ayons disposé d'un carat au delà de l'état que je viens de donner, nous calomnient gratuitement lorsqu'ils disent que nous avons volé le collier; tout ce qu'ils peuvent nous objecter de plausible, c'est que nous ne prouvons pas le don de la Reine — que savent-ils; S. M. aura peut-être un bon moment, nous l'attendons au lit de mort; qu'ils attendent aussi.

On n'a pas oublié que je suis parti de Bar-sur-Aube avec cent louis et que j'ai laissé généralement tous mes bijoux, ceux de la Comtesse, ainsi que tout ce que je possédois entre les mains de ma famille; cette circonstance qui dépose évidemment de mon innocence, et prouve combien j'étois éloigné de prévoir ce qui est arrivé, a cependant le plus contribué à donner prise sur moi, la famille de Rohan faisant publier par-tout que j'étois parti avec les restes du collier. Ces bruits s'étant accrédités, il étoit sans doute de l'honneteté et du devoir de ma famille de représenter mes diamans et ceux de la Comtesse, d'autant plus qu'elle en avoit donné un état exact peu de jours après son arrivée à la Bastille; mais calculant et espérant que la famille de Rohan l'emporteroit sur nous, et qu'ils pourroient par conséquent s'approprier non seulement nos bijoux mais la plus grande partie de notre argenterie et de nos effets, ils se garderent bien de faire une seule démarche tendante à changer, ou affoiblir les soupçons que mon départ avoit fait naître; on ne doutera pas dans un instant de leur avidité et de leur turpitude.

Peu de tems après le jugement, voyant dans les papiers publics qu'ils n'avoient rendus aucuns de nos bijoux; Je leur envoyai un exprès dans l'espoir qu'ils lui en remettroient au moins une partie; que firent-ils? après s'être repandus en injures contre moi, ils le renvoyerent sans même lui donner de quoi faire le voyage. Pensant bien que je n'en resterois pas là et que je les forcerois d'une maniere ou d'autre à une restitution; ils se déciderent à faire un sacrifice espérant qu'ils pourroient garder impunément tout ce qu'ils avoient volé chez moi. Ils mirent en conséquence dans l'écrin de la Comtesse ses bracelets, une étoile de brillants, un médaillon, des girandoles, un porte plume, une boite d'écaille noire avec un cercle de brillants sur le couvercle, un collier de perles, une garniture de bracelets de grenats montés en or, et trois ou quatre bagues valant au plus 30 ou 40 guinées. Ils prétendirent ensuite avoir trouvé cet écrin dans un endroit où je l'avois caché avant mon départ, et pour faire voir leur honnêteté, leur désintéressement, ils l'envoyerent à la police, persuadés d'après cette restitution volontaire qu'elle ne feroit aucune recherche chez eux, et qu'ils pourroient m'écrire impunément (comme ils l'ont fait) que tout ce qui m'appartenoit ayant été généralement saisi, il étoit bien étonnant que je leur envoye journellement des émissaires pour leur faire des demandes indiscretes; qu'une fois pour toutes je devois me persuader qu'ils n'avoient rien à moi; ils finissoient cette épître en m'observant que les ayant deshonoré je ne devois pas m'attendre à aucuns secours de leur part. Peu de tems après la reception de cette lettre je reçus de Paris l'état de tout ce qui avoit été vendu à l'hôtel de Bullion. assuré par ce moyen de leur friponnerie, je fis partir sur le champ un autre exprès porteur d'une lettre menaçante; ils en furent si fort effrayés qu'ils promirent de se rendre eux mêmes à Londres pour me remettre ce qu'ils avoient eu (disoient-ils) le bonheur de sauver. L'époque qu'ils avoient annoncé étant passée et ne recevant d'eux aucunes lettres, je leur envoyai une autre personne avec des nouvelles instructions. Voyant qu'il n'y avoit plus moyen de reculer ils se déciderent à partir.

Les habitans de Bar-sur-Aube disant hautement qu'ils avoient gardé une partie de mes bijoux, indignés de leur conduite et de la spoliation qu'ils avoient faite dans ma maison (puisque la frayeur qu'on leur avoit faite les avoit forcés à rendre une partie de mon argenterie qu'ils avoient enterrée dans un tas de fumier, (se doutoient bien que les différentes personnes que j'avois envoyées étoient venues pour réclamer ce que je leur avois laissés. Croyant leur donner le change et détourner leur attention, ils firent courir le bruit qu'ils alloient à Paris, et prirent la route de Boulogne ; ils eurent grand soin de faire partir avant la personne que je leur avois envoyée, évitant sur-tout de la faire passer par Paris dans la crainte de quelque indiscrétion.

Arrivés à Londres peu de jours après la Comtesse (à qui ils avoient refusé 25 louis à son passage à Bar-sur-Aube ;) ils me remirent une bague qui avoit formé le bouton du collier, une chaîne de montre que j'ai vendue 50 livres sterlings, et une boîte que j'avois eu en échange et que j'ai vendue à Gray 60 livres sterlings. En me rendant ces trois objets ils me dirent que c'étoit tout ce qu'ils avoient pu détourner de tous nos bijoux. Comme ils avoient eu tout le tems de combiner leurs mensonges, et qu'ils étoient persuadés que je n'avois pu être instruit de leur conduite et leurs déprédations, ils n'épargnerent rien pour me convaincre de la vérité de leur récit ; qui m'auroit paru bien naturel, si je n'avois pas été aussi bien informé.

Ayant paru satisfait de ce qu'ils m'avoient remis, j'allai le même jour prendre un — WRIT — espérant par ce moyen les effrayer et leur faire rendre le surplus des bijoux qu'ils avoient gardés, mais s'imaginant d'après les informations qu'ils avoient prises avant leur départ que je ne pouvois les inquiéter d'aucune maniere, ils me firent sentir qu'ils étoient indignés de ma conduite envers eux, et leur dernier mot fut qu'ils n'avoient rien à moi, qu'ils avoient tout rendu et que s'ils eussent prévu mon peu de reconnoissance de la démarche qu'ils venoient de faire, ils auroient donné généralement tous mes bijoux et m'auroient privé par ce moyen des trois objets qu'ils venoient de me remettre.

Jugeant par leur ton d'assurance qu'il falloit plus que des paroles pour les mettre à la raison, je n'insistai pas davantage et remis le *writ* entre les mains d'un officier du sheriff qui le moment d'après arrêta mon cher oncle, homme riche, sans enfants, occupant les premieres places de la ville où il fait sa résidence et jouissant de l'estime et de la considération de tous les habitans. A la vérité il n'en est pas de même de sa chere moitié ; cette femme méprisable, détestée de toutes les personnes qui la connoissent, avoit sans doute engagé son mari à faire cette bassesse ; aussi du moment où elle le vit arrêter elle vint me trouver pour m'engager à accepter des billets pour la somme que je réclamois, m'assurant toujours qu'elle n'avoit rien à moi et qu'elle alloit vendre une partie de son bien pour acheter la liberté de son mari. N'ayant pu accepter les engagemens qu'elle vouloit prendre avec moi, elle se décida à tout avouer, et elle partit pour aller chercher ce qu'elle avoit assuré sous serment avoir rendu au gouvernement.

A son retour elle me remit deux bagues qui avoient appartenu au collier; une paire de boucles d'oreilles mirza dont elle avoit détaché quatre diamans (ce que je n'ai apperçu qu'après son départ,) un anneau, un bouton de col, une bague montée en cheveux avec un entourage, et une autre bague de peu de valeur. Le lendemain de cette restitution forcée, mes honnêtes parents sont retournés dans leur foyer, où ils ont partagé le reste de mes dépouilles, et je n'en ai entendu parler depuis, que pour apprendre avec le plus grand détail tout le pillage qu'ils ont fait dans ma maison de Bar-sur-Aube, et tout le mépris dont ils se sont couverts par la conduite qu'ils ont tenue envers nous.

Comme ils sont capables d'après ce qu'ils ont fait, de dire qu'ils sont venus m'apporter les restes du collier, je crois devoir ajouter que de tout ce qu'ils m'ont rendus, il n'y avoit que trois pierres appartenantes au collier, et dont j'ai parlé plus haut. Tout le reste, ainsi que ce qui a été vendu à l'hôtel de Bullion à Paris, étoit (à peu de chose près) en notre possession, avant que nous ayons jamais entendu parler du collier.

J'ai vendu généralement tout ce qu'ils m'ont rapporté, à M. Gray de New Bond-street, pour la somme de deux mille deux cent livres sterlings.

Ici finit tout ce que j'ai dû laisser dire par le Comte de la Motte lui même et que lui seul pouvoit rendre; je reprends la plume et je crois pouvoir présentement affirmer que quelles que soyent les préventions qu'a dû faire naître contre moi le jugement inique qui a été le résultat des intrigues tant de la Reine que de la maison de Rohan; l'homme du monde qui en seroit encore le plus entiché, ne peut du moins se dissimuler depuis qu'il nous a entendus, que nous avons été sacrifiés. La seule conversation du Comte de la Motte avec l'Ambassadeur de France; en développant les manœuvres que méditoit le parti de la Reine, donne une idée de celles qui ont été *réellement employées* par le parti des Rohans; mais je ne veux pas que le public s'en tienne à une simple idée. Je veux lui développer entièrement celles des intrigues de mes adversaires dont j'ai la preuve, ce n'est pas la dixieme partie de leurs iniquités.

Avant d'entrer dans ce détail, il est important d'observer que par une fatalité inconcevable attachée à la nature des circonstances; la Reine qui dans le fond, faisoit cause commune avec moi, ou même dont (comme l'observoit très-bien le Comte d'Adhémar) je n'étois que la représentante, n'a pû entrer en cause, à raison de l'énoncé des lettres patentes qui, donnant au parti dominant du Cardinal le prétexte de borner ses recherches à la seule affaire du collier, a écarté de la discussion tout ce qui étoit étranger à cet objet.

Par ce moyen, la Reine, comme je l'ai dit, n'étant point en cause, je me suis trouvée non seulement seule, sans appui, sans fortune, ayant à lutter contre le credit, l'opulence, la considération attachée à une maison illustre et puissante; mais encore contre l'influence secrette de la Reine elle même que mes ménagemens *forcés* pour le Cardinal irritoient contre moi. Est-il étonnant que j'aie succombé contre les forces combinées de pareils adversaires!

En supposant, ce qui est assez naturel, que du moment où je me suis vue impliquée dans cette malheureuse affaire, sans avoir pour la vérité un égard qui l'emportât sur ce que je devois à mon propre salut, j'eusse voulu me ranger du côté de l'une des véritables parties, je n'en eusse pas été maîtresse. Je n'ai pas eu un seul instant la liberté de consulter soit la justice, soit mon inclination, soit mes vrais intérêts; continuellement obsédée par les agents et les émissaires des deux parties, je ne voyois de toutes parts que des écueils, je n'ouvrois pas la bouche, je n'ébauchois pas une idée, qu'on ne me dit « si vous faites cela, vous être perdue» — hélas! mon Dieu! m'écriois-je sans cesse, qui écouter, qui croire — plus tourmentée de cette incertitude qu'inquiete du fond de l'affaire, je me lassai de penser toujours au même objet, et je tombai dans cet état d'insensibilité qui rend le bien et le mal indifférents. Je n'avois d'idée stable que sur un seul point, parce qu'il y avoit longtems que je l'avois prévu ; je me disois : la Reine veut perdre le Cardinal — mais le Cardinal avoit été mon bienfaiteur n'étoit-il pas monstrueux de me prêter à devenir l'instrument de sa perte! la Reine avoit été ma bienfaitrice, si je repugnois à servir sa vengeance, je devois du moins respecter ses secrets. Tout cela eut pu se concilier s'il eut suffit d'être discrette ; mais que répondre à des questions éternelles dont la plupart étoient insidieuses ; comment se tirer de ces interrogatoires, de ces confrontations — il y avoit de quoi tourner meilleure tête que la mienne, et c'est la seule raison que je puisse rendre des contradictions fréquentes dans lesquelles on me surprenoit — « dites *blanc*, me disoit l'un, ou vous êtes perdue » je disois blanc. — « dites *noir* me disoit l'autre ou c'en est fait de vous » je disois noir. — « ne parlez pas de telle ou telle chose, me disoit un troisieme, vous perdriez tout » on m'interrogeoit sur cette chose et je battois la campagne ; et sans que je m'en doutasse, toutes ces inconséquences tournoient à ma charge, faisoient preuve contre moi. Mais parcourons quelques-uns des degrés par lesquels on m'a fait passer pour arriver au précipice. Je dis *quelques-uns* parce qu'il faudroit écrire des volumes pour les détailler tous. Depuis mon entrée à la Bastille jusqu'au jour d'abomination, on ne m'a pas fait faire un pas, on ne m'a pas suggéré un seul mot qui n'ait concouru à la consommation de ma ruine.

Il faut savoir d'abord que peu de jours avant celui que je viens de nommer le jour d'abomination, je reçus une lettre que j'impute encore aujourd'hui au Baron de Breteuil ; laquelle portoit en substance que mon salut dépendoit de moi, que je n'avois qu'à mettre tout sur le compte du Cardinal et de Cagliostro. (1).

---

(1) Une preuve sensible que la lettre anonyme que je reçus trois ou quatre jours avant la catastrophe du Cardinal m'avoit été envoyée par le Baron de Breteuil ; c'est que tout le monde sait que lorsqu'il alla faire une descente dans l'hôtel du Cardinal à Paris, espérant y trouver la correspondance, et furieux d'apprendre qu'un courrier dépêché à l'Abbé Georgel l'avoit frustré de cet objet qui

Le 18 Août 1785, lorsque je fus conduite à la Bastille ; déja indignée contre le Cardinal qui, pour ménager la Reine et se sauver lui même, rejettoit tout sur moi, je vis arriver le Commissaire Chénon qui, ayant reçu ses instructions du Baron de Breteuil, me demanda ce que je dirois pour ma défense ? Me rappellant alors la lettre que j'avois reçue, mais ne voulant pas aller aussi loin que me le conseilloit l'anonyme, je répondis que je pourrois dire que le Cardinal m'avoit fait présent d'une quantité de diamans ; sans que je susse s'ils provenoient du collier ou non. Il me conseilla de ne point prendre cette tournure me représentant qu'elle indisposeroit le Roi contre moi. Que ce seroit dire ; j'étois la maîtresse du Cardinal, il n'est point étonnant qu'il m'ait fait ce cadeau. « dites plutôt, ajouta-t-il, qu'il vous les a donnés pour les vendre à son profit et que vous lui en avez remis la valeur ; cela paroîtra plus vraisemblable, et infiniment plus décent pour vous.

Voilà un premier avis que j'eus la foiblesse de suivre et qui en me perdant sauva le Cardinal parce qu'il ne fut pas possible de prouver que je lui avois remis l'argent; au lieu que si j'eusse dit, comme j'en avois formé le dessein qu'il m'avoit donné beaucoup de diamans, c'est lui qui se fut trouvé dans l'impossibilité de prouver le contraire ; mais ce ne fut que longtems après que je sentis la différence des deux déclarations. Le Commissaire que je voyois parfaitement bien être l'organe du Baron de Breteuil, s'étoit attaché à me distraire de toute réflexion, et pour fixer mon attention toute entiere m'avoit donné à entendre que la Reine me protégeroit et me tireroit promptement de la Bastille ; « raison de plus, m'avoit-il dit, pour éviter de parler d'aucun présent que

---

avoit été livré aux flammes ; s'écria en voyant le buste de Cagliostro : » je ne rencontre par tout que la figure de ce Charlatan ; patience j'espère que cela finira bientôt.« j'étois dans ce moment bien tranquille à Bar-sur-Aube, et il ne s'exprimoit ainsi que parce qu'il étoit persuadé que je suivrois aveuglément les conseils qu'il m'avoit donnés dans sa lettre.

vous auriez reçu, parce que le Cardinal ne manqueroit pas de répondre que vous lui avez dit que vous les teniez de la Reine; alors S. M. seroit compromise, ce dont il faut bien vous garder " j'eus beau lui représenter que je ne concevois pas comment je pourrois me dispenser de nommer la Reine dans une affaire dont elle avoit été l'ame. Il me répondit » si vous la nommez, vous êtes perdue. » (1)

---

(1) Lorsque je reçus la seconde visite du Commissaire Chénon, il me communiqua une lettre qu'il me dit avoir reçue du Baron de Breteuil, et dont je reconnus l'écriture. Il lui indiquoit les conseils qu'il avoit choisis, et les moyens de les engager à se charger de ma défense. Il me conseilloit à leur écrire d'une manière à leur faire sentir qu'en se déclarant pour moi ils ne pouvoient être que très agréables à la Reine, au Baron de Breteuil, etc. sans cependant les nommer. Afin qu'ils n'en pussent douter il me persuadoit d'ajouter, qu'ils pouvoient aller à la police prendre des informations de ce que j'avançois. Cet avis me paroissant excellent, et regardant le Baron de Breteuil comme dirigé par la Reine; j'écrivis sans hésiter sous la dictée du Commissaire. Il se chargea de faire parvenir ces lettres. Ceux à qui elles étoient adressées ne tarderent pas (après avoir été chez M. de Crône) à se présenter pour me défendre; mais la vanité et la jalousie du Sieur Doillot lui firent rejetter ces deux célèbres avocats; ce fut dans ce moment qu'il publia son premier mémoire qui est un mélange de platitudes et de mensonges. A cette même époque le Commissaire Chénon m'avoit engagé à lui donner par écrit tout ce que je lui avois dis verbalement, devant disoit-il le remettre au Baron de Breteuil qui instruit de toute cette intrigue n'en prendroit que plus d'intérêt à moi. Etant un jour occupée à ce travail qui étoit presque fini, Doillot entra; je lui racontai ce qui se passoit entre le Commissaire et le Baron de Breteuil et je lui montrai le mémoire que je faisois pour lui; il s'emporta beaucoup contre moi, me traita d'enfant, et me persuada par plusieurs circonstances qu'il me rapporta que le Commissaire cher-

L'Avocat Doillot que M. de Breteuil m'envoya également pour conseil, commença de même par me défendre d'articuler jamais le nom de la Reine, m'assurant *de bonne part* qu'elle me protégeroit. D'un autre côté le parti du Cardinal cherchoit à s'emparer de moi; de Launay gouverneur de la Bastille, dévoué à la maison de Rohan, avoit aposté près de moi un certain Abbé Lequesle Aumonier de cette horrible prison dont l'emploi principal étoit de passer de l'appartement du Cardinal dans le mien; du mien dans celui du Cardinal, et de concerter nos réponses respectives pour les interrogatoires. On pense bien qu'elles étoient combinées de manière que, sans que je m'en apperçusse, les miennes tendoient toujours à donner de la vraisemblance à celles du Cardinal. J'éprouvois bien quelquefois des moments de défiance; mais ce scélerat d'Abbé étoit si adroit, me marquoit tant d'intéret, tant de dévouement, que je me laissois aller : il étoit instruit de tout, m'apportoit les messages du Cardinal, et me prevenoit toujours de l'objet le plus prochain des confrontations. » Demain, me disoit-il, vous serez confrontée avec le Cardinal; il sera peut-être forcé de vous dire telle ou telle autre chose; gardez vous de le contrarier; *tout cela n'est que pour la forme;* le procès ne sera jamais jugé, il est même impossible qu'il le soit; le pape y est intéressé; le chapitre de Strasbourg remue ciel et terre; vous verrez, et le Cardinal me charge de vous assurer que cette affaire finira sans jugement et que la Reine aura le dessous. (1) Le

---

choit à me tromper; il finit par m'engager à ne plus le recevoir du tout; conseil que je suivis exactement. En me quittant il prit le mémoire qu'il mit dans sa poche.

Le Roi peut exiger de cet Avocat de représenter ce mémoire ainsi que celui qu'il me fit écrire ensuite; il jugera par leur ressemblance que je n'ai jamais varié quand j'ai dit la vérité, et que les circonstances que je rapporte aujourd'hui sont absolument les mêmes que celles que j'ai écrites aux époques dont je parle.

(1) Depuis que je suis à Londres, j'ai lu dans le journal d'un observateur intitulé *Mémoires secrets pour servir*

malheur est qu'il ne peut la compromettre sans s'exposer à perdre la tête—je suis persuadé, qu'après les services

---

à l'histoire de la Republique des lettres de France, une lettre de l'Abbé Georgel à Madame la Princesse de Marsan. J'ai cru d'autant plus nécessaire de la placer ici, que le lecteur jugera par ce qu'elle contient que l'Abbé Lequesle tiroit ses informations de la même source que l'Abbé Georgel et qu'au lieu du Baron de Planta, j'ai malheureusement été choisie pour la victime immolée à l'autorité compromise.

18 *Septembre* 1785.

Madame,

CESSEZ d'être inquiète de notre cher Cardinal. Il a supporté avec toute la dignité d'un Rohan le coup incroyable qui l'a frappé. Sa santé se soutient dans la prison, dont les rigueurs sont modérées, et son ame est en paix, autant que peut l'être celle d'un illustre accusé qui prévoit qu'il ne sera jamais jugé. Mais l'autorité reculant, ne sera-ce pas une justification? le Roi, sur l'avis de son conseil, vient de renvoyer l'affaire au parlement. Les Lettres patentes sont enrégistrées. Tout le procès pourroit bien se réduire-là; car enfin celui d'un simple clerc ne peut être fait qu'avec le Juge d'Eglise, un Evêque, un Cardinal ont-ils moins d'immunités? l'histoire de France offre sept Cardinaux accusés par nos Rois; aucun n'a pu être jugé en personne, d'Aguesseau lui même convient que sur douze exemples, il y en a onze en faveur de l'Eglise et il ne peut nier qu'elle a le premier état. En 1654 le procès du Cardinal de Retz fut renvoyé au parlement par lettres-patentes, qui sûrement ont servi de modele à celles de 1785. Mais trois ans après, une déclaration solemnelle révoqua l'attribution et confirma le droit antique des Evêques, de ne pouvoir être jugés que par ceux de leur métropole. Il s'agissoit d'un crime de Leze-Majesté, et toute la prétention royale étoit qu'un tel crime faisoit cesser toute immunité. Ainsi, lorsqu'il n'y a rien qui concerne le Roi ou l'état, nul doute que le droit commun est dans

qu'il vous à rendus, vous seriez au désespoir de le conduire sur l'échafaut » — « Que dois-je donc faire répondois-je avec vivacité; si je ne puis accuser ni le Cardinal, ni la Reine, tout tombera donc sur moi! » — « A votre place, je dirois la vérité, je ne vois point qu'il y ait de mal à avoir reçu des diamans de la Reine » » non; mais il y a du danger à le dire parce que c'est dire qu'elle a reçu le collier, et elle ne veut pas en convenir » En général dans ce tems-là je ne voyois uniquement que l'Abbé Lequesle, il venoit très souvent me dire que le Cardinal s'ennuyoit beaucoup de la longueur de ce procès et que sa santé s'alteroit tous les jours. Me plaignant de mon côté et avec plus de raison, je lui demandois s'il n'y auroit pas quelque moyen de mettre fin à cette affaire? il me vint dans ce moment l'idée d'écrire à la Reine, je lui communiquai mon projet, qu'il approuva; il se chargea même de remettre la lettre. J'écrivis donc en sa présence à-peu-près en ces termes.

---

toute sa force. Vous voyez à présent, Madame, à quoi peut aboutir tout l'appareil du jour. Ne croyez pourtant pas qu'il y ait de l'impéritie de la part du Garde des Sceaux et du Comte de Vergennes; ils savent tous deux ce qu'ils font: l'un connoit le Droit François, l'autre la Politique Romaine: eux seuls pouvoient éclairer, mais *ils sont nos amis. Mêmes vues. Mêmes aversions.* Ils savent que l'Electeur de Mayence revendiquera, que Rome reclamera, que le clergé remontrera, que l'empire même murmurera. Ils se sont tus et ont eu l'air de déférer à l'équité apparente d'un renvoi au juge national. Si les clameurs sont foibles, l'information se fera toujours et de maniere à ne distinguer ni accusateurs, ni accusés: si les difficultés grossissent, le Roi reculera et ce sera d'autant plus favorable pour nous, qu'il y aura plus *d'imbroglio* dans l'instruction: *il ne faudra plus alors qu'une victime à l'autorité compromise.* Pourquoi le Baron, qui n'a été qu'agent, ne seroit-il pas chassé comme auteur? nous triompherons pleinement; tous les intérêts seroient conciliés, de profondes vengeances exercées, et les ressentimens respectifs satisfaits: Madame, je dis le mot, que ce soit le secret de votre vie. ...

» Madame,

» MALGRÉ toutes les rigueurs de ma position il ne m'est pas échappé une seule plainte; tous les détours qu'on a pris pour me tirer des aveux n'ont servi qu'à me fortifier dans la résolution de ne jamais rien dire qui puisse vous compromettre; cependant quoique persuadée que ma fidélité et ma discrétion doivent me faciliter les moyens de sortir d'embarras, je vous avoue que les efforts de la famille de *l'esclave* me font craindre de devenir la victime. Trois mois de confrontations, de tourmens de toutes espèces, le désespoir de me voir accusée (moi qui suis innocente) a beaucoup diminué mon courage et me fait craindre de ne pouvoir soutenir long tems mon rôle. Vous pouvez mettre fin à cette malheureuse affaire en la faisant négocier par B. il peut donner au *ministre* la tournure que son intelligence lui suggerera en évitant surtout de vous compromettre. La crainte que j'ai de me voir forcée à tout découvrir me fait recourir à la démarche que je fais aujourd'hui, persuadée que Madame donnera des ordres pour terminer cette malheureuse affaire.

Je suis avec le plus profond respect,

de Madame,

La très humble servante

COMTESSE DE VALOIS DE LA MOTTE.

13 *Avril*, 1786.

Je lui donnai ma lettre à lire, il l'approuva et me proposa de la communiquer au Cardinal; comme ce dernier étoit au moins aussi intéressé que moi à ceque l'on mit un terme aux procédures, je n'y vis point d'inconvénient, je lui remis ma lettre et lui expliquai la manière de la faire parvenir sûrement au moyen de trois enveloppes. Il la mit dans sa poche; après avoir causé de différentes choses pendant plus d'une heure il me dit qu'il s'en alloit, et puis il s'arrêta et après une longue pause il m'observa que, toutes réflexions faites, il lui étoit impossible de remettre pareille lettre sans s'exposer à trouver aussi un appartement à la Bastille : qu'attendu qu'il étoit de toute notoriété que je ne voyois que lui, on ne pourroit jetter les yeux que sur lui lorsqu'il s'agiroit de savoir comment cette lettre étoit parvenue. Il me la remit donc en me disant qu'il en parleroit au Cardinal et qu'on tâcheroit de trouver quelqu'un qui s'acquittât de la commission sans s'exposer au point où il le seroit.

C'est ainsi que ce malheureux en me berçant d'espérances trouvoit le secret de me faire parler et de profiter d'un mot irréfléchi qui pouvoit m'échapper.

Les confrontations finies, j'eus la douce liberté de voir mon conseil Doillot qui n'étoit pas un malhonnête homme, mais gagné par le Baron de Breteuil, par conséquent ne songeant qu'à faire décapiter le Cardinal et à empêcher que la Reine fut compromise le moins du monde.

Sa première visite après les confrontations prouvera par le rapport qu'il me fit combien de détours on a employés auprès de lui pour le dégoûter et l'empêcher de faire son second mémoire. Voulant savoir le résultat des confrontations il se rendit chez M. Laurencelle substitut du Procureur Général qui, après beaucoup de détours et de répresentations sur l'impossibilité où il étoit de lui rien communiquer, finit par lui dire que j'avois tout avoué, et qu'il en avoit la preuve écrite ; que le désespoir où j'étois depuis d'avoir fait cette déclaration m'avoit rendue inabordable ; qu'il y avoit peu de jours que j'avois mordu St. Jean mon porte-clefs et lui avois emporté la moitié du pouce. Doillot étourdi de cette déclaration repondit qu'il ne pouvoit le croire d'après tout ce que je lui avois dit, et les écrits que je lui avois donnés. Le substitut le voyant dans cet état d'incertitude et le regardant déja disposé à croire ce qu'il avoit avancé, lui communiqua les confrontations où il lut l'aveu que j'avois fait. Stupefait d'étonnement, indigné d'avoir été trompé aussi grossiérement, il se promenoit à grand pas dans l'appartement, maudissant les personnes qui l'avoient engagé à prendre ma defense, etc. s'étant un peu calmé et se rappellant tous les moyens dont on s'étoit servi pour me tromper ainsi que lui ; il demanda à examiner les confrontations une seconde fois, et particulièrement à vérifier ma signature ainsi que celle des autres parties, ce que Laurencelle lui refusa absolument. Soupçonnant alors qu'on vouloit le tromper, et l'empêcher de revenir à la Bastille, il se retira, déterminé à s'éclaircir de la vérité. Il vint donc malgré les avis de sa famille et de ses amis. Son air sérieux et inquisitif lorsqu'il m'aborda me parut d'autant plus extraordinaire qu'ayant écrit et recapitulé tout ce qui s'étoit passé pendant tout le tems des confrontations, je ne pouvois m'imaginer ce qui avoit pu produire ce changement) enfin après m'avoir marqué sa surprise sur ma gaiété, il me rapporta tout ce qui s'étoit passé avec Laurencelle, les bruits qu'on faisoit courir, les prétendus aveux que j'avois faits et particulièrement mon accès de rage, dans lequel j'avois emporté la moitié du pouce de mon porte-clefs. Le pauvre St. Jean qui étoit présent à ce recit ne put se contenir ; après avoir rendu justice à la vérité, il dit que le Gouverneur vendu à la famille de Rohan étoit l'auteur de ces calomnies, qu'il étoit prêt à l'affirmer en sa présence, et à lui reprocher la conduite infame qu'il avoit tenue depuis le commencement de ce procès : il ajouta que bien loin d'avoir été méchante comme on le prétendoit, j'avois été trop douce ; qu'à ma place il n'auroit pu y tenir et auroit défiguré tous ces scélérats. Je remis ensuite à Doillot mes confrontations que j'avois eu soin d'écrire à chaque séance ; après en avoir fait la lecture (dont il fut enchanté) il me fit signer à chaque coin de toutes les pages afin que l'on ne put douter de leur authenticité ; il sortit triomphant me promettant de faire imprimer tous les détails que je venois de lui donner. Avant de le laisser aller je lui parlai du piège que m'avoit tendu le fourbe Abbé, il me dit que j'étois bien bonne de me tracasser la tête de toutes ces misères ; qu'il étoit bien aise que la lettre que j'avois écrite n'eut pas été remise à la Reine, qu'elle n'auroit pu produire qu'un mauvais effet, et l'indisposer contre moi ; qu'en un mot, une fois pour toutes, je devois me persuader que je me tirerois victorieusement de l'affaire : et il faisoit des mémoires, des sommaires qui n'avoient pas le sens commun ; assemblages informes d'absurdités et de mensonges ; il me faisoit dire à chaque page que je n'avois jamais vu la Reine ; il me forçoit à le déclarer devant les juges ; tandis que ma défense naturelle et sûre consistoit à dire ce que j'avois sans cesse dans le cœur et sur les levres, que la Reine m'avoit comblé de bontés depuis qu'à l'époque de l'accident dont j'ai parlé, j'avois eu le bonheur de l'intéresser à mon sort.

Lorsque Doillot fut parti, l'Abbé Lequesle vint chez moi pour savoir si je ne l'avois pas chargé de remettre la lettre que j'avois écrite pour la Reine ; je lui dis que non. Vous avez très-bien fait me dit-il, nous en avons causé avec le Cardinal qui croit qu'elle seroit passée par les mains du Baron de Breteuil qui n'auroit pas manqué d'en faire son profit, en l'empêchant de parvenir à la Reine.

J'ai conservé cette lettre jusqu'au moment où je suis montée au parlement ; déterminée, (si je m'apperçevois qu'on voulut me sacrifier) à la laisser tomber en sortant, ce qui auroit sûrement nécessité une explication que je n'aurois pas manqué de donner, en divulguant toute l'intrigue. Malheureusement pour moi je vis qu'on m'encourageoit, qu'on m'applaudissoit, et d'après toutes les espérances qu'on m'avoit toujours données dans le cours de ce procès ; je sortis persuadée du gain de ma cause. En rentrant dans le sallon du Concierge, je rapportai à sa femme qui avoit beaucoup d'attentions pour moi, tout ce qui venoit de se passer, en lui faisant part de la circonstance de la lettre que je lui montrai ; elle appella sur le champ son mari qui effrayé au suprême dégré, ferma la porte de l'appartement, et brûla la lettre dans le même instant.

D'après tout ce que je viens de retracer, on voit que ma position étoit à peu près celle du malade à qui un médecin dit » si vous mangez, vous mourrez d'indigestion, » un autre, » si vous ne mangez pas vous mourrez d'inanition » le fait est qu'il falloit mourir, car voyant devant mes yeux le glaive ou le poison si je nommois la Reine, je me gardois bien de la nommer, et ne la nommant pas, je prenois sur moi le vol du collier — aussi, comme du moment où l'on vit que le Cardinal se tireroit d'affaire par la perfidie et la mal-adresse de mes conseils ; on sentit qu'il falloit une victime et que je serois immolée ; il est à la fois révoltant et curieux de voir comment juges et témoins se réunirent pour diriger le coup mortel contre moi; le précis des confrontations (dont le public n'a jamais eu connoissance que par l'infidelle Narré de l'impudent Target) feroit frémir, si le dépôt qui les renferme étoit accessible à tous les yeux. J'en rapporterai quelques traits, que je ne puis avoir inventés.

Il ne faut pas perdre de vue un fait dont j'ai déja parlé et qui est de notoriété publique, c'est que tant aux interrogatoires que dans les confrontations, ni le Cardinal ni moi n'avons jamais dit un mot de vérité; la raison en est bien simple; c'est que *sous peine de la vie*, ni lui ni moi ne devions nommer la Reine; que pouvions nous donc dire qui ressemblât à ce qui étoit? en second lieu, ainsi que je l'ai observé encore quelque part; préparés l'un et l'autre à ne dire que des mensonges, nos dépositions, déclarations et *dires* divers étoient un jeu combiné; où il est évident que vu l'inégalité immense de nos positions, je ne pouvois avoir l'avantage: car, je faisois la chouette à qui? à une grande Reine, et à un grand seigneur! étoit-il possible que des témoins de la trempe de ceux qui ont paru dans l'affaire, balançassent entre l'une ou l'autre de mes parties adverses? aussi qu'est-il arrivé? c'est que dans toutes les dépositions que l'on a recueillies à grands frais, les traces de la subornation sautent à l'oeil; j'en demande pardon à M. Dupuis de Marcé, rapporteur de l'inique procès; mais je puis prouver qu'il a prévariqué à un excés scandaleux: récapitulons donc, et rapportons à un seul et même principe l'iniquité du jugement qui a couronné toutes les iniquités employées contre moi. La Reine étoit Reine; le Cardinal étoit un grand seigneur, je n'avois que mon nom de valois. On a vu comment également victime et de la méchanceté et de l'intérêt même que j'inspirois, j'ai été égarée par les conseils et de mes ennemis et de mes amis: il me reste à prouver la subornation des témoins produits contre moi et la prévarication dont j'ai accusé le rapporteur, c'est en citant des exemples du premier cas, que j'en fournirai du second.

Premièrement, comme j'avois eu le malheur de confier tous les détails de l'affaire à ce scélerat de Lequesle qui, espion du gouverneur, et créature du Cardinal, étoit nécessairement le plus dangereux des confidents; il est constaté par l'évenement qu'il communiqua dans le tems aux conseils du Cardinal et à ses soutiens ce que je lui avois dit relativement à Villette, et à la fille Oliva ; et que ce fut en conséquence de cette ouverture imprudente que les Rohans employérent l'autorité de leur ami de Vergennes pour faire arrêter ces deux personnages, afin de les endoctriner et de leur faire déposer tout ce qu'on jugeroit convenable. A peine ce Villette fut-il entré à la Bastille qu'on lui promit de le sauver et qu'on lui en fournit les moyens en lui suggérant l'idée d'écrire à M. de Vergennes qui, certainement, devoit être supposé n'avoir rien de cnmmun avec pareille affaire. Il écrivit donc à ce ministre, qu'il avoit à lui communiquer des choses de la plus grande importance, qu'il ne pouvoit confier qu'à lui. L'homme d'état rusé, qui avoit conseillé d'embarquer ainsi la chose, mais qui ne vouloit pas paroître prendre la moindre part au procès ; lui fit dire qu'il lui étoit impossible de lui donner audience, mais qu'il pouvoit avec la même sûreté *confier tout au gouverneur* ! autant valoit-il dire *au Cardinal* et à son conseil.

Villette ayant fait difficulté de s'ouvrir, on lui conseilla d'écrire une seconde lettre dans laquelle il feroit à M. de Vergennes un aveu sincère de tout ce qu'il savoit ; à cela il répondit qu'il le feroit volontiers s'il ne craignoit de compromettre la Reine ; «hé bien! lui dit-on, ne la compromettez pas, ne pouvez vous pas omettre son nom et dire tout ce que vous savez d'ailleurs ; «comme il parut embarrassé, on lui épargna la peine d'arranger ses dépositions et dès le premier jour on les lui donna toutes faites ; on lui expliqua la nature des aveux qu'il devoit éviter, on lui suggera ceux qu'il devoit leur substituer ; & de même que M. de Breteuil, le Comte d'Adhémar, le Commissaire Chénon & autres se disant attachés au parti de la Reine, disoient à mon mari & à moi : *mettez tout sur le Compte du Cardinal* ; les partisans des Rohans disoient aux témoins qu'ils endoctrinoient *mettez tout sur le compte de la Comtesse de la Motte.* Mais, me dira-t-on, quelles preuves avez-vous de ces allégations qui peuvent être calomnieuses ? — quelles preuves ? j'en aurois beaucoup ; mais une seule me suffit. La voici ; de quelque manière qu'on envisage l'affaire, Villette de son propre aveu étoit au moins coupable d'une espèce de faux; s'il n'étoit pas de nature à entrainer peine capitale, du moins avoit-il mérité quelque genre de punition, a-t-il été puni? non, on lui a fait un sort, on lui a donné un état, en un mot on l'a récompensé! dequoi? de la docilité avec laquelle il s'est prêté à se taire sur le compte de la Reine, et à faire tout tomber sur moi. Est il besoin d'autre preuve de subornation criante? — je sais au reste dans les plus menus détails comment cette scène d'iniquité s'est passée; je suis fâchée d'être obligée de déclarer de qui je le sais; mais, tout ce que je tairai dans ces mémoires, c'est que je l'aurai oublié; je dis donc que je tiens ces particularités du Chevalier du Pujet Lieutenant du Roi de la Bastille qui étoit présent à toutes ces menées atroces conduites par le Gouverneur, l'indignation qu'il en conçut le détermina à m'en instruire afin que j'en fisse mon profit: en effet, dans une confrontation que j'eus avec ce Villette, je le fis convenir du fait; lui ayant observé ensuite qu'il y avoit, indépendamment du Gouverneur d'autres personnes, qui, par des promesses, l'engageoient à déposer de telle ou telle chose; il eut la bonhommie de dire " cela est vrai, ce sont ces deux messieurs, montrant en même tems le Rapporteur et le Greffier! — C'étoit un homme bien intègre que ce Rapporteur; j'ignore ce que lui a valu son intégrité; mais la somme doit avoir été forte si elle a été proportionnée à l'infamie dont il s'est couvert. Je reviendrai à lui plus d'une fois. " Disons deux mots de la pauvre Oliva. J'observerai d'abord qu'elle étoit si simple, si simple que toute l'astuce des de Launay, des dupuis de Marcé, des Fremin, n'a jamais pu lui faire dire oui pour non, noir pour blanc; aussi ses dépositions et ses confrontations sont-elles restées ensevelies dans la Bastille. On n'a jamais pu la tirer de la naïveté de son récit, elle a raconté tout ingenuement l'aventure du bosquet, et a soutenu jusqu'au bout la présence de la Reine. En vain lui a-t-on observé que le saisissement lui avoit fait voir un objet pour un autre, qu'elle avoit pu être trompée par l'obscurité; en un mot qu'elle avoit la berlue; ne comprenant pas qu'on lui souffloit ses réponses pour la tirer d'affaire, elle n'a pas voulu en démordre, et son dernier mot a été " *je suis bien sûre que j'ai vu et entendu la Reine, et qu'elle m'a parlé* “ On conçoit que lorsqu'il fut question de la confronter avec moi, on ne lui épargna pas les leçons; il n'étoit pas possible d'enfouir les confrontations comme les interrogatoires, et l'on craignoit de la faire parler. Pour obvier à cet inconvenient décisif, le Rapporteur crut se tirer d'affaire en lui posant ses questions de manière qu'elle n'avoit que oui ou non à répondre ; cela ne m'échappa pas, et je priai M. Dupuis de Marcé de vouloir bien la laisser parler et de ne pas l'emboucher (ce mot trivial me vint je ne sais comment à la bouche ;) — il rougit, ému de fureur et se levant comme un énergumène il mit fin à la seance ! ! ! à propos de cette séance terminée si brusquement, c'est ici le moment d'observer qu'il n'en faisoit pas d'autre, et qu'il recouroit presque chaque jour à cette basse ressource : lorsque le Cardinal se trouvoit embarrassé et que le digne rapporteur, ou le Greffier Fremin ne pouvoient par leurs œillades ou le faire taire ou lui suggérer ses réponses, ils quittoient sur le champ et le siége et la table ; d'autres fois, lorsqu'ils me voyoient échauffée, et prête à confondre le Cardinal par quelque argument décisif, ils me cajoloient; affectoient de me calmer pour me faire perdre le fil de mon discours que je ne retrouvois plus, soit parceque la chaleur de mes esprits jettoit de la confusion dans mes idées, soit parce qu'ils ne me laissoient pas le tems de me recueillir — il n'en étoit pas de même pour le Cardinal, on lui coupoit la parole au-milieu d'une phrase ; j'ai souvent vu le rapporteur et le Greffier Fremin rouge cramoisi, se lever avec émotion et dire au Cardinal : » taisez-vous, vous n'avez pas de mémoire, vous contredites votre déposition d'un tel jour “ ces messieurs avoient encore une autre ressource ; tout ce qui étoit dit en faveur du Cardinal, s'écrivoit avec une avidité, une exactitude incroyable; mais lorsqu'il s'agissoit de quelque *dire* tendant à le compromettre le moins du monde, j'étois obligée de me mettre en colere pour le faire écrire au Greffier qui trouvoit encore le secret de me tromper ; il est de fait, qu'en relisant les dépositions ou les confrontations de la veille, je me suis apperçue plusieurs fois qu'elles étoient altérées, sur l'observation que j'en faisois, n'obtenant jamais de redressement, je me suis levee plus d'une fois en décla-

-tant que *je* ne reviendrois plus et que, puisque ces messieurs vouloient absolument me trouver coupable, ils pouvoient aussi bien me juger sans m'entendre, que ma présence étoit inutile. Une fois, je tins bon pendant huit jours; ce ne fut qu'à force de sollicitations de toutes parts que je me déterminai à retourner à ce que j'appellois l'autel du sacrifice. Ce sont ces diverses scènes qui ont fait dire à ces hommes méchans que j'étois une méchante femme; je crois que je leur dois aussi la réputation qui m'en est restée. Les méchans, ceux qui le sont d'une manière atroce, sont ceux qui, non contents de toutes les prévarications que je viens de dévoiler, avoient de plus l'infamie d'altérer, de surcharger les minutes, de supprimer, d'ajouter, d'intercaler sur leur papier timbré des lambeaux entiers de prétendus *dires* qui n'avoient jamais été *dits*. J'ai une fois entendu très distinctement l'honnête Dupuis de Marcé dire au Greffier » écartez un peu plus vos lignes » — voici un autre escamotage: j'avois un jour fortement insisté sur ce que l'on écrivit quelque chose d'assez important qui étoit échappé au Cardinal; le Greffier m'ayant répondu qu'il n'y avoit plus de place, et qu'il l'ajouteroit sur la premiere feuille; je ne voulus pas le quitter qu'il ne l'eut écrit en marge: * il le fit. Mais ce jour là, on se garda bien de me faire signer. Deux jours après on me pré-

---

* Le Cardinal ayant soutenu dans plusieurs circonstances qu'il m'envoyoit par son suisse et son valet de chambre 4 5 et 6 louis dans des cartes; effrayé un jour de différens papiers que je remuois dans ma poche, et ne se rappellant plus des dépositions; dit qu'il étoit certain que j'avois touché en deux fois cinq cents mille livres qui avoient été déposées chez son notaire. Je le laissai dire jusqu'au bout et ne manquai pas ensuite de lui observer sa contradiction; lui disant que, puisqu'il étoit certain que j'avois touché cinq cents mille livres il n'étoit pas naturel qu'il m'eut envoyé cinq à six louis. Je forçai le Greffier à écrire cette déposition; sur ce qu'il me réprésenta qu'il n'y avoit plus de place, qu'il l'ajouteroit la première fois, je le fis mettre en marge.

senta un papier à signer avec la confrontation du jour; en l'examinant je reconnus que c'étoit le même sur lequel j'avois fait mettre en marge une note qui ne s'y trouvoit plus. Je me récriai contre la perfidie; on me donna de mauvaises raisons et la note ne fut pas établie! — que faire avec de pareils brigands?

Un autre jour, je fus réellement *méchante* comme le prétendoient ces messieurs : ils m'avoient mise aux prises avec Cagliostro, et ce charlatan aussi grossier qu'impudent s'avisoit de me dire des choses malhonnêtes qui rejouissoient merveilleusement M. Dupuis de Marcé. Je mis fin à la comédie en jettant un flambeau à la tête de l'empirique, et me tournant du côté de M. le Rapporteur, je lui dis que s'il vouloit rendre la chose plus plaisante, je le priois de me faire donner un manche à balai. Ce fut en cette occasion que je découvris une nouvelle infamie de la part de la clique : Cagliostro furieux, me dit en écumant — » il viendra ton Villette, il viendra, il parlera lui. » — de qui le savoit-il? comment le savoit-il? pourquoi le savoit-il? c'étoit le tems des interrogatoires et des confrontations, je ne voyois ame qui vive, et ce fripon de Cagliostro savoit tout! est-il une preuve plus frappante du concert scandaleux qui regnoit entre les accusés, les accusateurs, les témoins et les juges! (*)

(*) La querelle que j'eus avec Cagliostro étoit venue d'une chose assez plaisante : il s'obstinoit à nier les scènes cabalistiques jouées chez le Cardinal, particulièrement celle où il avoit fait voir à ma nièce, la Reine dans une bouteille, accompagnée du grand cophte et de l'ange Michaël qui annonçoit à S. M. qu'elle accoucheroit d'un enfant mâle etc., à cette occasion, comme j'avois vu la lettre côtée No. 32, je lui dis que je savois combien la Reine le méprisoit, comme elle le traitoit de charlatan, d'imposteur, enfin en quels termes de dédain elle avoit refusée au Cardinal de le voir — » à propos, lui dis-je grand cophte, votre prière a-t-elle produit son effet! si elle a tant de pouvoir que ne vous en servez vous pour vous tirer d'ici? ce fut à ce sujet qu'il s'emporta et me

Je ne sais où m'entraîneroit ma mémoire si je me livrois à toutes les sugestions que j'en reçois et dont mon cœur est plein. Dans ce moment ci où j'apperçois que j'ai dû fatiguer à l'excès le lecteur des détails arides d'une confrontation si compliquée, je me vois environnée d'une foule de témoins pervers qui, quelque honteuse qu'elle soit pour eux semble solliciter un petit coin dans mes mémoires.

Je ne puis me refuser à la tentation de dire un mot sur le rôle qu'on fit jouer à la *Reine douairiere* l'immaculée Du Barry de monastique mémoire. La déposition de cette femme portoit que j'avois été chez elle pour lui deman-

---

dit des impertinences. Le Rapporteur m'ayant demandé ce que signifioit cette prière, comme je l'avois assez diverti par ma vivacité, je ne jugeai pas à propos de l'amuser ; je lui répondis que Cagliostro m'entendoit que cela suffisoit; mais j'aurai plus de complaisance pour le public. Le fait est qu'à l'époque où la Reine écrivoit au Cardinal les lettres que l'on a vues, où elle se plaignoit des vexations des Polignacs, etc. Cagliostro qu'il consultoit sur la piqûre d'une épingle, lui dit qu'il avoit un secret pour se débarasser des gens qui donnent de l'ombrage, il lui donna en même tems deux prières avec la manière de s'en servir ; Le Prince n'eut rien de plus pressé que de les envoyer à la Reine, en lui recommandant d'en faire usage, d'y ajouter foi. Comme je fus chargée de remettre ces précieuses amulettes, la Reine m'en fit part en éclatant de rire et en me demandant si le Cardinal devenoit fou ? ou s'il la prenoit pour une imbécille —— je ne me rappelle pas les paroles de ces prières ; mais parfaitement de leur vertu. Il y en avoit une qui devoit être appliquée au dessous du sein gauche, l'autre dans la poche du même côté, et lorsque la Reine vouloit voir tomber quelqu'un à ses pieds, elle n'avoit qu'à imposer ses deux mains sur les deux prières, en les récitant ; à l'instant, tout se prosternoit, tout étoit à ses ordres et les exécutoit ; circonstance qui fit qu'après en avoir ri, la Reine me dit « je pourrois bien en essayer. «

der *sa protection* ! et que je lui avois laissé un mémoire signé *Marie Antoinette de France*. Le fait est que je n'ai été chez elle que par curiosité, dans une bonne voiture à quatre chevaux; qu'à cette époque j'avois d'autant moins besoin de sa protection que *Madame* et Madame la Comtesse D'artois m'avoient prise sous la leur. Sur ce qu'elle me marqua qu'elle regardoit la branche des valois comme éteinte, je lui donnai un mémoire auquel se trouvoit annexée ma généalogie, signé *Marie Antoinette Dozier de Serigni juge de la noblesse de France*. C'est ce qu'il lui a plu à transformer en *Marie Antoinette de France*, disant que je signois ainsi. Lorsqu'elle m'a été confrontée, elle s'est avisée de prendre avec moi un ton de hauteur et d'impudence; je me hâtai de la mettre à sa place en lui faisant sentir la distance de sa naissance à la mienne; alors, elle s'écria; » il est bien dur pour moi qu'on me fasse venir ici pour y être humiliée par madame; » sur quoi le rapporteur lui dit assez haut pour que je l'entendisse » allez, Madame, ne vous inquiétez pas, vous serez bientôt vengée : » « le projet de ces Messieurs n'étoit pas un secret comme on voit.

Je demande pardon à Madame Du Barry si je la mets en si mauvaise compagnie, mais en vérité, sans affectation le nom de Debrugnières, est celui qui se présente immédiatement après le sien.

L'exempt de police a donc déposé qu'il avoit vu entre les mains d'un Juif (dont le nom ne me revient pas) des diamans que le Sieur Villette lui avoit apportés pour vendre, et qui étoient disoit-il au moins *aussi gros que son pouce*! nôtés que le pouce du Sieur Debrugnières est aussi large qu'un écu de trois livres! Ce sont ces mêmes diamans qui ont été vendus à Pâris bijoutier pour la somme de 15 mille livres. Cet honnête Debrugnières a été confondu par la déposition que le Juif a faite de cette circonstance.

Comme j'avois donné un état exact de tous mes diamans et ceux de mon mari; on en avoit demandé un à ma femme de chambre espérant qu'il différeroit du mien; le Rapporteur fâché de voir leur ressemblance, chercha adroitement à lui faire multiplier la grosseur de plusieurs diamans appartenants à mon mari, mais ayant des principes d'honnêteté que l'exempt de police n'avoit pas, elle

elle s'y refusa, et donna la description de tous nos bijoux tels qu'ils étoient réellement.

Autre honnête homme! Regnier mon bijoutier avoit été gagné pour donner un état qu'il avoit fait monter à une somme considérable. Ayant vu la friponnerie, j'exigeai qu'on me représenta son livre; on ne m'a jamais donné cette satisfaction.

Grenier qui étoit venu chez moi avec Laporte pour le projet de finance dont j'ai fait mention quelque part a, ainsi que le Capucin Mac-dermott fait une déposition très longue, fabriquée par Target; celle-ci étoit encore plus révoltante et déceloit davantage la collusion en ce que ce Grenier est un homme très borné et point du tout en état de produire une pièce si bien combinée; elle tendoit surtout à prouver que je lui avois dit que je voyois la Reine, et qu'étant dans mon bain, je lui avois montré des lettres que je disois avoir reçues de S. M. et dont l'adresse étoit à *ma cousine la Comtesse de Valois*; quelle ineptie!

Laporte a fait à peu de choses près la même déposition.

Le Baron de Planta, pour prouver que je voyois la Reine a dit m'avoir accompagné jusqu'à l'appartement de S. M. qu'il m'avoit attendu au haut du petit escalier dérobé, et qu'il m'en avoit vu sortir; il ajouta qu'il avoit connoissance de plusieurs sommes considérables que j'avois reçues de sa Majesté. Je me gardai bien de faire aucune observation à la déposition du Baron qui ne s'appercevoit pas qu'elle contrarioit ce que le Cardinal avoit dit; le rapporteur et le greffier gardoient le silence, s'imaginant que ma mémoire ne me serviroit pas mieux que celle du Baron; mais lorsqu'ils virent que malgré leurs représentations j'insistois à faire écrire tout ce qu'il avoit avancé, ce fut alors qu'ils s'emporterent contre le Baron et me refuserent la satisfaction que je demandois. Indignée de cette conduite je sortis furieuse en disant que, puisqu'ils vouloient absolument me trouver coupable ils pouvoient aussi bien me juger sans m'entendre, que très certainement ils ne me reverroient plus. J'ai rapporté plus haut les promesses et les sollicitations du Gouverneur pour m'engager à retourner à la salle du conseil, et qui seroit bien mieux nommée la salle de la désolation.

Bohëmer dans son premier mémoire à la Reine n'a pas fait mention de mon nom ; sa déposition n'étoit nullement à ma charge ; au contraire, mais, en quoi je le blame, c'est de n'avoir pas dit tout ce qu'il savoit. Il conduisoit un jour un nommé Pagan à sa maison de campagne ; passant devant la Bastille, il lui fit remarquer l'endroit où se promenoit le Cardinal, en lui disant » la tête du Cardinal étoit entre mes mains ; son sort dépendoit de moi, mais je n'ai rien dit ; on m'en a bien voulu là haut (voulant dire à Versailles) j'ai cru pendant un tems que je perdrois ma place, mais vous savez que tout s'oublie. »

Le pere Loth Minime autre scélérat insigne qui m'avoit les plus grandes obligations, et à qui (en partant de Paris) j'avois laissé le ménagement de toutes mes affaires ; a été celui qui a montré le plus de zèle pour la famille de Rohan ; son projet ainsi que celui du Capucin Mac-Dermott étoit de se faires séculariser et il a cru ne pouvoir mieux y parvenir qu'en courant par tout pour trouver des faux témoins, et déposer lui-mêmes des choses qui revoltent le bon sens. Ayant apris qu'il avoit été trouver une jeune personne qui avoit demeuré chez moi, pour l'engager à déposer des faussetés, j'exigeai qu'on la fit venir ; en effet elle vint déposer de cette circonstance ; Dupuis de Marcé ne put s'empêcher de marquer son indignation, apprenant surtout les services que je lui avois rendus. Je crois qu'il n'est pas à se repentir de sa conduite infame, car depuis ce moment, tout le monde l'a abandonné.

De toute cette masse de témoins qu'on a rassemblés contre moi, aucuns (à l'exception du Sieur Villette qui m'a accusée de l'avoir engagé à signer *Marie Antoinette* de France, et dont j'ai rapporté les circonstances) n'ont dit avoir la moindre connoissance du collier. Pourquoi donc m'a-t-on condamnée comme l'ayant volé ? quelles preuves en avoit-on ? aucune ! M. de St. James qui a deposé des faits bien marquants ainsi que Bohëmer étoient deux témoins terribles contre le Cardinal ; on a fait entendre que l'un étoit un sot qui ne savoit ce qu'il disoit ; l'autre un sourd qui avoit entendu une chose pour une autre ! cependant le Cardinal a montré à ces deux individus (qui en ont déposé) des lettres de la Reine, en a dit avoir *vu* entre les mains de S. M. 600 mille livres dont il n'avoit pas voulu se charger; si l'on n'eut pas pris à tâche d'étouffer la vérité sur les lèvres même où elle cherchoit à s'ouvrir un passage; eut-on passé aussi légerement qu'on l'a fait sur des circonstances aussi essentielles? à quoi servent donc les dépositions? examinons d'ailleurs en quoi consistoient les pièces justificatives que le Cardinal a produites pour détruire l'impression qu'il redoutoit et qui devoit naturellement resulter de cette multitude de faits? on a vû, qu'un nommé Jefferys bijoutier demeurant dans Piccadilly, à qui j'avois d'abord remis une quantité de diamans, m'avoit fait une offre de quatre mille louis payables à des échéances, laquelle j'avois refusée. Ce même Jefferys fâché d'apprendre que j'avois conclu le marché avec Gray, avoit saisi cette occasion de se venger de son confrere en faisant (à l'instigation de Carbonnieres) une déclaration aussi fausse qu'il soit possible de la faire, dans l'intention de faire passer Gray pour un homme peu délicat, qui avoit acheté des diamans volés; ce Jefferys a d'abord dit que, de l'instant qu'il avoit eu les diamans entre ses mains il avoit été à l'office faire sa déclaration; qu'il avoit rendu les mêmes diamans; n'ayant pas voulu les acheter, tant il étoit persuadé qu'ils avoient été volés. Voilà sa déclaration envoyée à Paris, et signée par un honnête Notaire François nommé Dubourg, qui depuis, n'a jamais voulu communiquer la minute, disant qu'il l'avoit envoyée à Paris, et qu'*il ne gardoit jamais de double de ces sortes d'objets* (un notaire qui ne garde points de minutes ! ! ! (*) aussitôt que ce Jef-

---

* Ce Dubourg que la famille de Rohan auroit dû ne pas abandonner pour s'être prêté aussi facilement à ces manoeuvres, vient d'être obligé de solliciter M. Darragon et M. Barthelemy pour obtenir deux guinées qui doivent le conduire à un couvent de moines où il doit prendre l'habit. « C'est sur le témoignage et l'authenticité de la signature de cet enfroqué, que la famille de Rohan a présenté des pièces justificatives, calculées, falsifiées, et rédigées par ce même Dubourg.

ferys apprit que mon mari avoit conclu le marché avec Gray il revint à la charge, lui disant qu'il lui auroit fait plus d'avantage s'il avoit sçu qu'il accepteroit des bijoux en échange, il lui demanda s'il avoit encore des diamans? il lui montra ce qui lui restoit; Jefferys les emporta pour les examiner; M. de la Motte instruit qu'il les avoit portés chez la personne avec qui il avoit fait le premier marché, les retira de ses mains et les vendit à la même personne.

Lorsque le Comte de la Motte revint à Londres, Jefferys fut le trouver pour l'assurer qu'on avoit interprété sa déposition d'une toute autre manière que celle qu'il avoit faite, il finit par lui demander s'il avoit encore des diamans à vendre disant que pour lui prouver que tout ce qu'on avoit avancé étoit faux, il étoit prêt à les lui acheter. M. de la Motte lui remit à dessein une bague qui pouvoit valoir cent louis; il l'emporta, et revint quelques jours après pour lui faire une offre. Comme son intention n'étoit pas de s'en défaire et que ce n'étoit qu'un prétexte pour prouver ses démarches auprès de lui, il le renvoya en lui payant un mémoire de deux guinées, pour des boucles qu'il avoit achetées chez lui.

Telle a été l'édifiante conduite de ce premier fournisseur de *pièces justificatives*; passons au second.

Gray en rendant compte des différens marchés que mon mari avoit faits avec lui, a dit, qu'il étoit persuadé qu'il n'avoit jamais vendu pour le compte de personne, mais bien pour le sien, et qu'il n'avoit jamais prononcé ni le nom de la Reine ni celui du Cardinal! cette déclaration vraie étoit alors contre nous en ce qu'on m'avoit conseillé de dire que le Cardinal m'avoit remis des diamans pour vendre à son profit, et que je lui en avois remis le montant. Ajoutez à ces deux dépositions celle du capucin Mac-Dermott, voilà à quoi se réduisent ces pièces justificatives sur lesquelles on a si follement fait tant de fond!

J'ai dit que je craignois de ne jamais finir, voilà encore ma mémoire qui me rappelle quelques faits importants dont je choisirai les plus frappants. Heureuse, en faisant grace au lecteur du reste, si je puis jamais l'oublier

Au dernier interrogatoire M. Titon de Villotran me

prit par la main en me disant ; " ma chere Comtesse croiez moi, dites la vérité, c'est le seul moyen de vous sauver, nous avons des preuves certaines que vous voyiez la Reine ; pourquoi ne vouloir pas en convenir? persuadez vous donc que ce que je vous dis n'est que pour votre bien" — mon conseil et toutes les personnes qui m'entouroient m'avoient tellement effrayée et en même tems persuadée que je devois surtout éviter de prononcer le nom de la Reine, que j'eus la foiblesse de suivre aveuglement leurs conseils.

Quant à la Dlle. Dorvat, peu de tems après mes malheurs, elle fut reléguée dans le fond d'une province ! voilà comment la Reine récompense les personnes qui lui sont les plus attachées.

Je m'arrête, j'épargne au lecteur un plus grand nombre de pareils détails qui pourroient le fatiguer sans que chacun d'eux peut-être, pris séparément, put lui paroître un moyen suffisant de conviction. Il seroit bien difficile que je fusse en état de répandre un jour très lumineux au milieu d'un cahos d'intrigues que tant d'intérêts divers et puissants se sont efforcés d'embrouiller ; mais le lecteur attentif et impartial reconnoitra dans la simplicité de mes récits les principales vérités qu'on a voulu ensevelir dans les ténèbres, il verra que si je suis obligée de dire des choses si étonnantes et même si extravagantes qu'elles peuvent paroître choquer les vraisemblances ; ce qu'on avoit présenté jusqu'à ce moment à ses yeux est bien moins concevable encore, et infiniment plus absurde. A-t-on jamais pû et pourroit-on jamais donner la moindre explication raisonnable de tout ce qui s'est passé, si je n'avois pas déchiré le voile épais dont on l'avoit couvert ? comment concilier la certitude des rélations très secrettes et très intimes qu'il y avoit entre la Reine et le Cardinal, avec la résolution prise subitement et avec éclat de le faire périr sur un échafaud ? comment supposer le Cardinal assez inepte et assez dupe d'une femme telle que moi pour avoir fait autant d'imbecillités, de folies, de bassesses et d'inconséquences qu'on lui en a attribués pour le disculper et rejetter tout sur mon compte ? quel sens donner à l'aventure romanesque de la d'Oliva, à l'emploi de la fausse signature, à la disparition absolue des principales parties du fameux collier et à la manière étrange dont la Reine se trouve mêlée dans l'une et l'autre aventure; enfin, comment trouver naturel que, d'abord accueillie avec bonté par une grande souveraine, arrêtée ensuite, mais traitée avec ménagement pendant tout le cours du procès, obsédée alternativement par des promesses et des ménaces, j'aie fini par être au milieu de tant d'accusé, la seule victime abandonnée aux rigueurs de la justice; et puisqu'il faut le dire, que la main du bourreau ait été le salaire du silence qu'on m'avoit tant recommandé? j'ai donné la clef de toutes ces énigmes, c'est la veritable, puisque c'est la seule, il est impossible d'en trouver d'autre. Il n'est point d'extrême perversité sans grands motifs, ni d'intrigue violente sans causes extraordinaires. J'ai dévoilé ces motifs et ces causes en ne faisant que raconter mon histoire, et sans savoir la méthode de discuter des preuves, je m'abandonne à l'impression naturelle que doit causer dans le public la lecture de mon recit. Malheur à ceux qui m'y ont forcée. Que ne puis je excuser ce qu'il m'a fallu révéler. Je n'ai garde de croire que l'auguste Princesse dont je suis victime m'eut destiné l'infâme traitement que j'ai souffert, ni que d'elle même elle se fut jamais portée aux éxtremités dans lesquelles l'enchaînement des circonstances l'a nécessairement entraînée. Qu'on rapproche et qu'on reprenne avec ordre ce que ma plume a versé sur le papier sans méthode, on verra que malgré le désordre de mes idées et de ma mémoire on retrouve facilement l'origine et la suite des événemens liés avec leurs causes. On a vu que née du sang des Valois, pauvre, fiere et ambitieuse, je me suis livrée aveuglement à tous les moyens de me procurer de la protection, que ma liaison intime avec le Cardinal de Rohan l'homme le plus propre à servir mes vues, m'a conduite bientôt à une intimité d'un tout autre genre avec la Reine; que le Cardinal aspirant depuis longtemps à la toute puissance ministérielle, a cru pouvoir se servir de moi comme d'un moyen de rapprochement pour faire oublier les graves imprudences qui lui avoient attiré le courroux de cette Princesse; qu'il ne s'étoit point borné à ce foible moyen et que bientôt la politique de l'empereur avec qui il avoit conservé des relations étoit venu à son secours; je ne sais pourquoi ni comment, mais sans doute parcequ'il avoit fait croire à l'Empereur qu'il lui seroit très-utile s'il gouvernoit la France, et que la Reine, livrée avec trop de préference aux interêts de son frere, crut devoir sacrifier à cette cause politique ses anciens ressentiments, au point de recevoir dans ses bras celui dont auparavant elle eut demandé la tête avec autant d'acharnement qu'elle en a mis depuis dans cet affreux procès dont toute l'inique est retombée sur moi. On a vu que le Cardinal *ruiné*! (comme l'a observé une créature de la Reine) *au moral & au physique*, unissant à ce dernier défaut celui d'une indiscrétion criminelle, proclamant partout ses rendez-vous, gémissant des faveurs qu'on lui dispensoit, racontant à moi, au Prince de Soubise, au Duc de Lauzun, au Prince de Luxembourg, à Mesdames de Guémenée, de Brionne, au Baron de Planta, aux jouailliers et à vingt autres personnes, comme quoi, lorsqu'il alloit en bonne fortune à Trianon non seulement il se munisoit de gouttes irritantes que distilloit Cagliostro, mais, *pour monter sa tête*, *il passoit à Passi* où il entretenoit *une fille charmante qu'il mettoit dans le costume de notre mere eve*, le tout pour se mettre en état d'aborder *sa rousse*, enfin toutes ces monstruosités étant parvenues à l'oreille de Reine, très peu de tems après la livraison du collier, sa perte fut irrévocablement jurée; et personne n'en sera surpris. Mais ce qui seroit infiniment surprenant s'il s'agissoit d'une simple particulière, c'est qu'avant d'éclater, la Reine n'ait pas renvoyé le collier. L'étonnement est naturel, j'en conviens, sa tête marche à-peu-près de niveau avec sa sensibilité, ses affections, ses goûts : rien de stable, rien de réfléchi.

On se rappelle comment elle fut prise au dépourvu, lorsque le Baron de Breteuil ayant tiré le secret des jouailliers, se fit un mérite de lui faire part de ses découvertes; elle dit dans ce premier moment » *je n'ai jamais entendu parler de ce collier;* il n'est pas étonnant qu'elle ait cru devoir soutenir ce mensonge; il en est à peu-près de même de la réponse que fit le Cardinal au moment où intimidé par la présence de la Majesté, il dit, *J'ai été trompé.* Il n'a jamais du dire autre chose; de sorte que ces deux assertions, quelqu'inconsidérées qu'lles ayent pu être, ont egalement concouru à accréditer contre moi l'accusation du vol (1) — mais si ce vol a été prouvé, comme on seroit tenté de le croire puisque j'en ai subi la peine; pourquoi a-t-on donc prodigué tant d'or, de faveurs, de graces, pour empêcher la preuve du contraire? pourquoi cette subornation manifeste de témoins qui, au-lieu d'être envoyés les uns dans des maisons de force, les autres aux galères comme ils l'avoient mérité, ont été

---

(1) Le Cardinal n'a pas trouvé d'autre moyen de se tirer d'affaire qu'en m'accusant d'avoir volé le collier; s'il avoit été persuadé de son assertion il n'auroit pu que me témoigner du mépris et de l'indignation; je vais donner des preuves du contraire. J'ai déja dit que l'Abbé Lequesle étoit chargé par lui de venir tous les jours s'informer de ma santé, et m'expliquer les raisons qui le forçoient à m'accuser. Ne pouvant disoit-il mettre la Reine en scène sans s'exposer à boire un bouillon de Versailles, et peut-être pis encore; imaginez vous me disoit-il s'il étoit prouvé que le Cardinal a eu les faveurs de la Reine on lui feroit perdre la tête sur un Echafaud, après l'avoir martyrisé, etc.

Notre première entrevue en présence du Rapporteur et du Greffier a quelque chose de remarquable, et fera juger si le Cardinal me croyoit coupable; lorsque j'entrai dans la salle du conseil, il vint à moi, me prit par la main, et me dit; » *Bon jour, Madame la Comtesse, comment vous va* » puis joignant les mains, les élevant au ciel, il s'écria : » « *ah! que nous sommes malheureux!* » — plusieurs fois après la séance terminée, le Cardinal et moi nous sommes écartés de ces messieurs pour nous parler particulièrement. Le Chevalier Dupujet Lieutenant de Roi de la Bastille nous ayant apperçu dans cette intimité comme on ouvroit la porte, m'en a marqué son étonnement. Il ne manquera pas (dans le cas où ces messieurs voudroient le nier) d'en rapporter les circonstances. Dans beaucoup d'occasions M. Dupuis de Marcé nous a surpris à nous faire des signes d'intelligence; comme il avoit observé au Cardinal que cette conduite étoit répréhensible, et ne s'accordoit point avec ses assertions, il se cachoit de lui, et me faisoit concevoir par ses signes le motif de sa contrainte.

caressés, récompensés, établis, protégés? pourquoi cette intelligence prouvée entre les accusés, les accusateurs, les témoins et les juges? nous étions six co-accusés; pourquoi dans ces six individus, plus ou moins coupables, mais tous coupables à un certain dégré, la Comtesse de la Motte est-elle la seule que l'on ait jugée telle, que l'on ait punie comme telle? je me flatte que tout le monde répond pour moi; c'est que le procès n'existoit véritablement qu'entre la Reine et le Cardinal; et qu'ayant eu le funeste bonheur d'être leur confidente, ils ont respectivement trouvé convenable de mettre sur mon compte ce qu'ils ne vouloient pas prendre sur le leur « je ne connois pas cette femme de la Motte» a dit la Reine --- » cette femme de la Motte m'a trompée a dit le Cardinal, et le lâche troupeau partagé entre le Cardinal et la Reine, a été l'écho de ces abominables mensonges — mais, encore une fois, si la Reine ne m'a jamais connue, et si j'ai trompé le Cardinal; pourquoi a-t-on pris tant de précautions pour empêcher que le nom de la Reine fut jamais articulé dans la procédure? et pourquoi lorsqu'après le jugement il a été question de recommencer le procès contre le Cardinal et de faire rendre plainte par le procureur général, pour fait d'attentât contre sa Majesté; pourquoi dis-je, la Reine a-t-elle reculé? pourquoi a-t-elle eu la petitesse de dire qu'elle se borneroit à dépouiller le Cardinal de son cordon, de ses charges, de sa liberté? c'est qu'elle ne pouvoit pas lui arracher la vie, c'est qu'elle n'osoit pas le tenter, c'est que toutes les infamies qui ne seront révélées qu'au moment où paroîtront ces mémoires, eussent été divulguées, par l'instruction de ce second procès. Ce n'est pas pour empêcher qu'il ne fut prouvé que j'avois trompé le Cardinal, que la Reine s'est opposée à cette seconde instruction, c'est pour cacher honteusement ses intrigues avec le Cardinal et moi, qu'elle s'est avilie au point de décliner la jurisdiction des tribunaux, or, si de ces réflexions il résulte que plus la Reine a voulu me méconnoître, plus il est évident que je l'ai connue; du moment où ce mensonge royal est avéré, celui que le Cardinal a fait en disant que je l'ai trompé est encore plus manifeste, et il doit paroître évident que **J'AI SUBI LA PEINE du** *prétendu* délit dont mes adversaires sont parvenus à me convaincre, pour dérober la trace de leurs crimes *réels*! quand il pourroit être dans la volonté, est-il au pouvoir de la Reine de me dédommager? d'effacer ces horribles souvenirs, de soustraire à mes yeux, le jour, la nuit, à chaque instant de ma malheureuse existence, la présence difforme des ministres de sa vengeance? au reste je me trompe peut-être; peut être les ordres qu'ils avoient reçus étoient-ils moins affreux que ce qu'ils ont exécuté. Il sembleroit qu'ils avoient reçu l'instruction secrette de m'étouffer entre leurs guichets; mais les monstres manquerent leur coup; ensorte qu'au lieu d'une mort instantanée qui eut été le plus ardent de mes voeux, ils me donnerent une mort lente dont je vois tous les jours les approches; applatie comme sous un pressoir entre ces portes infernales poussées sur moi par la férocité des géoliers, je traîne dans les souffrances une existence dont je n'ai cessé de désirer la fin: mais jamais aussi ardemment que je le fais aujourd'hui, au moment ou je suis vengée; oui, je mourrai maintenant en paix: j'ajouterais même avec plaisir: si j'osois me flatter que la lecture de mes mémoires, a dissipé les impressions funestes que j'ai laissé trop longtemps s'enraciner, et à humecter l'oeil du très petit nombre d'êtres sensibles que j'ai eu particulierement en vue en prenant la plume.

Il me reste à unir mes accents à ceux du Roi prophête; à dresser à mon souverain l'humble supplication qu'adressoit David à Dieu; à lui dire, les bras levés vers lui:

Du fond de l'abime j'ai dirigé mes cris vers toi,
O mon Roi! O mon Roi! exauce ma voix.

OUI! Prince humain, Prince juste, Prince patriote, détournez un instant un seul instant votre attention des intérêts immenses qui la réclament, qui la fixent; votre peuple vous pardonnera un moment de distraction en faveur du motif; laissez tomber sur moi un seul regard de bonté; accordez-moi une seule réflexion, honorez d'un seul mouvement de bienveillance la plus infortunée de vos sujettes. Elle a des droits à votre compassion, Sire, par la raison même qu'on a cherché, qu'on a reussi à l'en priver. Votte Majesté ignore, mais doit être instruite enfin des manœuvres insidieuses qui ont été mises en usage pour lui dérober les terribles vérités consignées dans ces mémoires.

Je sais qu'à l'époque des interrogatoires ministérielles V. M. daigna ordonner que l'on mit sous ses yeux toutes les minutes des dépositions ; j'étois sauvée, je triomphois si cet ordre eut été fidellement exécuté ! mais que firent mes ennemis, Sire, (et quelle est *l'ennemie* qu'il faut mettre à leur tête !) ils prétendirent que les originaux surchargés de ratures n'étoient pas présentables à V. M. et leur substituèrent des copies falsifiées dans lesquelles ils eurent soin d'altérer tous les faits, d'établir des preuves apparentes de mon crime et de supposer jusqu'à l'aveu que j'en aurois fait ! mettant dans ma bouche des discours si indécents, si malhonnêtes, si révoltants, qu'après en avoir parcouru une partie, V. M. cracha sur ces pièces supposées en disant : » fi, la vilaine ! je ne veux pas lire davantage. »

O, Sire ! c'est le plus juste des Rois que le démon de l'intrigue força ainsi à ce déni involontaire de justice ! mais, Sire, vous savez dans votre sagesse que ce n'est pas la première fois que la religion des Princes a été surprise. Si l'on n'eut pas dérobé à V. M. la connoissance de tous les faits qui concouroient à ma décharge ; si le ministre même qui, dans ces tems détestés jouissoit de la portion la plus ample de votre confiance, ne se fut pas placé entre la vérité et votre Majesté, vous eussiez sû que M. de Vergennes remuoit ciel et terre pour empêcher que mon mari n'allât déchirer le voile qui enveloppoit les vrais coupables, et vous eussiez ordonné que cet infortuné que l'on vouloit associer à mon opprobre, fut confronté avec mes oppresseurs.

Alors, Sire, la vérité eut triomphé ! alors, les malheureux dont il est fait mention dans ces mémoires ; le perfide Dupuis de Marcé, Laurencele, et ses adhérents eussent frémi, et n'eussent jamais osé présenter des copies infidelles de procédures qui, si on ne les eut point falsifiées, en écrasant mes adversaires, eussent solemnellement déposé de mon innocence

Daignez, Sire, revenir sur vos pas ; daignez vous faire représenter les vraies minutes, si elles existent ; si elles n'existent pas, la fraude de mes ennemis est constatée, Daignez ordonner dans votre bonté et votre justice que l'Avocat Doillot mette sous les yeux de V. M. les écrits que je lui ai confiés, unique dépositaire de la vérité; daignez ordonner à ce défenseur, visiblement subjugué, de déclarer pourquoi, muni de ces écrits, et de toutes les instructions que j'ai été capable de lui donner, il s'est permis de fabriquer de mémoires remplis d'invraisemblances, de mensonges et d'inepties, sans offrir un seul moyen de justification raisonnable ?

Peut-être, Sire, le jour de rétribution est-il arrivé—je ne dirois pas *peut-être* si j'étois certaine que ces mémoires paroitront sous vos yeux augustes; je m'écrierois alors—" je suis vengée !"

Dans cet espoir, auquel j'aime à me livrer, je me jette aux pieds de votre Majesté—que mon approche ne vous épouvante point, Sire ! l'innocence ne peut être flétrie; vous pouvez d'un seul mot me rendre l'honneur avant que je quitte vos genoux sacrés; ordonnez seulement QUE L'ON REVISE MON PROCÈS !

Mon mari, Sire, est prêt à faire ce qu'il n'a cessé de demander; à se rendre à la conciergerie; je l'y accompagnerai; ordonnez qu'on nous en ouvre les portes; que l'on produise devant nous, TOUTES les personnes plus ou moins impliquées dans cette ténébreuse affaire.

Alors, Sire, votre Majesté prévenue de la première surprise faite à sa religion, sera heureusement en garde contre une seconde.

Alors, la vérité que sa justice et sa clémence cherchoient en vain, lors de la première instruction, lui apparoitra triomphante ! alors, l'infortunée De Valois, tombant encore aux pieds de VOTRE MAJESTÉ, osera lui demander une dernière grace : LE PARDON DE SES ENNEMIS !

Londres le 1 janvier, 1789.

(Signé)
Comtesse de Valois de la Motte.

N°. I.

PIECES JUSTIFICATIVES.

MÉMOIRE

Sur la Maison de SAINT-REMY DE VALOIS, issue du fils naturel que Henri II, Roi de France, eut de Nicole de Savigny, Dame et Baronne de Saint-Remy.

ARMES DE LA MAISON DE SAINT-REMY DE VALOIS. d'argent à fasce d'azur chargé de fleurs de Lis d'Or.

I. DEGRÉ. Cinquieme Aïeul.

HENRI II. Roi de France, eut de (1) Nicole de Savigny, Henri de Saint-Remy qui suit, ladite Nicole de Savigny, qualifiée de Haute et Puissante Dame, Dame de Saint-Remy, de Fontette, du Châtellier et de Noez, épousa Jean de Vile, Chevalier de l'ordre du Roi, et fit son testament le 12 Janvier 1590, où elle déclara « que le feu Roi Henri II avoit fait don à *Henri Monsieur*, son fils, de la somme de 30000 écus sol, qu'el« le avoit reçue en 1558. »

II. DEGRÉ Quatrieme Aïeul.

Henri de Saint-Remy, appellé *Henri Monsieur*, est qualifié Haut et Puissant Seigneur, Chevalier, Seigneur et Baron du Châtellier, de Fontette, de Noez et de Beauvoir, Chevalier de l'ordre du Roi, Gentilhomme ordinaire de sa Chambre, Colonel d'un Régiment de Cavalerie et Gens de pied, et Gouverneur de Château-Vilain, épousa par contrat du 31 Octobre 1592, passé à

(1) Histoire généalogique de la Maison de France, par le Pere Anselme, Tome I. page 136.
Histoire de France, par le Président Hénault, troisieme édition in-4to. page 315.

Essoye en Champagne Dame Chrétienne de Luz (*), qualifiée Haute et Puissante Dame, veuve de Claude de Fresnay, Seigneur de Loupy, Chevalier de l'ordre du Roi, et fille d'Honoré Seigneur Jacques de Luz, aussi Chevalier de l'ordre du Roi, et de Dame Michelle du Fay, Seigneur et Dame de Bazoiles; mourut à Paris le 14 Février 1621, et eut de son mariage le fils qui suit:

René de Saint-Remy, qualifié Haut et Puissant Seigneur Chevalier, Seigneur et Baron de Fontette, Gentilhomme ordinaire de la Chambre du Roi, Capitaine de cent hommes d'armes, mourut le 11 Mars 1663, et avoit épousé par contrat du 25 Avril 1646, passé à Essoye, Jaquette Breveau, dont il eut entre autres enfans, le fils qui suit: III. DEG Trisaïeul.

Pierre-Jean de Saint-Remy de Valois, qualifié Haut et Puissant Seigneur, Chevalier Seigneur de Fontette, Major du Régiment de Bachevilliers cavalerie, naquit le 9 Septembre 1649, fut baptisé à Fontette le 19 Octobre 1653 épousa en premieres nôces Demoiselle Reine Marguerite de Courtois, et en secondes nôces, par contrat du 18 Janvier 1673, passé à Saint-Aubin, diocèse de Toul, Demoiselle Marie de Mullot, fille de Paul de Mullot, Ecuyer, et de Demoiselle Charlotte de Chaslut, mourut avant le 4 Mars 1714; et de son second mariage, eut un fils qui suit: IV. DEG Bisaïeul.

Nicolas-René de Saint-Remy de Valois, qualifié Chevalier, Baron de Saint-Remy et Seigneur de Luz, fut baptisé à Saint-Aubin-aux-Anges, diocèse de Toul, le 12 Avril 1678; servit le Roi pendant dix ans en qualité de Garde-du-Corps de sa Majesté, dans la Compagnie du Duc de Charost, quitta le service pour se marier; épousa par contrat du 14 Mars 1714, Demoiselle Marie-Elisabeth de Vienne, fille de Nicolas-François de Vienne, Chevalier, Seigneur et Baron de Fontette, de Noez, etc. Conseiller du Roi, Président, Lieutenant Général, Civil et Criminel, au Bailliage Royal de Bar-sur-Seine, et de Dame Elisabeth de Merille, mourut à Fontette le 3 Oc- V. DEG Aïeul.

* Les deux soeurs puînées, Marie et Madeleine de Luz, épouserent l'une François de Choiseul, Baron d'Ambouville; et l'autre Benjamin de Sanciere, Seigneur et Baron de Tenance.

tobre 1759; et de son mariage eut deux fils; premier, Pierre Nicolas-René de Saint-Remy de Fontette, né à Fontette le 3 Juin 1716, reçu en 1744 Cadet Gentilhomme dans le Régiment de Grassin, où l'on assure qu'il a été tué dans une occasion de guerre contre les ennemis du Roi; et second, Jacques qui suit :

Jacques de Saint-Remy de Valois, appellé d'abord de Luz, et ensuite de Valois, qualifié Chevalier, Baron de Saint-Remy, naquit à Fontette le 22 Décembre 1717, et fut baptisé le premier Janvier 1718. Dans l'acte de son baptême qui constitue son nom et son état son pere présent, est appellé et qualifié « Messire Nicolas-René « de Saint-Remy de Valois, Baron de Saint-Remy : » et sa tante, qui fut sa marraine, y est appellée « Demoi-«selle Barbe-Therese, fille de feu Messire Pierre-Jean « de Saint-Remy de Valois; » l'un et l'autre y ont signé, Saint-Remy de Valois. Il épousa dans la paroisse de Saint-Martin de Langres, le 14 Août 1755, Marie Jossel, dont il avoit déja un fils qui suit; et mourut *à l'Hotel-Dieu de Paris* le 16 Février 1762, suivant son extrait mortuaire, où il est appellé et qualifié « Jacques « *de Valois, Chevalier Baron de Saint-Remy.* »

VI. DEGRÉ Pere.

Jacques de Saint-Remy de Valois, né le 25 Février 1755, et baptisé le même jour dans l'église paroissiale de Saint-Pierre et Saint-Paul de la ville de Langres, reconnu et légitimé par ses pere et mere dans l'acte de célébration de leur mariage du 14 Août de la même année.

Jeanne de Saint-Remy de Valois, née à Fontette le 22 Juillet 1756.

Marie-Anne de Saint-Remy de Valois, née aussi à Fontette le 2 Octobre 1757.

Nous *Antoine-Marie* d'Ozier de Serigny, Chevalier, Juges d'Armes de la Noblesse de *France*, Chevalier, Grand Croix honoraire de l'Ordre Royal de Saint Maurice de Sardaigne, certifions au Roi la vérité des faits contenus dans le Mémoire ci-dessus, dressé par nous sur titres authentiques; en foi de quoi nous avons signé le présent Certificat, et l'avons fait contresigner par notre Secrétaire, qui y a apposé le sceau de nos armes. A Paris. le Lundi sixieme jour du mois de Mai de l'an 1776 (*signé*) D'HOZIER DE SERIGNY : (*plus bas*) par

Monsieur le Juge d'Armes de la Noblesse de France. DUPLESSIS (*Et scellé*).

Nous soussigné Juge d'armes de la Noblesse de *France*, etc. certifions que cette copie du présent Mémoire est conforme à la minute conservée dans notre dépôt de Noblesse; en foi de quoi nous l'avons signée et l'avons fait contresigner par notre Secrétaire, qui y a apposé le sceau de nos armes. A Paris le Jeudi treizieme jour du mois d'octobre de l'an 1785. *Signé*, D'HOZIER DE SERIGNY.

Par Monsieur le Juge d'Armes de la Noblesse de France. *Signé* DUPLESSIS.

N°. II

LETTRE DU CARDINAL A LA REINE.

21 *Mars*, 1784.

MADAME,

LA charmante Comtesse m'a fait part, combien vous avez paru sensible au recit qu'elle vous a fait des petits services que je lui ai rendus — l'intérêt seul qu'elle inspire m'a engagé à saisir toutes les occasions de l'obliger; car certainement j'étois très-éloigné de prévoir qu'elle seroit un jour à même de vous parler de moi d'une manière à vous faire revenir des mauvaises impressions que mes ennemis vous ont toujours donnés de mon caractère — le hazard m'a donc mieux servi que toutes mes démarches, car vous savez tout ce que j'ai fait pour me procurer le moyen de vous parler un instant sans avoir jamais pu y réussir. Les personnes que je devois croire mes amis, et qui avoient votre confiance ont sçu profiter du désir que j'avois de faire cesser ma disgrace, pour me faire faire des imprudences, des fausses démarches, afin de mieux réussir, et sans une circonstance aussi extraordinaire que celle qui se présente aujourd'hui, j'aurois toujours passé à vos yeux pour un monstre, sans espoir de pouvoir jamais me justifier — mais l'espérance commence à luire dans mon cœur — et j'ose croire que vous ne dédaignerez pas de m'entendre

dre; que votre belle bouche prononce un oui, vous verrez votre esclave à vos pieds, et ce jour sera le plus heureux de sa vie.

N°. III.

LETTRE DU CARDINAL A LA REINE.

28 Mars 1784.

MADAME,

J'APPRENDS avec douleur que vous ne m'accorderez une entrevue particulière que lorsque je vous aurai donné les preuves les plus authentiques qu'on vous en a imposé — vous me demandez par écrit un abrégé de ma justification — quoique certain de la personne qui vous le remettroit — je vous avoue que ne sachant pas encore le dégré de confiance que vous lui accordez, je ne voudrois pas exposer légérement un écrit qui renfermeroit des anecdotes où votre Majesté seroit compromise — comme il m'est impossible de me servir de la main d'un tiers, je dois (surtout d'après tout ce qui m'est arrivé) être très-circonspect — j'ose croire que votre Majesté ne regardera pas cet acte de prudence comme un refus à ses volontés — j'attends des ordres ulterieurs — et d'après la conversation que j'ai eue avec la Comtesse, et dont elle vous fera part; j'espère que pour éloigner tout ce qui pourroit tomber entre des mains infidelles, vous me permettrez de vous donner verbalement les détails que vous exigez de moi — je suis en attendant vos dernieres volontés, le plus sincere et le plus attaché de vos sujets.

N°. IV.

LETTRE DU CARDINAL A LA REINE

3 Avril, 1784.

JE dois souscrire aux volontés de mon maître, et me regarder trop heureux de la complaisance qu'il a d'entendre parler de son esclave — la chere Comtesse m'a mis au comble du bonheur en me disant que vous desiriez me trouver innocent — oui ! je le suis, et je puis vous en donner les preuves les plus convainquantes — Cette idée me cause une si grand joie que tous les objets ne sont plus les mêmes pour moi — vous reconnoitrez à mon stile que mon imagination est exaltée — je voudrois vous peindre toutes les sensations que j'éprouve; mais mes idées se succedent si rapidement qu'il m'est impossible de mettre aucune suite à ce que j'écris — ce moment de félicité m'a fait oublier toutes les peines que j'ai souffertes, et je pardonne d'autant plus volontiers aux auteurs, que je conçois les sacrifices qu'on peut faire pour meriter, et conserver vos bontés. Je n'hésite plus à vous envoyer une partie de ce que vous demandez, me reservant de vous expliquer verbalement quel étoit le but de la Princesse Guémenée lorsqu'elle vous a embrouillé l'histoire dans laquelle le Duc de Lauzun et le Prince de Luxembourg se trouvoient compromis — les découvertes que j'ai faites depuis m'ont fait connoître le caractère de ma charmante niece — je sais que c'est elle qui a le plus contribué à ma disgrace, et qui m'a suscité des ennemis qui ont sçu l'entretenir elle en a été trop punie ; et le mépris qu'elle vous inspire me persuade que vous verrez aisément la fausseté de toutes les noirceurs qu'elle a imaginées pour me perdre.

Je reçois à l'instant un mot de la Comtesse qui me marque qu'elle part pour Versailles, je lui envoye cette lettre, et demain je ferai partir un courrier qui lui remettra ce que vous desirez-c'est entendu—votre fidel esclave.

N°. V.

LETTRE DU CARDINAL A LA REINE.

4 Avril 1784.

MADA E

LISEZ moi avec attention, jugez du desir que 'avois de rentrer en grace pour avoir fait toutes les démarches que j'ai faites, et rendez justice à celui qui a tout souffert sans l'avoir mérité.

Madame de Guémenée pour m'ôter tout soupçon que sa conduite pourroit faire naître et m'engager a une confiance sans bornes me dit qu'elle étoit presque persuadée que vous aviez connoissance de différentes lettres que j'avois écrites pour mettre obstacle à votre mariage avec le Dauphin ; que ces lettres avoient été fabriquées chez Madame Dubarry, et ensuite montrées par elle à Louis Quinze dans un de ces moments où elle savoit lui persuader tout ce qu'elle vouloit ; que cette premiere découverte étoit le motif de la haine, et du mépris que vous aviez conçu pour elle et pour moi — qu'on vous avoit ensuite assuré que pour me venger du peu de cas qu'on avoit fait de mes avis, j'avois écrit à l'impératrice pour l'informer de votre liaison intime avec le Comte d'Artois, que les termes n'étoient nullement ménagés, que vraisemblablement le Chancelier, le Duc d'Aiguillon, et la Dubarry avoient enchéris sur les expressions— que les differens stiles montroient évidemment que ces personnages y avoient travaillés — voilà, me dit-elle, ce que j'ai appris — si effectivement ces écrits ont existé et que vous en soyez l'auteur, vous ne devez jamais vous attendre à un pardon, et je me garderai bien de faire aucune démarche pour vous le faire obtenir ; mais si au contraire vous n'avez été que l'agent dans cette affaire, et que la Dubarry à qui vous ne pouviez rien refuser (d'après les services qu'elle vous avoit rendus) vous ait engagé à prêter votre nom pour faire cette méchanceté ; il me sera facile par les tournures que je donnerai, à concilier les choses ; mais avant de faire une seule démarche, j'exige de vous un aveu sincere de tout ce qui s'est passé — ce récit que j'abrège de beaucoup me mit dans un état que je ne saurois définir ; l'étonnement, l'indignation, la fureur s'empara de mes esprits, et me fit vomir contre tous ces monstres un torrent d'épitetes qu'ils meritoient bien, mais que le respect m'empêche de répeter. Devenu un peu plus calme, je dis à Madame de Guémenée qu'il n'étoit pas possible qu'il ait jamais existé pareilles horreurs, que je n'en avois absolument aucune connoissance et que je ne pouvois me persuader que qui que ce soit ait été assez osé de se servir de mon nom pour donner des avis aussi faux et aussi délicats : écoutez, me dit-elle, je ne crois pas que votre rôle soit étudié, ni que la découverte de ces monstruosités vous porte à des excès aussi violents afin de me persuader que vous êtes innocent — je connois votre caractère, et vous êtes incapable de pareils détours ; mais le fait est que ces coupables écrits ont existés et que la Reine en a connoissance ; vous dire comment ? je l'ignore — il y va de votre intérêt de m'aider à découvrir les auteurs, je pourrai vous en faciliter les moyens, mais un peu de patience — Le Prince de Guémenée qui survint mit fin à cette conversation, et peu après je pris congé dans la crainte qu'il ne s'apperçut de mon émotion — plusieurs semaines s'écoulerent sans qu'il me fut possible de trouver l'occasion de renouer la conversation; j'appris seulement en passant qu'il n'y avoit rien de nouveau, et qu'on épioit le moment favorable pour une explication, mais qu'il ne falloit pas brusquer les choses, et qu'il falloit beaucoup de ménagement pour mettre sur le tapis des anecdotes qui avoient occasionnées bien des désagrements, et qu'un fin courtizan ne devoit jamais rappeller des souvenirs désagreables, que je pouvois compter sur le desir qu'on avoit de me servir, et vivre dans l'esperance de voir bientôt cesser ma disgrace — Ces promesses flatteuses contribuerent un peu à me rendre ma tranquillité ; car depuis l'époque de ma première entrevue je n'existois plus, et je vous avoue que j'étois dans une si grande agitation de toutes les machinations qui avoient été pratiquées contre moi; que j'ai été tenté plusieurs fois d'aller me jetter à vos genoux, et vous supplier de m'entendre ; mais un peu de reflexion, et la crainte d'un coup d'éclat m'en a détourné ; l'espoir surtout que Madame de Guémenée me donnoit toutes les fois que je la rencontrois, me faisoit changer de résolution, au point qu'elle parvint à me faire croire tout ce qu'elle voulut. — J'étois un dimanche soir avec le Prince de Soubise qui attendoit sa voiture pour retourner a Paris, lorsqu'un valet de chambre de Madame de Guémenée vint me dire de sa part d'aller chez elle pendant que vous seriez au jeu, qu'elle avoit quelque chose à me communiquer ; je ne manquai pas de me rendre à son invitation. — Le contentement que j'apperçus sur sa phisionomie en entrant dans son appartement fut pour moi d'un bon augure — aussi ne fus-je point trompé — j'ai me dit elle de bonnes nouvelles à vous apprendre ; asseyez vous et je vous en ferai part. J'ai vu la Reine hier, et par un bonheur auquel je ne devois pas m'attendre, la conversation est tombée sur vous sans que cela vienne de ma part, j'ai saisi avec empressement cette occasion pour lui dire qu'elle avoit été cruellement trompée par tous les rapports qu'on lui avoit faits ; que depuis votre disgrace votre existence étoit la plus malheureuse possible, et que sans l'espoir que vous aviez de vous justifier un jour, vous auriez déja quitté la cour, et vous seriez rétiré à Saverne — si ce que vous me dites étoit vrai, a-t'elle répondu, il auroit cherché les moyens de se justifier, et jusqu'à présent je ne me suis pas apperçue qu'il ait fait la moindre démarche pour y parvenir : cette réponse me donna une ouverture à lui rapporter notre conversation à laquelle j'ajoutai plusieurs autres circonstances qui ne pouvoient que lui persuader la fausseté des faits qu'on lui avoit rendus ; mais je me suis apperçue par sa reponse qu'il falloit plus d'une séance pour la persuader, c'est pourquoi je n'ai pas jugé devoir pousser les choses plus loin, ni proposer une explication dans la crainte de tout gâter.

J'ai un moyen infaillible, et si vous me secondez je ne doute nullement du succès de l'entreprise. — Il y a quelque tems qu'elle desire un petit chien blanc épagneul, je sais que cette race se trouve assez communément dans la haute Alsace, si vous pouvez par les connoissances que vous y avez, me procurer ce petit animal, je lui en ferai le cadeau, me reservant de lui dire qu'il vient de vous, lorsqu'il en sera tems. — J'eus le bonheur de me procurer ce charmant petit chien que vous avez tant caressé, et pour lequel vous aviez pris tant d'attachement. — Madame de Guémenée ne manqua pas de m'en instruire, en m'assurant qu'elle vous avoit dit qu'ayant appris le desir que vous aviez d'avoir un petit chien alsacien, j'avois fait toutes les recherches possibles pour en decouvrir un, et qu'ayant réussi, je lui avois apporté avec un nom Arabe qui signifioit fidel et malheureux ; que ce récit bien loin de diminuer les carresses du petit malheureux n'avoit fait que les augmenter ; qu'elle en tiroit le meilleur augure, et qu'elle esperoit qu'avant peu je serois obligé de changer le nom de mon representant.

Je ne savois de quelles expressions me servir pour lui marquer ma reconnoissance; elle s'apperçut de l'excès de joie qu'elle me causoit, elle en profita pour me demander une somme assez considerable à emprunter, j'aurois donné toute ma fortune; je me crus trop heureux d'être utile à une femme à qui j'avois tant d'obligations. La facilité qu'elle avoit rencontré l'engagea à me faire d'autres demandes que je ne pus refuser; elle savoit toujours les accompagner d'esperances, de promesses flatteuses, et en même tems des difficultés qu'elle sauroit vaincre, le tout afin de gagner du tems — mais mes finances étant très dérangées par les emprunts que j'avois été obligé de faire pour elle et voyant que mes ressources étoient épuisées puisque j'avois été forcé de la refuser plusieurs fois; elle s'imagina que, pour masquer toutes ses iniquités, et ses mensonges elle n'avoit d'autre parti à prendre que de me perdre entierement dans votre esprit. — Elle savoit que la Princesse de Marsan m'avoit parlé de votre petit chien, en me disant qu'elle seroit bien aise de me voir rentrer en grace, que je devois compter sur votre indulgence puisque vous aviez accepté ce qui venoit de moi; la crainte que je ne découvre la vérité lui fit imaginer un moyen bien sur pour me rendre odieux —— vous savez les démarches imprudentes que j'ai faites? c'étoit son ouvrage —— et dans le moment où je croyois me rendre à vos ordres elle vous persuadoit que c'étoit une témérité condamnable de ma part, que je n'agissois ainsi que pour vous compromettre, et que j'étois de complot avec deux ou trois autres personnes qu'elle vous nomma. — Croyant que son ouvrage étoit imparfait, elle voulut y mettre la dernière main et me donner le coup de grace; pour y parvenir il falloit commencer par m'expliquer les raisons de mon peu de succès, elle est fertile en expédients; les ressources de son imagination sont infinies; j'etois subjugué, je crus tout.

Vous deviez donner une fête au petit Trianon, mais l'époque étoit encore éloignée; je préparai pendant cet intervalle toutes les choses nécessaires à mon déguisement — ce jour si désiré étant arrivé, et suivant les instructions de ma chère niece, je me glissai dans le jardin où je ne tardai pas à être entouré, et poursuivi comme un hibou qui se seroit introduit dans ce bois enchanté — les acclamations de Monsieur l'Abbé et autres épithètes très mortifiantes me firent voir clairement que j'avois été choisi pour servir de jouet à toute l'assemblée. — Désespéré d'avoir été éconduit de cette manière, je me retirai avec la rage et le désespoir dans le cœur, bien déterminé à me venger lorsque j'en trouverois l'occasion. — Cette scene me fit une si grande révolution, que j'en fus très-malade. L'auteur de ma disgrace profita encore de ma position malheureuse pour faire courir le bruit que j'étois somnambule et que mes courses nocturmes dans le parc, étoient la cause de mon indisposition; elle employa tous les moyens pour me tourner en ridicule, et pour me créer des ennemis qui n'ont cessé de me persécuter.

Voila des événements que vous avez toujours ignorés et qui vous feront voir combien j'ai été la dupe de ma bonne foi — quant à la disparition de votre petit chien; je vous dirai ce que j'en ai appris, ainsi que beaucoup d'autres histoires qu'on m'a prêtées et auxquelles je n'ai jamais eu aucune part n'ayant cherché depuis ces époques malheureuses qu'à saisir toutes les occasions de vous donner des preuves de mon respect, et de mon sincère attachement.

Voilà des détails bien longs, et qui m'ont fait oublier l'heure, j'espère cependant que mon courrier arrivera assez à tems pour remettre ma lettre. J'attends la Comtesse avec grande impatience, Dieu veuille qu'elle m'apporte de bonnes nouvelles — toujours fidel et malheureux.

N°. VI.

LETTRE DU CARDINAL A LA REINE.

10 Avril 1784.

MADAME.

JE conçois aisément que d'après tout ce qui s'est passé, ce seroit une contrariété dans votre conduite envers moi si l'on vous voyoit m'accorder ouvertement, et aussi promptement une protection que vos alentours vous ont persuadés que je ne méritois pas ; ce seroit, sans doute donner l'allarme à tous mes ennemis qui ne manqueroient pas de se réunir dans cette occasion -- mais tous leurs efforts seroient bien inutiles, si mon cher maitre a le desir de pardonner à son esclave. -- Souveraine aussi puissante que respectée ; vos volontés seront toujours des loix auxquelles vos alentours seront trop heureux de souscrire — si cependant vous avez des raisons particulières pour garder des ménagemens jusqu'à une certaine époque ; je me conformerai à tout ce qui pourra vous plaire, et j'éloignerai de tout mon pouvoir tout ce qui pourroit troubler la tranquillité et le bonheur de mon cher maître — j'ose espérer que pour dédommager votre esclave soumis de toutes les contrariétés qu'il sera forcé d'éprouver, vous voudrez bien le mettre encore à même de baiser cette belle main, et entendre cette charmante bouche prononcer son pardon.

N°. VII.

LETTRE DE LA REINE AU CARDINAL.

28 Avril 1734.

J'AI lu avec indignation la manière dont vous avez été trompé par votre niece ; je n'ai jamais eu aucune connoissance des lettres dont vous me parlez, et je doute qu'elles ayent jamais existées. Les personnes dont vous vous plaignez ont effectivement contribué à votre disgrace, mais les moyens qu'ils ont employés etoient bien différents de ceux que vous supposez. J'ai tout oublié et j'exige que vous ne me parliez jamais de rien qui ait rapport au passé. Le récit que la Comtesse m'a fait de la conduite que vous avez tenue avec elle, m'a fait beaucoup plus d'impression que tout ce que vous m'avez écrit; j'espére que vous n'oublierez jamais que c'est à elle à qui vous dévez votre pardon ; ainsi que la lettre que je vous écris. Je vous ai toujours regardé comme un homme très inconsequent et très indiscret ; cette opinion m'engage nécessairement à beaucoup de réserve et je vous avoue que ce n'est que par une conduite toute opposée à celle que vous avez tenue que vous pourrez gagner ma confiance et meriter mon estime.

N°. VIII.

LETTRE DU CARDINAL A LA REINE.

6 Mai 1784.

OUI ! je suis le plus heureux mortel qui existe — mon maitre me pardonne — il m'accorde sa confiance et pour comble de bonheur il a la bonté de sourire à son esclave, et de lui faire publiquement des signes d'intelligence—Ces faveurs inattendues m'ont causé une si grande émotion que j'ai craint pour un instant qu'on en soupçonne le motif par les réponses extraordinaires que j'ai faites—mais j'ai été bientôt rassuré lorsque j'ai vu qu'on attribuoit ma distraction à tout autre motif—aussi ai-je pris un air d'approbation afin de détourner du véritable objet—Cette circonstance est pour moi un avertissement qui m'engagera désormais à diriger mes démarches et mes réponses d'une manière plus prudente.

Je sais apprécier toutes les obligations que j'ai à la charmante Comtesse—dans quelque position que je me trouve, je saurai reconnoitre tout ce qu'elle a fait pour moi—c'est entendu--tout dépend de mon maitre-- la facilité qu'il a de faire des heureux fait désirer à son esclave les moyens de suivre ses traces et d'être l'écho de ses volontés

N°. IX.

LETTRE DE LA REINE AU CARDINAL.

19 *Mai* 1784.

JE ne peux blâmer le désir que vous avez de me voir; je voudrois pour vous faciliter les moyens, lever tous les obstacles qui s'y opposent ; mais vous ne voudriez pas que je fis des imprudences pour abréger une chose que vous devez être persuadé d'obtenir dans peu. Vous avez des ennemis qui vous ont beaucoup desservi auprès du *ministre* (La Comtesse vous dira la signification de ce mot, dont vous vous servirez à l'avenir) leur expulsion ne peut que vous être avantageuse ; je sais les révolutions et les changements qui doivent arriver, et j'ai calculé toutes les circonstances qui ameneront infailliblement les occasions que je désire. En attendant soyez très circonspect, discret surtout, et comme on ne peut prévoir tout ce qui peut arriver, soyez reservé et très confus dans ce que vous m'écrirez désormais.

N°. X.

LETTRE DE LA REINE AU CARDINAL.

23 *Mai* 1784

ON m'a parlé de vous hier d'une manière à me faire croire qu'on soupçonne quelque intelligence, je ne puis concevoir ce qui a pu donner lieu à cette ouverture; quelle que soit l'intention, elle n'a point été satisfaite ; je vous en préviens afin d'être sur vos gardes, et d'éviter toute surprise. J'irai cette semaine à T— n. J'y verrai la Comtesse et je lui communiquerai un projet qui vous fera surement plaisir.

N°. XI

LETTRE DU CARDINAL A LA REINE.

2 Juin, 1784.

LA Comtesse a mal compris ce que je lui ai dit relativement à la prière que je lui faisois de vous demander une entrevue — je serois très injuste, et vraiment indiscret de solliciter cette faveur, d'après les obstacles qui s'y opposent et dont vous avez bien voulu me faire part. Voila précisément ce que je lui ai dit en plaisantant, ne croyant nullement qu'elle vous en feroit part. — Charmante Comtesse vous êtes bien aimable, et vous méritez sans doute l'attachement qu'on a pour vous — que vous êtes heureuse — vous verrez demain mon cher maître — vous serez à ses pieds — tandis que son fidel esclave vit dans une contrainte continuelle, privé du seul et unique plaisir qu'il auroit de le voir, l'admirer, l'adorer, et jurer à ses pieds que son respect, son attachement, son amour ne finira qu'avec sa vie. — Vous pouvez mettre le comble à tous mes vœux — cela depend beaucoup de vous — écoutez moi — je serois au désespoir que mon maître imagine que toutes mes démarches n'ont pour but que l'ambition et le désir de me venger de mes ennemis — la prière que je lui ai faite de me recevoir, a pu lui faire naître de pareils soupçons — pour les faire cesser, et lui persuader que je n'ai d'autre but et d'autre désir que de lui plaire — dites lui que je consentirois bien volontiers de passer pour toujours dans l'esprit du public, pour un homme disgracié et qui l'a bien mérité s'il vouloit m'accorder les faveurs qu'il vous fait — cet aveu est aussi sincère que le désir que j'ai de voir mes vœux accomplis. — La Comtesse a beaucoup ri de cette idée et s'est bien promis de vous en amuser — la manière dont elle vous a rapporté notre conversation est sans doute ce qui a donné lieu aux reproches que vous me faites — mon crime est bien pardonnable — aussi je compte beaucoup sur votre indulgence ; vous êtes si bonne, si empressée à sécourir les malheureux, que votre esclave ne peut se persuader que vous le priverez encore longtemps d'embrasser vos genoux

N°. XII.

LETTRE DU CARDINAL A LA REINE.

12 *Juin* 1784.

LE sauvage est enchanté——il vient de me raconter avec enthousiasme le signe d'intelligence et de bonté qu'il a reçu du maitre — pour le contrarier, j'ai cherché à lui faire entendre que c'étoit à la Comtesse et non à lui à qui cela s'étoit adressé — il étoit furieux. —— Vous voyez combien on est jaloux de vous plaire et mériter un de vos regards—depuis ce moment le sauvage est heureux, et je suis persuadé qu'il n'y a rien au monde qu'il n'entreprenne pour mériter votre estime et votre protection—il espère que vous vous apprivoiserez avec sa figure et que ses qualités vous le feront trouver plus supportable.

J'esperois recevoir de vos nouvelles avant de partir—mais la Comtesse vient de me dire que la toilette, et l'étiquette du jour ne vous avoit laissé aucun moment de libre— je suis très content du Ministre ; je ne désespère pas de le voir un jour mon médiateur.

N°. XIII.

LETTRE DU CARDINAL A LA REINE.

29 *Juillet*, 1784.

MON adorable maître, permettez que votre esclave vous exprime la joie qu'il ressent des faveurs que vous lui avez accordées —— cette rose charmante est sur mon cœur —— je la conserverai toute ma vie —— elle me rappellera sans cesse le premier instant de mon bonheur — En quittant la Comtesse j'étois si transporté que sans m'en appercevoir je me suis trouvé à l'endroit charmant que vous aviez choisi — après avoir traversé la charmille, je désesperois de reconnoitre la place où votre esclave chéri s'est précipité à vos pieds--destiné sans doute à n'éprouver dans cette belle nuit que des sensations heureuses--j'ai retrouvé ce joli gazon que ces jolis petits pieds avoient un peu foulés--je m'y suis précipité comme si vous y aviez encore été, et j'ai baisé avec autant d'ardeur l'herbe sur laquelle vous étiez assise que cette belle main qui m'a été livrée avec cette grace et cette bonté qui n'appartient qu'à mon cher maitre -- j'ai eu beaucoup de peine à quitter ce lieu enchanté -- J'y aurois surement passé la nuit si je n'avois craint de causer quelqu'inquiétude à mes alentours qui savoient que j'étois sorti.---Rentré chez moi, je n'ai pas tardé à me mettre au lit — j'ai eu beaucoup de peine à m'endormir -- l'imagination frappée de votre adorable personne m'a causé pendant le sommeil des sensations les plus délicieuses— heureuse nuit! vous avez été le plus beau jour de ma vie — adorable maître —— votre esclave ne peut trouver d'expressions pour peindre sa félicité—vous avez vu hier son embarras, sa timidité, son silence--effets naturels de l'amour le plus pur — vous seule dans l'univers pouviez produire ce qu'il n'a jamais éprouvé —je crois quelquefois avoir fait un rêve agréable; mais rapportant toutes les circonstances de mon bonheur, me rapellant ce son de voix enchanteur prononcer mon pardon —je me porte à des excés de joie accompagnés d'exclamations qui, si elles pouvoient être entendues feroient croire au dérangement de mon cerveau. — Voilà mon état, je le trouve bien heureux, et je désire le conserver toute ma vie.

Je ne partirai pas que je n'aye recu de vos nouvelles.

N°. XIV.

LETTRE DU CARDINAL A LA REINE.

9 *Août* 1784.

JE crois avoir trouvé l'occasion et le prétexte que le maître désire — je lui ai fait part dernièrement des craintes de son esclave, et des dangers auxquels il s'expose sur-tout d'après les soupçons que son assiduité a fait naître — une découverte le perdroit à jamais par les tournures qu'on donneroit à la chose et malgré l'autorité du maître, il se trouveroit forcé de sacrifier son esclave pour ne pas être compromis dans des propos qui ne finiroient jamais. — Nous sommes quelquefois forcés de donner notre confiance à des alentours qui profitent souvent des circonstances pour nous engager à faire des inconsequences que nous n'appercevons pas d'abord — leur but est d'avoir des armes qu'ils savent tourner contre nous pour conserver leur empire, et nous mettre dans l'impossibilité d'agir selon nos désirs — voila la position du maître — Contrarié dans ses vues, dans ses projets, dans sa conduite même ; il voit mais trop tard le danger qu'il y a de se livrer sans réserve — surtout aux méchants qui savent tirer parti de tout. — Ne sachant pas encore la raison des ménagements qu'il doit avoir, ni la nature de ses confidences je ne peux lui donner aucun conseil ni chercher les moyens d'éviter tout ce qui pourroit lui être désagréable — c'est entendu — je dois donc me borner à lui indiquer le moyen de faire venir ouvertement son esclave, sans que le *ministre*, les P. les V. les B. etc. puissent faire aucune reflexion sur cette démarche — ce premier pas fait rien ne sera plus facile que de continuer des visites qui seront naturelles d'un coté, et sans conquence de l'autre.

Vous avez dans ce moment une jeune personne qui travaille sous vos yeux — je sais que ses ouvrages vous ont plu et que vous désirez lui être utile. Elle a fait part de vos bontés à un ecclésiastique son parent à qui elle a beaucoup d'obligations — celui-ci est venu me consulter et me demander s'il pouvoit esperer obtenir une place qui étoit vacante et qui me seroit demandée par vous—-instruit de toutes les particularités je lui ai fait dresser un mémoire qui sera rémis à la petite avec toutes les instructions nécessaires — vous trouverez la requête dans le fond de votre corbeille et vous jugerez par ce qu'elle contient qu'il faut nécessairement faire venir l'esclave pour recevoir les ordres du maître. — Cette démarche naturelle et l'empressement de souscrire à ses volontés lui fournira sans doute l'occasion de montrer son indulgence et oublier insensiblement le passé.

La Comtesse restera jusqu'à Jeudi afin de pouvoir me rapporter votre décision, ou vos ordres.

M. B. S. T. C. B. c'est entendu.

N°. XV.

LETTRE DU CARDINAL A LA REINE.

13 *Aout*, 1784.

Il y a un proverbe qui dit qu'un bonheur ne va jamais sans un autre—— ma triste aventure vous prouvera qu'il est faux —— ne soyez point effrayée—-apprêtez vous au contraire à bien rire et à vous moquer de moi à la premiere rencontre — après le bonheur le plus parfait je regagnois furtivement le passage en question, lorsque passant près d'une charmille, un bruit assez considérable m'a fait croire que c'étoit quelqu'un qui vouloit me surprendre—effrayé au suprême dégré, je n'ai fait qu'un saut pout me mettre hors de prise — ma précipitation m'ayant empêché de prendre les précautions ordinaires, et ayant encore moins observé que la pluie avoit rendu le terrein très glissant—je me suis trouvé sans trop savoir comment, au beau milieu du fossé— le sauvage qui m'attendoit de l'autre côté ne voyant dans ma chute plaisante qu'un excès de mal-adresse de ma part, s'est mis à rire aux éclats, se tenant les côtés, et faisant des contorsions que je n'avois jamais vu chez lui; quelques mots significatifs ont calmé pour un instant son rire immodéré, et il m'a aidé à sortir promptement du bourbier où j'étois enfoncé -- vous connoissez le sérieux du sauvage ; auriez vous jamais cru qu'après lui avoir dit le sujet de ma peur, il se seroit mis à rire tout de nouveau? non sans doute! he bien! le voilà parti, se tordant, se roulant sur l'herbe, et ne pouvant proférer une seule parole — ne voyant aucun mouvement de l'autre côté, j'ai attendu avec assez de patience la fin de cette gaieté extraordinaire — devenu un peu plus calme je lui ai dit assez sérieusement qu'il ne m'arriveroit jamais de le conduire avec moi, puisque dans un moment aussi délicat il se conduisoit avec autant de folie que d'indiscrétion. — Ne me condamnez pas sans m'entendre, m'a-t-il répondu ; écoutez moi — un lapin, ou quelques perdrix vous ont fait peur — vous avez cru avoir à vos trousses toute la clique — et sans faire la moindre réflexion vous êtes venu faire le plongeon pour vous soustraire à leurs vues - mettez vous à ma place — n'ayant rien apperçu, ni entendu qui ait pu donner lieu à cette retraite précipitée, mon premier mouvement a été de rire —— vous me racontez votre frayeur —— je devine le motif qui y a donné lieu —— je vous examine, je vous vois rempli de boue, et votre culotte déchirée d'un bout à l'autre —— qui Diable y tiendroit? — je regarde. — Je vois la vérité de son récit — nos yeux se rencontrent, et nous faisons chorus. Tout alloit bien jusques-là, à cela près d'une culotte déchirée, et d'une mascarade assez dégoutante — mais la découverte de mon pouce démis, a rémis un peu de sérieux dans notre marche -- rentré chez moi, le sauvage a fait l'office de chirurgien : grace à son beaume, je souffre beaucoup moins aujourd'hui. -- La Comtesse que j'ai vu ce matin, me voyant avec une main empaquetée, m'a naturellement demandé ce qui m'étoit arrivé --- Quoique certain des plaisanteries qu'elle ne manqueroit pas de me faire ; je lui ai raconté ma triste avanture ; elle en a tant ri qu'elle a été forcée de me quitter pour passer dans un autre appartement -- les marques qu'elle avoit laissé dans le sallon (de son rire immodéré) m'ayant fait craindre une nouvelle ondée ; je me suis rétiré sans la revoir. -- Cette charmante rieuse ne manquera pas de vous raconter ce qu'elle appelle ma mal-adresse -- mais j'espère pour cette fois que sa gaieté n'aura pas le même résultat.

N°. XVI.

N°. XVI.

LETTRE DE LA REINE AU CARDINAL.

15 *Août.* 1784.

J'AI reçu hier soir le paquet avec l'instruction et les refléxions que tu me fais sur Calonne ; je sais qu'il n'est pas homme à laisser échapper l'occasion de se faire valoir aux dépens de qui il appartient ; mais je sais aussi que quand je lui aurai recommandé une chose quelconque il y aura égard, et ne cherchera pas à me contrarier. L'objet dont tu me parles relativement à la Comtesse n'a aucun rapport avec celui-ci ; je te sais gré de ta demande vis à vis de lui, mais le fait est qu'à cette époque je ne connoissois la Comtesse que de vue, et pour en avoir entendu parler par Madame qui s'interessoit à elle ; l'éloge qu'elle m'en fit, et la circonstance du deux de fevrier a fait tout le reste. Un ministre est souvent forcé de faire un mensonge et une injustice surtout lors qu'il est certain de l'impunité, il ignoroit dans ce moment l'intérêt que je prenois à elle et je ne suis pas étonnée qu'il se soit servi de mon nom ou de celui du *ministre* afin d'éviter toutes autres sollicitations de ta part. Au surplus comme c'est une affaire majeure, et qui exige de mures déliberations, nous prendrons toutes les mesures nécessaires afin de ne rencontrer aucun obstacle, et en même tems faire revivre la sentence du docteur — tout est au mieux : adieu.

N°. XVII.

LETTRE DE LA REINE AU CARDINAL.

16 *Août*, 1784.

UNE remarque qui m'a été faite hier avec un air de curiosité et de soupçon, m'empêchera d'aller aujourd'hui à T —— mais ne me privera pas pour cela de voir mon aimable esclave. Le Ministre part à onze heures pour aller chasser à R—— il reviendra fort tard ou pour mieux dire dans la matinée ; j'espère pendant son absence me dédommager de l'ennui, et des contrariétés que j'ai éprouvées depuis deux jours. Des imprudences m'ont conduit à ne pouvoir éloigner sans danger des objets qui me déplaisent, et qui m'obsèdent ; ils m'ont si bien étudiée, et je sais si peu feindre, et dissimuler qu'ils n'attribuent mon changement qu'à une discrétion qui leur paroit condamnable ; il est donc bien essentiel d'être sur ses gardes afin d'éviter toute surprise.

La question hardie qu'on m'a faite, me persuade qu'on a abusé de ma confiance et de ma facilité et qu'on a profité des circonstances pour mettre des entraves à mes volontés ; j'ai un moyen de m'en instruire, mais je veux auparavant te consulter. Comme tu joueras le principal rôle dans le projet que j'ai formé, il faut nécessairement que nous soyions aussi bien d'accord sur cet objet, que nous l'étions Vendredi dernier sur le S.—— Cette comparaison te fera rire sans doute, mais comme elle est juste, et que je désire t'en donner des preuves ce soir avant de parler de choses sérieuses, observe exactement ce qui suit : prend le costume d'un commissionnaire, un paquet à la main, et promene toi à onze heures et demie sous les pilliers de la chapelle : j'enverrai la Comtesse qui te servira de guide et te conduira par un petit escalier dérobé, dans un appartement où tu trouveras l'objet de es désirs.

N°. XVIII.

LETTRE DE LA REINE AU CARDINAL.

18 *Août*, 1784.

DEPUIS la démarche que j'ai fait faire à la Comtesse auprès du président d'Aligre, pour votre affaire des Quinze-vingts ; je soupçonne (d'après son étonnement) qu'il aura cherché à approfondir le motif qui m'a fait agir, et que n'ayant rien pu découvrir, il en aura parlé à certaines personnes qui sont sensées n'ignorer de rien, et qui peut-être dans cette occasion auront dissimulé leur étonnement afin de faire voir qu'ils ont toujours ma confiance. La gène dans laquelle je me trouve par le redoublement de leurs assiduités, les propos continuels dont je suis assaillie, les regards inquiets et curieux lorsque je réponds à une question, tout enfin me persuade qu'ils soupçonnent notre intelligence, et qu'ils employoit tous les moyens d'en avoir la certitude.

Ce matin le *ministre* m'a parlé de toi avec un air de bonté qui me fait croire qu'il a reçu quelque avis ; comme ce n'est pas la première fois que cela est arrivé et que je n'ai jamais manqué d'en instruire et de consulter les personnes qui je crois en étoient les auteurs, le tout afin de m'enchainer davantage : je ne manquerai pas de leur faire part de mon étonnement avec des circonstances qui me feront juger si mes soupçons sont bien ou mal fondés.

Tu as bien raison de me dire que je suis dans un bois, entourée de tout ce qu'il y a de plus dangereux et de plus vénimeux sur la surface du globe ; mais enfin il faut hurler avec les loups jusqu'à ce qu'on les ait enmuselés. Pour le *ministre* je connois ses grosses finesses et son foible pour moi, eux connoissent sa brutalité, et la valeur de son premier coup de boutoir, c'est ce qui me rassure, ils savent que dans des circonstances plus délicates que celle-ci, j'ai enchainé le lion, et lui ai fait voir et croire tout ce que j'ai voulu.

Tu sais ce qui m'empeche de me débarrasser de mes sangsues, aide moi à découvrir, et à leur ôter les moyens de me nuire, tes désirs seront bientôt satisfaits.

Je t'attends ce soir à la même heure, et au même endroit ; j'espère avant cet heureux moment savoir tout du *ministre*. J. T. R. T. B. A. V. C. S. Adieu.

N°. XIX.

LETTRE DE LA REINE AU CARDINAL.

18 *Août*, 1784.

JE t'écris à la hâte pour te prévenir qu'il m'est impossible de te recevoir ce soir ; je suis plus instruite que je ne voudrois, et quoique furieuse de la sçene que je viens d'avoir avec la P-- je veux cacher mon ressentiment, et porter la dissimulation au dernier période; je sais que la colère n'est bonne à rien, c'est pourquoi je prends le parti qui convient, quoique contraire à mon inclination. Je ne quitterai pas le *ministre* que je ne l'ait mis au point que je désire, cet objet rempli je saurai trouver un abri, et si la bombe éclate je trouverai le moyen de faire réjaillir les éclats sur ceux qui y auront mis le feu – ne pars que demain à une heure et ne manque pas de te promener ce soir dans l'allée de T-- Comme je ne doute pas (d'après ce qui m'a été dit) qu'on fait épier toutes tes démarches il est essentiel de les embarrasser, et de les mettre dans l'impossibilité de réaliser leurs soupçons.

La Comtesse restera ici demain afin de pouvoir te faire savoir ce qui se sera passé; compte sur mon attachment, et sois persuadé que je saurai traiter comme je le dois des ingrats qui sont devenus tes ennemis parceque tu ne m'as pas été présenté par eux--de la discrétion sur-tout; je compte sur la Comtesse comme sur moi-même--

N°. XX.

LETTRE DU CARDINAL A LA REINE.

21 *Août*, 1784.

JE serois injuste d'après la confiance que vous m'accordez sur les événemens présents, si je ne suivois pas le plan de conduite que vous me tracez — soyez assurée que je sacrifierai tout pour la tranquillité et le bonheur de mon cher maître; telle circonstance qui puisse arriver pendant mon absence (qui est devenue nécessaire) il se rapellera de ma bonne foi, de mon zele à le servir, et de mon amour le plus tendre. — Je ne suis pas superstitieux; cependant, te dirai-je que j'ai des pressentimens que je crains de voir réaliser, plus je reflèchis aux confidences que tu m'as faites, plus je vois de possibilité à un raccommodement; les absents ont toujours tort—une fois arrivé à S—on trouvera mille moyens de me déservir —

je ne serai pas là pour me défendre---la calomnie soutenue par des lettres anonimes qui voleront de tous cotés seront les armes dont se serviront mes ennemis -- et puis viendra à leur appui le beau F--- Ce n'est pas te dira-t-on, un homme ambitieux; il est jeune, aimable, il n'aspire qu'au bonheur de vous plaire --- mais, le C--- c'est un R---é dont les affaires sont très dérangées, et qui n'est susceptible d'aucun attachement qu'autant que son intérêt et son ambition sont satisfaits — voilà je suis sûr, une partie de leurs entreprises et des propos qu'ils vous tiendront, si cela ne suffit pas; pour vous déterminer, ils auront recours aux derniers expédients--je vous avoue que c'est là où je les craint le plus---ce seroit une scélératesse sans exemple; mais d'après leur peu de délicatesse et le soin extrême qu'ils ont eu à soustraire et conserver ces écrits, il est évident qu'ils ne l'on fait que dans l'intention d'en faire un mauvais usage --- Cependant d'après toutes les refléxions que j'ai faites, je crois qu'avec de la résolution, appuyée par l'autorité, on pourroit les forcer à une restitution --- si ce moyen est dangereux; il en est un autre qui me paroit infaillible et qui cadre parfaitement bien avec leur caractère intéressé --je t'en ferai part dans ma première lettre. --- Depuis cette découverte mon esprit travaille sans cesse pour trouver le plus prompt et le meilleur expédient; et je t'avoue que je reviens toujours à mon premier avis.

Je partirai le jour de la fête, et ne paroîtrai à V--- qu'autant que je recevrai un ordre particulier — je vais en attendant m'occuper du grand objet --- le paquet partira demain dans la nuit---les précautions que je prendrai éviteront toute confidence qui pourroit devenir dangereuse; et si par malheur il arrivoit quelque surprise; le porteur ne pourra donner aucun indice, ni aucun signalement.

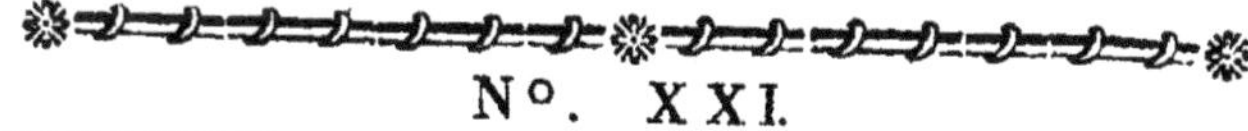

N°. XXI.

LETTRE DU CARDINAL A LA REINE.

24 *Aout*, 1784.

LE courrier est parti hier à minuit et demi, la Comtesse te dira comment je m'y suis pris pour faire remettre le paquet, j'ai donné toutes le instructions né-

N 3

cessaires pour l'arrivée et le depart des mes deux couriers — par ce moyen j'aurai des tes nouvelles au moins une fois par semaine, et s'il arrivoit quelque chose d'extraordinaire — j'aurois toujours une personne de confiance prête à partir — tous mes équipages sont prêts — demain est le jour fatal où je me sépare de tout ce que j'ai de plus cher. Cette refléxion me fait frissonner, et me donne une tristesse que je ne peux surmonter ; cependant je sais que mon absence est nécessaire ici, et ma présence indispensable là bas–je crois que je suis jaloux, c'est une terrible maladie–– le personnage en question me trouble la cervelle et me fait redouter mon départ –– ayez un peu de pitié de moi, cherche à me rassurer, et persuade toi que je ne survivrois pas à une infidélité. Adieu –– aie soin de ta santé, sois heureuse, et pense quelquefois à ton esclave.

N°. XXII.

LETTRE DE LA REINE AU CARDINAL.

8 *Septembre*, 1784.

IL est bien étonnant que le courier ne soit pas encore de retour, cela me donne des inquiétudes d'autant plus que j'ai demandé l'expédition la plus prompte, si à la réception de cette lettre, il n'étoit pas encore arrivé, dépêche sur le champ un courier avec le billet que tu trouveras ci-joint, dis lui verbalement à qui il faut qu'il le remette.

Ton départ a fermé la bouche à tout le monde, soit discrétion, ou politique, on n'a pas prononcé ton nom, on redouble d'attention, et l'on cherche à me faire oublier la scène, ainsi que le motif qui y a donné lieu, le conseil que tu me donnes est impraticable ; on ne m'a jamais dit que l'on possedoit, je l'ai seulement soupçonné par la conduite, les reproches, et les propos que j'ai entendus ; je suis bien persuadée que telle chose qui arrive, ils ne s'exposeront jamais à faire parvenir dans les mains du *ministre* aucun écrit, mais, j'aurois toujours des inquiétudes de savoir en leur possession des objets qui pourroient troubler ma tranquillité, je suis très décidée à prendre un parti ; mais j'ai tant fait de sacrifices pour tous ces gens là, et le *ministre* m'a si souvent accusée d'inconstance et de légereté, qu'il me faut absolument un prétexte valable auprès de lui ; ce n'est pas qu'il les aime ni les estime ; au contraire, mais il prétend que c'est par rapport à moi, et qu'il en coute toujours infiniment d'avoir de nouveaux favoris, voilà une économie bien placée -- Adieu -- je pars demain pour T--n où je resterai quelques jours afin d'être plus libre de voir la Comtesse --tu ne m'avois pas dit que le sauvage resteroit à Paris ; c'étoit bien inutile.

N°. XXIII.

LETTRE DE LA REINE AU CARDINAL.

8 *Septembre*, 1784.

Vous avez du recevoir un paquet que je vous ai envoyé, je suis surprise de n'en avoir pas encore reçu la réponse, vous devez juger de mon inquiétude par ce qu'il renferme, j'espere qu'à l'avenir vous mettrez plus d'exactitude.

N°. XXIV.

LETTRE DU CARDINAL A LA REINE.

13 *Septembre*, 1784.

Le maître verra par le paquet que je lui envoye, que son objet est rempli, et que son billet est devenu inutile. -- Le courier qui a précédé celui-ci, étoit chargé d'une lettre assez longue relative à ses alentours. --- d'après les plus profondes reflexions de l'esclave, il croit que le maître peut sans danger suivre le conseil qu'il lui donne, car après tout il est le maître. J'ai fait remettre à la Comtesse une petite phiole pour vous. -- Elle renferme une liqueur avec laquelle on peut écrire sans que cela paroisse et qui étant montrée au feu ou à la lumiere devient noire, et disparoit ensuite -- dans le cas de quelques particularités laissez vos lignes un peu écartées afin de pouvoir écrire entre, avec cette liqueur -- j'ai vu avant hier la personne en question, sa réponse m'a l'air d'une défaite honnête — il doit revenir dans la semaine pour me dire ses dernières volontés — s'il refuse j'ai une autre personne en vûe. — La Comtesse vous communiquera ce qui m'est interdit sur cette feuille.

T. C. E. T. M. A. B.

N°. XXV.

LETTRE DU CARDINAL A LA REINE.

De Saverne, 23 *Septembre*, 1784.

SI l'esclave est assez heureux de contribuer à la réussite du grand objet que le maître a entrepris, il croit qu'un raprochement sera très essentiel avant l'exécution— le voile le plus épais devant cacher à jamais l'auteur du projet — il faut mettre de l'impossibilité, pour remonter à la source, afin de jouir doublement des avantages et des ressources contre les événements — j'ai parfaitement senti la derniere reflexion —il n'y a rien de stable dans le monde —d'après cette vérité la politique du maître est bien vue — car dans le cas d'une révolution, il est sûr de trouver un *appui* qui saura faire valoir ses droits, et empêcher le triomphe de ses ennemis — partagé entre la crainte et l'espérance, ma position est des plus cruelles, et mon existence malheureuse —cependant quand je fais réflexion sur le passé, et que je mets en considération le dégré de confiance du maitre — je vois l'injustice de mes craintes — l'espérance de me voir bientôt dans ses bras fait renaître ma joie, et me rend ma sécurité.

N°. XXVI.

LETTRE DU CARDINAL A LA REINE.

22 *Octob^re*, 1784.

LE désir que j'ai d'être utile à la Comtesse, et de lever tous les obstacles qui s'opposent encore à une reception publique me fait mettre en usage tous les moyens possibles pour remplir ces deux objets — le maître jugera par

par la démarche que j'ai fait faire à un de mes protégés — si la réussite des sollicitations pourra servir de pretexte aux désirs mutuels, et applanir toutes difficultés. — L'Abbé de Sesarges doit céder sa place de maitre de l'oratoire à l'Abbé de Phaff originaire Allemand, et qui a ses parents à Bruxelles près de l'Archiduchesse — Comme il existe une difficulté que vous seule pouvez lever — je lui ai conseillé d'aller à Bruxelles, d'employer tous les moyens auprès de l'Archiduchesse afin de l'engager à lui donner une lettre de recommandation pour vous — Comme cette affaire ne peut se traiter sans moi, puisque je fournis les fonds; ce sera un double motif pour me faire appeller — j'avois imaginé un moyen pour accélérer, et éviter un refus — mais comme cela auroit pu vous compromettre, et faire naître des soupçons, je n'ai pas été plus avant — c'est entendu — Vous conviendrez que les évenemens se succèdent si rapidement de part et d'autre qu'il y auroit du danger à trop s'avancer — cette réponse politique pour un esprit ambitieux m'étonne d'autant plus, que les époques dont on parle sont encore bien éloignées — je prévois beaucoup de difficultés pour amener cela à bien — c'est entendu — je serai toujours prêt à exécuter scrupuleusement les ordres du maître — le plus agréable sans doute seroit d'être rappellé près de sa divine personne.

N°. XXVII.

LETTRE DE LA REINE AU CARDINAL.

12 *Décembre* 1784.

SI j'avois suivi la maxime qui dit; en tout ce que tu fais hâte toi lentement; l'accident qui est arrivé à ta dernière lettre n'auroit pas eu lieu. L'empressement, l'avidité de lire m'ayant fait approcher la lettre trop près de la lumière le feu y a pris et malgré ma célérité à l'éteindre je n'ai pu en sauver qu'une partie, à bon entendeur salut — le premier paquet étoit parti, lorsque le courier est arrivé; comme le tems pressoit, je n'ai pu répondre au sujet de l'Abbé. Si j'avois été prévenue, je lui aurois évité un voyage inutile. Nous sommes convenus de ne jamais accorder à qui que ce soit aucunes demandes de ce genre; certainement l'Abbé ne fera pas exception à la régle ; d'ailleurs quand bien même ce projet auroit pu avoir lieu, il est sensé que l'objet n'auroit pas justifié la démarche. La position où je me trouve amenera infailliblement une occasion plus favorable. L'expédition la plus prompte abrégera l'exil de l'esclave : je crois que c'est entendu.

N°. XXVIII.

LETTRE DE LA REINE AU CARDINAL.

26 *Janvier* 1784.

SI je n'avois pas voulu mettre du mystère dans l'emplette du bijou, je ne vous aurois certainement pas employé pour me le procurer. Je n'ai pas coutume de traiter ainsi avec mes jouailliers, et cette manière de procéder est d'autant plus contraire à ce que je me dois, que deux mots suffisoient pour me mettre en possession de l'objet ; je suis surprise que vous ayez osé me proposer un pareil arrangement ; mais qu'il n'en soit plus question, c'est une bagatelle qui m'a fait faire quelques réflexions dont je vous ferai part avant peu ; la Comtesse vous remettra votre papier, je suis fâchée que vous vous soyez donné tant de peine inutilement.

N°. XXIX.

LETTRE DE LA REINE AU CARDINAL.

29 *Janvier*, 1784.

COMMENT ! de la vanité avec moi ; hé mon ami doit on se gêner, chercher des tournures, et manquer confiance au point où nous en sommes. Sais tu que ta discrétion, et ta fausse gloire t'a valu la lettre que tu as reçue, et que sans la Comtesse qui m'a tout conté, j'aurois attribué ce prétendu arrangement à un tout autre motif, heureusement tout est éclairci. La Comtesse te remettra l'écrit et t'expliquera le motif de la tournure que j'ai prise, comme je suis sensée ignorer la confidence que tu lui as faite, ainsi que la marque de confiance que tu lui donneras, en lui faisant voir nos arrangemens particuliers, c'est une raison plus que suffisante pour le rassurer et lever toutes difficultés — tu garderas cet écrit, et ne le remettras qu'à moi.

J'espère malgré mon incommodité te voir avant la fête, j'attends la Comtesse demain; je lui dirai si je pourrai recevoir de mon esclave l'objet qui a failli nous brouiller.

N°. XXX.

LETTRE DE LA REINE AU CARDINAL.

6 *Juillet*, 1785.

VOS craintes sont mal fondées; le refroidissement et l'éloignement que vous croyez qu'on a pour vous n'est nullement l'effet de l'inconstance; interrogez vous vous-même. J'ai grand désir de vous parler; les démarches que je vous fais faire doivent vous le prouver. Le *Ministre*, est revenu de la chasse beaucoup plutôt que je ne l'attendois, il étoit encore avec moi, ainsi que Madame E. lorsque je vous ai envoyé la personne de confiance. Ne partez pas aujourd'hui; trouvez vous à dix heures chez la Comtesse, et croyez que personne ne desire plus que moi l'explication que vous demandez.

N°. XXXI.

LETTRE DE LA REINE AU CARDINAL.

19 *Juillet*, 1785.

JE crois vous avoir dit que j'ai disposé de la somme que je destinois pour l'objet en question et que vraisemblablement je ne remplirois les engagemens qu'à mon retour de Fontainebleau. La Comtesse vous remettra trente mille livres pour les interêts. La privation du principal doit être pris en considération, et ce dédommagement les tranquillisera.

Vous vous plaignez, et je ne dis mot: c'est une circonstance bien extraordinaire; le tems vous apprendra peut être le motif de mon silence. Je n'aime pas les gens soupçonneux; sur-tout lorsqu'ils ont aussi peu de raison de l'être. J'ai un principe dont je ne me departirai jamais. Votre dernière conversation est bien contraire à ce que vous m'avez dit antérieurement. Réflechissez y, et si votre mémoire vous sert bien, vous jugerez, en comparant les époques, ce que je dois penser de vos pressantes sollicitations.

N°. XXXII.

LETTRE DE LA REINE AU CARDINAL.

12 *Févri r* 1785.

D'APRES tout ce que j'ai entendu dire de l'homme extraordinaire dont tu me parles; je ne peux le regarder que comme un charlatan; c'est peut être une prevention de ma part, et je sais par expérience qu'on ne doit jamais juger personne sur le rapport des autres; mais j'ai beaucoup de raisons pour ne pas céder à tes instances. Je ne suis pas superstitieuse, et l'on m'en fait difficilement accroire; mais comme ces sortes de gens ont quelque fois des choses qui vous étonnent, et vous disposent par là à voir, et croire tout ce qu'ils vous disent; je ne suis point dans une position à de pareilles épreuves; d'ailleurs, il seroit très difficile, et même impossible de la recevoir aussi mystérieusement que je le voudrois, et tu sais les précautions que j'ai à prendre dans ce moment. La Comtesse m'a beaucoup fait rire, en me racontant la derniere scene; cela tient du prodige, et me donne le plus grand desir de voir le grand Cophte. Cependant si j'en crois la Comtesse il faut être bien innocent pour voir les mystères de ce grand homme; mais à juger d'après les circonstances de tous ses apprêts, je crois qu'il te regarde, ainsi que la Comtesse comme deux innocents, et vous traitent comme deux dupes. Ne te fache pas de ma franchise, je te promets d'en juger par moi-même.

Le Ministre me quitte le moins qu'il peut; je n'en devine pas encore la raison, mais cela ne tardera pas. Je n'ai pas heureusement à faire à un Egyptien comme ton Cagliostro; qui devine le passé, prédit l'avenir; il n'a pas le talisman qui fait parler les bijoux; aussi je suis tranquille, et ne crains pas l'indiscrétion du mien.

Pardonne mes folies: il m'arrive si rarement de me divertir depuis quelque tems, que tu seras sans doute charmé de m'avoir fourni l'occasion de m'égayer un instant.

FIN.

Sois satisfaite, il va rejoindre Maurepas.

www.ingramcontent.com/pod-product-compliance
Ingram Content Group UK Ltd.
Pitfield, Milton Keynes, MK11 3LW, UK
UKHW021137260726
13994UKWH00001B/186

9 782329 500676